陕西理工大学汉语言文学省级一流专业经费资助建设教材

语文名师教学技艺九讲

YUWEN MINGSHI JIAOXUE JIYI JIUJIANG

徐向阳　主编

九州出版社

JIUZHOUPRESS

图书在版编目（CIP）数据

语文名师教学技艺九讲／徐向阳主编 . -- 北京：
九州出版社，2020.9

ISBN 978 - 7 - 5108 - 9504 - 3

Ⅰ.①语… Ⅱ.①徐… Ⅲ.①语文教学—教学研究
Ⅳ.①H193

中国版本图书馆 CIP 数据核字（2020）第 171864 号

语文名师教学技艺九讲

作　　者	徐向阳　主编	
出版发行	九州出版社	
地　　址	北京市西城区阜外大街甲 35 号（100037）	
发行电话	（010）68992190/3/5/6	
网　　址	www. jiuzhoupress. com	
电子信箱	jiuzhou@ jiuzhoupress. com	
印　　刷	三河市华东印刷有限公司	
开　　本	710 毫米×1000 毫米　16 开	
印　　张	17	
字　　数	305 千字	
版　　次	2021 年 1 月第 1 版	
印　　次	2021 年 1 月第 1 次印刷	
书　　号	ISBN 978 - 7 - 5108 - 9504 - 3	
定　　价	75.00 元	

编委会

主　编：徐向阳

编委会：蔡美云　卓敏敏　芮艳红

　　　　刘垚黎　罗　朴　钱文静

　　　　侯丹丹　苟荪媛　郭阳阳

编写说明

教学能力、教学技艺方面的训练对卓越语文教师人才的培养至关重要，加强师范生的专业素质和技能是汉语言文学专业人才培养的重要内涵。在学校加强专业特色建设的过程中，理应成为关注的重点。

虽然当前出版物有相关教学技能（skill）、艺术（art）方面的教材，但内容、结构体例一致，特色不鲜明，对学生的教学行为的矫正与教学智慧的生成缺乏有效的指导。目前，这方面的教材建设尚不完善，尚未见到这方面成熟的有代表性的教材，这决定了本教材的创新性。

本教材从语文教学名师出发，探寻其不同的教育风采和教学技艺，进而归纳其教学艺术的表现形式，以课例为补充，发现教育教学的基本规律，引导广大师范生有所感悟，有所体验，进而有所实践。坚持宽口径、重基础、强能力的人才培养理念，提升以应用为驱动的创新能力。在学科知识的设计与构成方面，坚持基础性，突出重点性，关注前沿性，在学生能力的培养与提升方面，坚持方法引导，突出案例教学，强化实践过程。从教学摹仿到个人实践，本书为学生提供了一种教学有效性的重要来源。

教材为九讲，指的是九大类教学技艺（skilled in art），包含了话语运用、课堂氛围、教学组织、提问反思、对话生成、教学结构、教学机智等内容。名师可以是语文基础教育名师或教育家。全书内容包括基础知识和与其相对应的能力训练两大板块。能力训练与基础知识板块形成对应和拓展，为教材编写的重点和难点，更注重方法引导、案例教学和能力训练，既是教材内容设置的突出特色与亮点，也是教材实用性的学理根据及具体落实。文献选读指围绕本技艺相关的教育元典的引论或著述。

本教材由以下人员编写。第一讲：语文名师语言表达技艺（芮艳红）；第二讲：语文名师导语技艺（刘垚黎）；第三讲：语文名师高效课堂组织技艺（郭阳阳）；第四讲：语文名师课堂提问技艺（蔡美云）；第五讲：

语文名师教学机智技艺（钱文静）；第六讲：语文名师教学方法运用技艺（侯丹丹）；第七讲：语文名师文本分析技艺（罗朴）；第八讲：语文名师对话技艺（苟苏媛）；第九讲：语文名师反思体悟技艺（卓敏敏）。

　　本教材适合中文专业本科教学，也可用于教育硕士研究生教学，供教师进修培训使用。本教材特色鲜明，应该会受到中文等专业本科生、研究生以及语文教师的欢迎，对教师人才队伍建设及教师素质专业化培养也会有明显推动作用。

目　录
CONTENTS

第一讲

语文名师语言表达技艺

第一节 技艺概述

一、教师语言

教师语言是教师在教学过程中用来"传道、授业、解惑"的教学用语，即教师在教学过程中，根据学生的特点和教学内容的需要，以传授知识、培养能力、进行思想教育为目的。由此可知，教师语言是教师为了教学需要所使用的语言，它与日常语言不同，具有一定的教育意义，富于艺术性、启发性和创造性等特点。同时，教师语言是具有明确话语对象的一类语言，它仅限在师生之间使用的为了实现教学目的、教学任务的最重要教学途径。教师语言是教师从事教育教学工作最为重要的媒介，教师通过教学语言传递知识、启发学生思考、帮助学生构建自我的价值观。教学语言从其所指范围上有广义和狭义之分。广义的教学语言包括以语音为符号的口语，以文字为符号的书面语，以眼神、手势等为符号的态势语化及其他辅助语等。而狭义的教学语言则指以语音为符号的口语。口语是教师语言的主体，也是教师在教学过程中使用最多、最便捷有效的教学语言形式。

二、教师课堂教学语言

（一）教师课堂教学语言的研究内容层面

1. 教师课堂教学语言是一种特殊（特定）的语言形式

从语用学的角度，把教师课堂教学语言认为是一种特殊（特定）的语言形式。这几乎是所有研究课堂教学语言比较统一的观点。

著名特级教师于漪认为："教师的课堂教学语言虽属日常口语，但又不同于

'大白话'，应该是加了工的口头语言，与随意说的日常交谈有区别。教学用语既要有人民群众经过锤炼的活泼的口语，又要有优美严密的书面语言，教课时让学生置身优美的文化氛围、浓郁的语言环境中，受到教育与感染。"① 黄俊在《课堂教学语言优化之得体性》一文中也认为："教学语言是教师以特定的交际对象（学生）、在特定的交际场合（课堂）、围绕特定的话题（大纲或教材的内容）、采用特定的交际方式（教师讲解并辅以师生间相互问答）来实现的口头语言形式，它强调语言在特定语境中的运用。"

2. 教师课堂教学语言是教师的职业语言，是一种专业语言

将教师课堂教学语言界定为一种职业语言的研究者们认为，教师的教学语言是遵循一定原则的教师职业语言。它要依据教学任务，针对特定的教学对象，使用规定的教材，采用一定的方法，在有限的时间内达到某种预想结果。它是教师在指导学生认识客观世界的特殊形式中使用的语言，是在教学过程中实现教与学两种过程并建立统一关系的手段。

3. 教师课堂教学语言是一个重要的工具（交流工具）

在课堂教学语言的研究中，有些研究者将其看成是一种实现教学目标任务的工具。工具论者认为，课堂教学语言是教师在课堂教学中的重要工具，课堂教学语言应用得妥当与否，直接关系到教学目标的实现。它的作用，是不能用任何别的教具所代替的。

4. 教师课堂教学语言是一种公关语言

在关于教师课堂教学语言的研究中，也有研究者从教育社会学的角度出发，认为教师课堂教学语言是一种公关语言，在使用时它必须遵守公共关系语言的基本原则，即随意性、双向性、能动性原则。

（二）教师课堂教学语言的方法论层面

从方法论的层面上，许多研究者认为教师课堂教学语言本身就是一种创造性的语言行为，是一个传递的途径和载体，同时也是一种重要的课程资源。

1. 教师课堂教学语言是一种创造性的语言行为

鲍宗武在《教师课堂教学语言问题行为分析与对策》一文中谈道："教师的课堂语言面对特殊的教育对象，是为达到特定的目的的创造性语言行为。教师课堂教学语言需要明确问题，分步训练，提升课堂教学语言的科学性；需要强化意识，对比反思，增强课堂教学语言的目标性；需要克服繁冗，消除谬误，

---

① 陈小英. 用语言"粘"住学生：于漪课堂教学语言艺术初探 [J]. 中学语文教学，1994（2）.

提高课堂教学语言的准确性。"①

2. 教师课堂教学语言是传递教学信息的途径和载体

作为一种传播的载体，朱德超等人认为要从声音的控制上、语言的艺术上来提高课堂教学语言的传播力和影响力，使得接收对象乐于接纳传递的教学信息。

3. 教师课堂教学语言是一种重要的课程资源

茅丽华认为，以有声语言表达为主的语文课堂教学语言，不仅具有激活课堂气氛和语言环境的功能，而且它本身就是课堂教学的一个必要的组成部分，所以课堂教学语言其实是一种极富文化意蕴的课程资源。因为巧妙地运用"形神兼备"的教学语言作为媒介，能引发学生丰富的想象和多维的思考；优化课堂教学语言可以成为学生最贴近的学习资源；能够营造一种理想的教学语境。

上述关于教师课堂教学语言的界定，从两个不同的层面对教师课堂教学语言进行了分析和梳理。第一类从研究内容上的界定主要是从宏观的工具论、语用学的角度进行界定，认为教师课堂教学语言是一种开展教学活动的工具、手段，是一种专业性极强的职业语言形式。而第二类从方法论层面上的界定则主要将教师课堂教学语言放置在一个方法指导的层面，认为教师课堂教学语言不止是一种手段更是一种可以创造的行为，一种重要的课程资源，强调教师课堂教学语言是课堂教学活动的重要组成部分。第二类从方法论层面的界定方式，是在第一类界定方式上的一种延伸和拓展。

笔者认为，关于教师课堂教学语言的界定是两类界定的结合。首先，教师的课堂教学语言虽属日常口语，但又不同于'大白话'，应该是加了工的口头语言，与随意随说的日常交谈有区别。其次，从使用的环境来说，课堂是一个特定的场域，这也就规定了在课堂上使用的语言必须是以教育教学为目的的，是围绕着教学目标或是教学任务所开展的语言活动。再次，教师课堂教学语言不是单向传输的过程，而是一个双向的交流过程，话语的主体是教师，而面对的客体是学生这一唯一对象。最后，教师课堂教学语言不是脱离课堂的一种教学手段和工具，它是融合在课堂生活场景之中的一种创造性的语言活动，也是一种重要的课程资源。

---

① 鲍宗武，雷金南．教师课堂教学语言问题行为分析与对策［J］．现代中小学教育，
2008（9）：1

三、语文教师课堂教学语言

语文教师的课堂教学语言属于课堂教学语言的一个组成部分，与其他学科不同，语文是一门"口头为语，书面为文"的学科，语言艺术在学科中占很大一部分的比例。语文课堂教学语言是以语文学科为基础，在语文课堂上使用的教学语言，带有语文学科的明显特征。因此，语文教师的课堂教学语言的研究比起其他学科来说，研究中需要强调：语文这一学科背景，课堂这一教育场域，师生这一特定关系以及语言这一教学主要媒介。

韦志成在《语文教学艺术论》中说："语文教学语言，又不同于其他学科的教学语言，它是学生学习祖国语言的规范，是模仿教师正确表情达意的标尺。是语文学科传递教学信息的工具，是培养学生听说读写能力的媒介，是学生学习现代汉语的典型参照。"[1] 作为引领者的语文教师，其课堂教学语言首先就具有一种示范性，是学生学习祖国语言的榜样。其次，有研究者认为，"语文课堂，是老师领着一群孩子在那里玩味语言，熟悉语言习性，掌握语言规律，娴熟运用语言表情达意的过程；又是一个注重语场熏染，潜心感悟，激发引领学生不断在语言实践中'试水'的过程"。[2] 语文课堂教学语言的第二个特征是启发性。语文知识尤其是文言知识的课堂，比较枯燥，语文教师通过"玩味语言，熟悉语言习性，掌握语言规律"去启发学生认识语文。再次，语文教师的课堂教学语言本身也是一个重要的课程资源。语文教师的教学语言与其他学科的教学语言不同，它既是教学活动开展的重要媒介，也是宝贵的教学内容之一。语文教师在课堂上通过自身的语言起到一种教育学生正确认识祖国语言、祖国文化，正确表情达意的作用。所以，语文课堂教学语言的第三个特征是教育性。最后，语文课除了向学生传递语文知识、教育学生正确使用语言之外，还有一个更为重要的任务就是塑造学生的情感态度和价值观。语文教师的课堂教学语言必须是情感充沛的鲜活的语言，用课堂教学语言的情感去感染学生、浸染学生的灵魂。所以，语文课堂教学语言的第四个特征是情感性。

因此，语文课堂教学语言具有与其他学科不同的四个基本特征：示范性、启发性、教育性及情感性。但这并不意味着所有的语文课堂教学语言只有这四个基本特征，除此之外，根据不同教师的个性语言以及不同的教学方式会衍生

---

① 韦志成. 语文教学艺术论［M］. 南宁：广西教育出版社，1996：100.
② 姜树华. 教学语言：语文教师不该怠慢的"看家活儿"：兼谈当下语文课堂中教学语言的隐退问题［J］. 语文教学通讯，2009（10）：16.

出更多的语言特征。语文课堂教学语言是一个丰富的专业教师教学语言宝库，它的特征也是丰富多彩的。这四个特征只是作为语文学科教师课堂语言的基础特征存在。

四、语文教师课堂语言表达技艺

会说话的教师不一定能成为优秀的教师，但优秀教师一定是会说话的人。要想在众多教师中脱颖而出，成为同行眼中的佼佼者，那就必须学会"说话"，也就是要掌握教师课堂语言表达的技艺。

苏霍姆林斯基在《给教师的建议》中指出："教师的语言修养在极大的程度上决定着学生在课堂上的脑力劳动的效率。我们深信，高度的语言修养是合理地利用时间的重要条件。"语言的重要性在语文教师身上表现得则更为突出。

语言是人与人交流的重要工具，优质的语言则是一把金钥匙，这把钥匙能开启智慧之门，能激发潜在之能，能让心与心对话，能让知识化为力量，能让文明积淀成人格。语文教师因为有完美的语言表达，成为学生的审美对象和美感诱发者。语文课堂上，教师分析问题的语言要鞭辟入里，概括问题的语言要精准深刻，而点拨启发的语言则要恰到好处，这样老师用语言艺术把学生带进瑰丽的知识殿堂，开启学生的心智，陶冶学生的情操，让学生在学习的过程中一直获得精神上的满足，这时候，孩子们不再是被填塞知识的容器，而是需要被点燃的火炬，是有着活力与灵性的生命。所以说，有了艺术化的教学语言，语文教育教学也就不再那么刻板生硬，而是在美好的境界中不知不觉地完成了。

语文学科的教学不同于其他学科的教学，具体表现在课堂教学的全过程都洋溢着感性的美，这就要求语文教师无论是讲解知识还是和学生沟通，其语言都必须要讲求技巧。语文教学效果的好坏和语文教师的语言表达能力密切相关，而且也在某种程度上影响着学生对母语的感情。作为一名优秀的教师，要通过多种途径完善自己的教学语言，要用语言艺术奏响语文课堂的生命旋律，让孩子们在知识的海洋里自由地畅游，展开生命的探险。这对于教师本身而言，也是一个不断超越自我的过程，具有实现自我价值的重要意义。

语文教育是一种美的教育，这种美集中体现在教与学的语言上。教师拥有了优质而高效的教学语言，在向学生传授知识、讲述方法、解除疑惑时，使用优美的语言，通过情趣盎然的表述，让学生在审美的氛围中去学习，去和老师交流情感，获得精神上的满足。这样会更好地达成教学目标。因此说，语文学科的课堂教学艺术在很大程度上就是指语文课堂教学的语言艺术，我们的语文教师只有运用优质高效的语言进行教学，才会更好地激发学生的学习潜能，学生也会更高效地接受知识，这会极大地提高语文教育教学的质量。在语文课堂上，教师应当让学生从课文中，从课堂氛围中体验美感，认识到优秀的文学艺术作品的真正力量所在，理解人类的情感，从而实现新课程理念要求语文课培养学生的情感和美感的目标。

教师的教学语言不但要具备教学语言的特点，还要符合以下几点艺术要求：

第一，语言要富于美感。列夫·托尔斯泰指出"在自己心里唤起曾一度体验过的情感，并且在唤起情感之后，用动作、线条、色彩，以及言辞所表达的形象来传达出这种感情，使别人也同样能体验到这种同样的情感——这就是艺术活动。"虽然说教师的教学语言不是文学语言，但它同样要具备文学语言的美感，同样要力求规范、丰富，讲究音韵并富有时代气息。教师的教学语言如果不具有美感，就不能称之为语言艺术，也就不能被学生接受，引发学生的学习兴趣，就不会收到好的教学效果。

第二，语言要协调一致，富于变化。构成语言的诸多要素，比如语音、语速、语调等，它们在语言表达上总是配合默契、协调一致的。老师的课堂教学语言必须充分发挥出语言的作用，而且要达到最好的表达效果，这就要兼顾到各要素之间的关系。比如在对重点和难点的问题进行讲解时，既要语音洪亮，语速放慢，又要注意到语调的变化以吸引学生的注意。另外语文教师的课堂教学语言要富于变化。变化能让人耳目一新，任何事物也都如此，总是以一幅刻板单调的面孔出现，会让人感到无比的枯燥乏味，教师的教学语言也要富于变化，要根据学生的实际特点，根据不同的教学内容而采用不同风格的教学语言，这样才能真正地吸引学生。学生被教师的语言所吸引，学习是积极的、主动的，情感上是愉悦的，这样学生就处在最佳的学习状态之中，学习的效果也当然会好。当然，这种语言上的变化不是盲目的，随意的，而应当是有目的、有组织、有设计的。

总之，教师的课堂教学语言既是客观现实活动，它具备语言行为的特点，同时我们又可以视其为一种艺术活动，它是二者有机结合的产物。在教学实际中，如果我们只将教师语言的运用过程看作是客观现实活动，只注意到它作为语言工具的特点，而忽略了它的艺术性，那么，这样的教学语言就会变成一种单调呆板乏味的语言。相反，如果我们在教学中一味地将其看作是一项艺术活动，过分地追求语言的形式，这样又会忽略教师语言内涵的客观性、准确性和科学性，可见，二者不可偏执。只有把教师的教学语言的客观现实性和艺术性统一起来，它才有骨架，有血有肉，有灵魂。

第二节 案例分析

一、名师的界定

成绩好的教师或者学历水平较高的教师就能够被称为名师吗？事实上，在课程教学上有深刻体会的、对课程的把握比较到位的、有比较成功的实战经验的优秀教师，能够被人们实实在在地崇敬，这样的教师便是我们心中的名师。笔者认为，名师没有一个确定的概念，有学者认为"业绩突出，名气很大的老师"就可以被称为名师，其实这只是宽泛的概念。笔者认为名师就是具有丰富的教学经验并对教育教学理论有深入研究的教师，能够为大家展现出近乎完美的课堂教学，给人以榜样示范作用。

本篇选取于漪、钱梦龙、于永正、窦桂梅、董一菲五位中小学教学领域的名师教学片段，旨在通过名师们的经典教学片段探求每位名师的教学语言表达技艺，为一线教师提供教学帮助。就其教学语言表达特点和技艺而言，一个教学片段或案例不能一言以蔽之，因受篇幅所限，只对名师语言表达技艺的一方面进行叙述。

二、名师的语言表达技艺

（一）于漪：循循善诱

于漪老师作为语文教育界成绩斐然的突出代表，随着教学艺术的高度成熟，于漪形成了独特而鲜明的教学风格，达到了"从心所欲不逾矩"的崇高境界。中学语文教育界用"大象无形"对其教学风格给予高度评价。于漪是一位成功运用教学语言艺术的名师，她不但明确提出教学语言艺术的观点，而且以长年躬耕在语文教学第一线的丰富的实践经验，展示了独有的教学语言艺术。

钱威认为："于漪的教学语言十分丰富而又句句扣人心弦，真可谓教学语言艺术大师。"① 她对教学语言有深刻的认识，态度认真严谨，抱定"语不惊人死不休"的决心，定下"出口成章"的奋斗目标。从语言的组织到表达，她都经过仔细琢磨，反复推敲，在遵循教学语言规范和美的规律下，展现出个性化的教学语言，取得最佳课堂教学效果，达到"丰而不余一言，约而不失一词"的

---

① 钱威. 语文教学艺术导论［M］. 乌鲁木齐：新疆大学出版社，1995：186.

理想境地。她曾说:"教师要把课上得有感染力、说服力,达到预期的教学效果,须下苦功学习语言,锤炼教学用语,讲究语言艺术。"① 在如何有技巧、有创造性和有个性地运用教学语言,形成教学语言艺术,达到教学语言表达最佳效果,获得良好的课堂反响等问题上,她提出了一系列观点。这是于漪对语文课堂教学语言艺术的追求,更是对语文教育事业、对培养学生全面发展的负责态度。

于漪最大的一个特点就是善于诱导,正是有赖于这一点,她才最有效地激发起学生的兴趣和求知的欲望,使她的课堂自始至终充满神奇的魅力。下面是她教学经典案例中的一个:

(上课铃响)

于漪:今天学习第十一课《记一辆纺车》。昨天请同学们预习了,说说看,你们喜欢这篇文章吗?

学生:(异口同声)我们不喜欢。(随堂听课的二十几位同志惊讶)

于漪:(感到意外,稍停,笑着说)"不喜欢?那请你们说说不喜欢的原因吧!谁先说?"

学生:文体不明确,从题目看应该是记叙文,但里面有不少说明的文字,一会儿这,一会儿那,弄不清楚。

于漪:还有别的原因吗?

学生:我看是散文。

学生:散文有文采,吸引人。这篇文章干巴巴的,没有文采,不喜欢。

(有些同学点头表示同意。一学生问)

学生:是不是散文?老师,你喜欢不喜欢?(同学笑)

于漪:(笑)还有别的意见吗?(扫视教室。稍停)没有了。同学们敢于大胆地直率地发表意见,很好,这种风气要坚持,发扬。这篇文章是散文,与过去学过的散文既有相同之处,又有不同之处。过去我们学过的《荔枝蜜》《茶花赋》是抒情散文,托物言志,借景抒情,这一篇是回忆性的叙事散文。大家没有接触过,一下子看不出其中的奥妙,所以会不喜欢。叙事散文有叙事散文的特点,这篇散文托物言志见精神,好些段落写得别有意味,推敲推敲,你们就会喜欢了。

(学生全神贯注地听)。

于漪:文章扣住"纺车"来写。纺车,对今天生活在大城市的我们来说,

---

① 于漪. 于漪文集 第6卷[M]. 济南:山东教育出版社,2001:188.

十分陌生。它是什么样子呢？请同学们看图。（出示绘制的纺车图画）这张纺车的画从"周总理纺线"的画片中仿制而来。纺车结构简单（指图说明），这是车架，这是轮子，这是锭子……

学生：车架上少画了一个螺丝。（大家注视）

于漪：（看图）对，你看得很仔细。就是这种普通的，结构简单的纺车，在革命战争年代，做出了多么大的贡献啊！请同学们自由朗读文章的第一节，思考回答：作者对他使用的一辆纺车充满了怎样的感情？这种感情又是怎样来表达的呢？

学生：（自由朗读）

于漪：谁来回答吗？××说说看。

学生：作者对使用的纺车充满了怀念的感情，这种感情是用打比方的手法来表达的。

于漪：理解得对。作者对用过的纺车充满了深情的怀念，像怀念朝夕相处的旅伴，像怀念并肩战斗的战友。三个"想"，充分表现了车留心系，一往情深。作者用了一唱三叹的方法，叩击读者的心扉。

通过上面这段教学实录，我们知道，这堂课一开始，就矛盾突起，老师本以为学生会喜欢这篇文章，而学生却异口同声地回答不喜欢。事情出人意料，怎么办？于漪老师不避锋芒，因势利导。她首先激发学生说出不喜欢的原因，使学生畅所欲言，自己则从中了解学生的情况以便更好地对症下药。接下来，她对学生的大胆发言热情地给予肯定，并大力提倡这种善于思考、勇于发表意见的良好学风，极大地保护了学生的积极性，增进了师生之间的感情交流。而后，她话题一转，归入正题。通过回忆、联想和比较，向学生指出这一课文采用了新的体式，以前接触不多，一下看不出来其中的奥妙，但只要仔细推敲，就会觉出美不胜收。她这样讲，承上启下，抓住了学生的注意力，达到了导课的目的。为使学生能尽快钻进课文，她又用形象教学法来过渡。她引导学生看纺车图，通过分析点明题意，并向学生提出问题，以激起学生求知的欲望，引起他们认真阅读课文的兴趣。果然，学生在她循循善诱的启发下，很快就领会了课文的主旨，课堂成了语言艺术的王国。有人说，听于漪的课，知识就像涓涓的溪水，伴随着美妙的音律，流入心田，潜入记忆。这话说得很中肯。于漪的诱导是渐进的、新奇的和科学的，我们从中不难看出她那经过千锤百炼的驾驭课堂语言的能力。她的成功启示我们，面对学生提出的千奇百怪的问题，只有认真思索，随机应变，因势利导，循循诱导，才能达到理想的境界，取得良好的教学效果。

（二）钱梦龙：寓庄于谐

课堂教学是师生间生命的对话、思想的坦诚相遇，是心与心的交流。这种对话相遇、交流需要在一种平等、民主、和谐的氛围中方能进行。苏联教育家斯维特洛夫说过："教师最主要的，也是第一位的助手就是幽默。"的确，教师幽默的语言可以使师生双方的精神放松，使课堂气氛和谐，使孩子的灵性得以舒展，让心与心的距离更近。

教师在课堂教学中表现出来的幽默既有"庄"的特点又有"谐"的特点，"庄""诚于中"，指教学内容的科学性、规范性，"谐""形于外"，指教学形式的情趣性、生动性和诙谐性。教学幽默中有"庄"无"谐"，未免枯燥乏味，显得呆板；有"谐"无"庄"，会流于油滑。寓"庄于谐"，"庄""谐"适度，才会给课堂带来一缕清爽之风，带来朝气勃勃的景象，这才是课堂教学幽默最鲜明的特色。

上海特级教师钱梦龙在讲《故乡》这篇课文前，与学生先进行了一番对话：

师：我先检查一下大家自读课文以后，有些东西是不是理解了。同学们在回答问题的时候，尽可能不要看书。如果实在忘了，怎么办呢？

生：（小声地）偷看一下！

师：偷看一下吗？说得好啊！（学生大笑）别笑，偷看也是一种能力呀！（学生大笑）很快地在书上一眼扫过，就马上找到自己所要找的那个词、那个句子，不也是一种能力培养吗？不过，请注意，考试的时候，可不要培养这种能力啊！

于是，一堂课就在学生的笑声中展开了，因为钱老师刚才的一番话，大家的劲头一直很足，不断有问题提出。

这时有学生提问："闰土为什么要把碗碟埋在灰堆里？"

师：闰土把碗碟埋在灰堆里，这是谁说的？

生（齐）：杨二嫂！

师：那么，究竟是不是闰土埋的呢？

生：不是的。

师：为什么？说话要有根据。

生：杨二嫂挖了埋在灰堆里的碗碟后，就自以为很有功劳，拿走了"我"家的狗气杀，这就是杨二嫂说谎的目的。

生：可能是"我"埋，以便暗暗地让闰土得到许多碗碟。

师：哦，原来是这样啊！（笑）

生：如果说是闰土埋的，杨二嫂怎么会知道呢？

师：这里有个问题：闰土会偷东西吗？

生（齐）：不会！

师：为什么？

生：书上说"母亲对我说，凡是不必搬走的东西，尽可以送给他，可以听他自己去拣择"。这样，闰土尽可以明着拿，根本用不着偷埋。

师：有道理！有说服力！我都被你说服了。我们解决问题，都应该到书中去找根据。那么，是谁埋的呢？

生（齐）：杨二嫂！

师：为什么？要以文为证。这可是法制社会，没有证据却乱说话，是要受法律制裁的！

生：（大笑）不知道是谁埋的。

师：对，就是不知道。这个是"历史的悬案"。但有一点可以肯定的，杨二嫂以这个作为理由拿走了狗气杀。这样写是为了说明什么呢？

生：杨二嫂贪小便宜。

师：这个问题大家解决得真好，使我特别高兴，我曾经看到杂志上也议论过这个问题，结论大概是闰土是绝不会偷埋的，理由呢？跟我们这位同学所说的完全一样，这位同学如果写了文章，也可以在杂志上发表了嘛！

生：（大笑）。

暂且把这个"历史悬案"放下，又有一个学生说鲁迅所以写杨二嫂这个人物是要反映旧社会的妇女问题时，钱老师又幽默地来了一句："好啊，他考虑问题可真广，还考虑到了妇女问题！这问题提得很高级！"

于是，一堂课始终在学生愉快的笑声中展开，而学生们也从中悟出了不少道理。钱梦龙老师上课时课堂气氛始终是活跃的、积极的，其中的奥秘之一就是他善于使用教学幽默艺术。在教学中，教师富有哲理和情趣的幽默，能深深地感染和吸引学生，使自己教得轻松，学生学得愉快。正如教育家斯维特洛夫所说："教育家最主要的，也是第一位的助手是幽默。"教师幽默风趣的语言不仅可以使课堂气氛更加活跃，而且可以使学生在一笑之余引发联想，出神入化地推动他们领悟，使学生在理解知识的同时也感受到学习的乐趣。

美国教育家哈·曼说："那些不设法勾起学生求知欲望的教学，正如同锤打着一块冰冷的生铁。"而教学幽默艺术能有效地激发学生求知欲，直接有利于学生对知识的理解和掌握。据外国有人研究发现，如果在叙述一个概念时紧跟着举一个幽默的例子，然后再解释概念，学生的成绩就会提高。肯尼思·丁·汉森在其《美国中学生的讲授法》里说："一些例证说明，幽默并不能影响直接认识的获得，甚至在几个星期之后，学生从讲授时所运用的幽默中即有意识记住了更多的概念。"这便很好地替幽默能够增强学生的无意识记忆做了注解。幽默是教师教育机制与创新能力的展示。风趣幽默的教学语言充满了"磁性"和魅力，学生在开怀大笑中接受的知识，往往能够铭记终生，永难忘怀。

（三）于永正：和蔼机智

在于永正的课堂上，学生思维活跃，语言训练能够得到充分的落实，这与于永正独特的教学语言分不开。在长期的教学思索和实践中，于永正的教学语言呈现出鲜明的个人特色，如果按照教学语言风格分类，于永正的教学语言应该更贴近"幽默风趣"这一类型，但是于永正的教学语言艺术不能简单地用一个词就概括了事，在幽默风趣的背后，是于永正老师和蔼机智的教学魅力。

（于永正老师教完古诗《草》后）

师：小朋友，放学回家，谁愿意背给妈妈听吗？

（学生纷纷举手，于老师请一名小朋友到讲台前）

师：现在，我当你妈妈，你背给我听听好吗？想想，到了家里该怎么说？

生：妈，妈，我今天学了一首古诗，背给你听听好吗？

（生背）

师：我女儿真能，老师刚教完就会背了。（众笑）

师：谁愿意回家背给哥哥听吗？（指一名学生到前边来）现在我当你哥哥，你该怎么说？

生：哥哥，今天我学了一首古诗，我背给你听听好吗？

师：哪一首？

生：《草》。

师：哦，这首诗我也学过，它是唐朝大诗人李白写的。

生：哥哥，你记错了，是白居易写的！

师：反正都有个"白"字！（众笑）我先背给你听听：离离原上草，一岁——

生：一岁一枯荣！

师：野火烧不尽，春——春——哎，最后一句是什么来着？

生：春风吹又生！

师：还是弟弟的记性好！（众笑）

师：谁愿意背给奶奶听吗？（指一名学生到前边来）现在，我当你奶奶，奶奶没有文化，耳朵有点聋，请你注意。

生：奶奶，我背首古诗给你听听好吗？

师：好！背什么古诗？什么时候学的？

生：（背《草》）今天上午刚学的。

师：那么多的花不写，干吗写草啊？

生：（一愣）嗯，因为，因为草很顽强，野火把它的叶子烧光了。可第二年又长出了新芽。

师：哦，我明白了。背吧！

（生背）

师："离离原上草"是什么意思？我怎么听不懂？

生：这句诗是说，草原上的草长得很茂盛。

师：还有什么"一岁一窟窿"？（众笑）

生：不是"一岁一窟窿"，是"一岁一枯荣"。枯，就是干枯；荣，就是茂盛。春天和夏天，草长得很茂盛，到了冬天，就干枯了。

师：后面两句我听懂了。你看俺孙女多有能耐！小小年纪就会背古诗！奶奶像你这么大的时候，哪有钱上学啊！（众大笑）好，今天的课就上到这里，小朋友，放学回家后请把《草》这首古诗背给家里的人听。

于老师借助于语言，使自己变身为多种角色，创设出一个个情境，检查学生的背书情况。这种寓庄于谐、寓教于乐的方式极大地激发了学生背书的积极性，令人不禁拍案叫绝。老师在对话中考查学生对诗的作者及其思想以及字音等的掌握。学生兴趣盎然，全身心地投入到师生的对话中去。

（四）窦桂梅：文情并茂

特级教师窦桂梅那种返璞归真的艺术魅力，那种激情四溢的审美取向，每每使我们在窦桂梅的教学案例中，能够越来越多地体会到一种艺术的自然和流畅。窦桂梅的课堂教学每每是在一种充满真情的氛围中进行的。这种艺术感染力都分外鲜明地体现出她全身心的投入，讲到激动处，激情飞扬；讲到愤慨时，扼腕长叹。可以说，每次的课堂教学都是她和学生进行的一次心灵的共振。"三情共振"是窦桂梅主题教学的重要特点：课始激情情始生；课中悟情情更浓；课终谙情情未了。窦桂梅的课，自始至终都会被一种浓浓的感动包围着。她对课文的倾情投入，她对课堂氛围的激情营造，她对学生情感的自如调动，都体现出美的教学艺术。当窦桂梅把全部的真情和挚爱都融进课文时，她的课堂就产生一种艺术的熏染。窦桂梅的教学艺术不仅仅局限于课堂45分钟的共鸣之中，她还把这种艺术魅力延伸到了课外，延伸到学生的成长中，余音绕梁。是对学生的一种审美感动；真情永伴，是窦桂梅课堂教学艺术的真正魅力。

窦桂梅讲课的语速较快，她能够恰到好处地把这种语速控制在一种学生思维易跟进并能充分理解的速度中。课始，她的语速一般是最快的，这种"快"流露出她想把新知传授给学生的急切之情，更多时候她甚至明确地告诉学生，"同学们快把书打开""同学们快读呀""同学们快抓紧时间表现自己呀"，等等，这是她在课堂上最常用的话，也是她最真实的内心表达。这种较快的语速，在更多时候，对调动学生学习的主动性，对学生的思维，都有着直接的影响。在教学过程中，窦桂梅又会随课文所表现出的思想感情而对语速进行适度的控制。舒缓、轻灵，让学生的思维随着自己的语速渐入佳境。把课堂的语言通过不同的语速艺术化，使整节课具备了一种美的价值取向。

《落叶》教学片段：

师：现在我真的感觉到了，你看这落叶，落到这儿，那儿，有的被当作伞，有的被当作船，还有的被当作屋子，还有呢，秋姑娘不仅把落叶当作这些，还当作一封一封的信呢！

师：看了看，都写给谁了？快来读读！（多媒体出示《秋姑娘的信》，生朗读）写了这么多信，我都到哪里去了？同学们，你看我这落叶怎么样，不夸我两句？

生：落叶还真有用处。

生：落叶会帮助我们。

生：我能和你成为好朋友吗？

生：落叶，你真能干，我好想和你做好朋友！

师：就这样，亲爱的同学们，咱们都在夸落叶呢，让我们一起唱给落叶，也唱给自己。

（课件出示：落叶的歌）

师：（深情地）是啊，大地，我亲爱的妈妈！在你的怀里，我们好好睡觉，来年的春天，我们继续舞蹈，继续思考，还给你们做屋子，写信，拍电报。马上跟落叶说声再见了，谁想读读它，放开声音，一起来。

生：（齐）落叶！

师：小小的落叶很不经意落在那儿，给我们带来这样的快乐，摘下一片美丽的落叶送给最心爱的人。

这是课的尾声，窦老师的朗读透着温柔、静谧。会场里一片安静，没有一声一语，情感的心弦被轻轻拨动，人们都在静中感悟，在静中完成了一次情感的升华。窦桂梅的课堂教学语言美丽而生动，听她的课，仿佛置身一个音乐的舞台之上，控制自如的语速，抑扬顿挫的语调，亲和温婉的语句，这一个个语言的音符，宛如一件件乐器，任窦桂梅随意弹拨，自如运作，彰显出其特有的艺术。

（五）董一菲：诗意唯美

董一菲作为新生代"诗意语文"的代表，她喜欢这样描述，"好的语文课像一首诗"。语文课堂里应该充满诗意和唯美；应该有诗歌里面那种美的意境；应该有浓郁的文学气息诗意的同时，能够更好地体会生活中的诗情画意，诗意地去生活。教学语言作为教师教学技能中非常基本、非常重要的一环，对教学效果起着举足轻重的作用。美的教学语言能唤起学生的学习兴趣，给学生以美的享受，从而提高教学效率。董一菲作为一名语言表达能力出众的语文教师，教学语言做到正确规范之后更是追求一种艺术的表达。她十分重视自身的语言修养，不遗余力地打磨教学语言技巧，形成了自己的教学语言风格。

诗意唯美的语言要求字句优美，听觉上给人愉悦的感受，结构上的参差对照。关键是在语言的内容上，有丰富的情感；有文学、文化的气息；有理想主义和浪漫主义的情怀；有充满想象力和形象性的诗情诗境；还有理性与智慧的光辉。董一菲的课堂教学给人的第一印象就是教学语言优美，音色柔美悦耳，语调舒缓起伏，饱含情感，给人以美的享受。除此之外，董一菲的课堂教学语言信息含量大，形象生动，同时也不缺理性与智慧。她的语言风格不是一成不变，有时诗意唯美，文学气息浓厚；有时朴实无华，体现出一种语言的本色美；有时情感丰富，给人强烈的感染力；有时理性深刻，充满哲学韵味。

董一菲在《写在诗美边上》一课结束时这样说："同学们，让我们敞开自己的天边，挂上王勃的落霞，敞开自己的四月，坠落李贺的红雨，让我们去攀登杜甫的泰山，走过徐志摩的康桥。我们还要有自己的一个滂沱的雨季，落尽过去的云，升起自己的太阳。"结语短短几行字，诗意而唯美，也非常符合文章的语言风格。

在《西地平线上》一课中，学生说喜欢西部落日的不真实感，给人一种梦境。由于学生知识修养的局限，很难再继续阐释那种抽象的感觉。董一菲通过一段引导让学生更好地把握那种感受。她说："那种不真实的、梦幻般的感觉，这就是西部的美。西部的美美在浪漫，美在神秘。浪漫长在哪里？可能是生命最艰难的地方；神秘长在哪里？可能是在生命发生奇迹的地方。就像'楚辞'，它为什么长在南中国，成为南中国的一朵奇葩？因为在当时的楚国就是个神秘的地方。"① 这一段师生对话是没有经过准备的，是根据临时需要教师的即兴发挥。但是从这段话中可以看出董一菲极强的表达能力，首先她的表达流畅规范，

---

① 董一菲. 董一菲讲语文［M］. 北京：语文出版社，2008：205.

清晰明确，其次，句子间的层次和逻辑清晰。她从"浪漫"和"神秘"两方去展开，最后还用"楚辞"来举例，为学生清楚地阐释了西部的美。

"理想的诗意语文追求百变的教学语言，典雅处还它个典雅，优美处还它个优美，晓畅处还它个晓畅。贴切、自然、流畅是诗意语文教学语言的高格。"①

第三节　文献选读

对于价值，我们知道的是，它们只能体现在一个一个的人的身上。对于这种生活形式的教育者来说，他根本没有选择价值兑现的其他特殊方法。也许可以说教育者的这种类型并不是针对那种可以表现在现实人物的无数形式中的，并具有个性的人格价值。因为他们的确面对的是人。在那种特殊的个性人中，已经形成了一种表现强弱不同的形式。但是，将其生命献给形成个性的萌芽阶段的教育者，在无损于他所期望兑现的价值的情况下，必须不偏不倚地针对隐含于教育对象中独有的个性价值。不言而喻，这样的个性价值只有在教育活动的过程中，才渐渐地显露出来。但是，在可能的情况下，价值必须受到教育者的重视，而且需要有对其未来承载者的爱与尊重才得以实现。而每一种真正的价值都会把这种爱与尊重转换到承载者的身上。

现在，如果我们想把青年教育者这一社会类型从所有其他社会型生活形式中划分出来的话，那么，我们可以说：教育者是一种社会基本型的生活形式。这种生活形式出于对被视为唯一的、无时间限制的、价值的未来承载者的未来人，对未成年人崇高的爱，完全能够根据价值承载者的特殊可塑性，以持久的精确性影响其灵魂的形成，并且在实施这种爱的过程中，使灵魂的形成达到最完美的效果。

在此，还必须再一次强调指出，对于判断这一唯一的教育天赋的主要依据是，影响灵魂形成的爱与能力来自社会性的基本法则，即来自对"人"的纯洁的爱，也就是说，来自对适用于每一个人的人类价值承载者的爱。因为正像我们所见到的那样，从事教育活动的渴望，同样也能够在宗教、美学、经济特别是政治基本气氛中得以实现。如果是这样的话，那么，在影响灵魂的形成中，就掺进了另一种因素。这一因素使纯真的教育行为无法实现。这样，教育的目的，即教育影响的方向就很容易由外部确定，由美的理想、效益的理想、救世

---

①　董一菲. 仰望语义的星空［M］. 长春：长春出版社，2011：4.

的理想、权势的理想以及知觉等来确定。而这一切只在极罕见的情况下，才与受教育者天生具有的可塑性一致。如果人们珍惜某一特定目标，并希望实现它的时候，那么，就只有那种对未来人的爱和对个性塑造过程永恒的热忱，才能保证在任何情况下都能通过摸透受教育者的个性，去探索并发现通向目标的道路。

——［德］凯兴斯泰纳《凯兴斯泰纳教育论著选》；郑惠卿 选译（人民教育出版社，2004）

请记住，如果教师采用比较严厉、苛刻的手段，则纯系其骄傲、暴躁性格之体现；他指望儿童应掌握的知识和他自己知道的一样多，其实，他应该想通，他的任务是在使儿童养成习惯，而不是愤怒地反复向儿童灌输规则，规则对于我们人生行为的作用并不大，至少对于儿童没有用处，因为儿童对于规则是左耳进右耳出的。在需要运用理智的科学上面，我并不否认这种方法有时可以改变，可以故意设置一些障碍，去激发他们的努力，使他们的心理习惯于竭尽全力去推理。但是我觉得这在儿童年纪极小的时候或他们接触任何知识的入门阶段都不可行；那时一切事情的本身都是困难的，教师的重大作用和技巧就在于尽力使得一切事情变得容易，尤其是在极少有机会为儿童摆正位置的语言学习问题上。因为依靠呆读死记与习惯才能学会的语言，当能流畅自如地表达时，一切文法规则都已统统置诸脑后。我承认，一种语言的文法有时候是要极仔细地加以研究的，但是这种研究只能由一个沉浸其中，能批判性地了解某种语言的成人去做，很少是专门学者以外的其他人的工作。我觉得大家会同意，如果一个绅士要研究任何语言，他就应该研究他本国的语言，以便对于自己经常使用的语言获得一种正确的理解。

做教员的人之所以不但不应为他们的学生制造困难，相反地应该使他们的道路变得平坦，在他们越趄不前时应立刻帮助他们前进，是基于另一个更深层的原因。儿童的心理是狭窄与脆弱的，通常一次只能容纳一种思想。一个儿童的头脑里面无论萌生了什么念头，顿时就为那件事情所缠绕，尤其是同时有激情相伴随的时候更是如此。所以，儿童学习任何事物的时候，教师应该施展其技巧，去为他们清除一切杂念，最好使他们心灵腾出地方来，专心致志地接受他们所应接受的思想，否则这些思想在他们的心里便不会留下印象，儿童的天性使得其心理飘忽不定，新奇的事物都可吸引他们；当此类事物出现时，他们就立刻急于去尝试，过后却很快就厌腻了。由于他们对同一件事物很快就会感到厌倦，所以他们的快乐几乎都是建立在变换与多样化上面的。要使儿童去固定他们的纷扰变换的思想，是与儿童时期的天性不相容的。这种情形不知是应归因于他们脑筋的气质，还是由于他们的血气旺盛，不够稳定，以致心里不能对其完全支配。显而易见的是，要儿童将思想长久地用在某一件事情上，对他们是一种痛苦。长久的、持续的注意是强加于他们的最苦的差事之一，所以，凡是要使儿童专心用功的人，就应该尽量使得他所提议的事情令人愉悦，至少应小心避免带来令人沮丧或惊吓的观念。如果他们拿起书本时全然没有喜悦及趣味盎然之感，他们的思想自然会远离令他们厌恶的事情，而在比较可喜的事物上面寻求较大的快乐，随后不可避免地闲荡，就是一件毫不奇怪之事了。

我知道，做教师的人常用的方法是，努力使学生注意力集中，如果发现学生有一点走神，他们就用训斥与惩罚去使他们将心思固定在当时所从事的事情上面。但是这种办法产生的效果必定适得其反。教师的愤激言词或打击使得儿童的内心产生恐惧，并迅速蔓延开来，占据了他的整个心，使他再也没有容纳别的印象的空隙。我相信，读了上述这段话的人都一定会回忆起以前父母亲或教师的暴行以及专横训斥对自己精神的伤害；当时自己的脑筋因此变成了一片虚空，以致对自己说的什么和听到的什么都茫然无所知。他顿时丧失对所在环境的洞察力，他的心里充满了紊乱与慌张，在那种状态之下，再也不能注意任何事物了。

——［英］约翰·洛克《教育漫话》；杨汉麟 译（人民教育出版社，2005）

唤起和保持注意力不完全靠组长或其他负责的学生，教师本人是最重要的因素。如果他遵守下列八条规则，他就能成功地保持学生的注意力：

（1）如果他在教学时不辞劳苦，不断地介绍一些既有趣又有用的事项，因为用这种办法就可激发学生的兴趣，抓住他们的注意力。

（2）如果在任何一门新课开始时，他用引人入胜的方式向他们提出新课，或向他们提问，以激发学生的兴趣。提问可能是涉及前面学过的，用以说明它与现在所学的问题之间的联系，或是涉及学业的新的分支。因为如果学生对课题的无知被无情地暴露出来，就可能激起他们掌握它、彻底理解它的斗志。

（3）如果他站在高高的讲台上，同时使所有学生都在他的视线之内，不允许任何人做别的事，只能专心注视着自己。

（4）在必要时求助于感觉，特别是视觉，以帮助抓住学生的注意力。

（5）如果他偶尔用下面的话打断他的讲解：告诉（指定某一个学生）我刚才说了什么？重述那个句子！告诉我，我是怎样达到这一点的？诸如此类的话。其确切的性质应视所教的班级而定。如果发现有一个学生没有专心，他应当场受到申斥和责备。用这种办法，就会使学生专心听讲。

（6）同样，如果他问一个学生，这个学生迟疑不能回答，他应当转而问第二个、第三个、第十个或第三十个,不重复所提的问题而要求学生回答。这样做的结果就是全体学生都仔细倾听其中一个说了什么,并把它应用在他们自己身上。

(7)如果某个学生不能回答问题,教师应当问全班,然后,在其余学生面前,称赞回答得最好的,使他们成为鼓舞其他学生的榜样。如果有一个学生答错,应得到纠正。但是同时,错误的原因(明智的教师不难发现)应说清楚,必须避免发生的事情重新出现。这样做了,这对快速进步有多大帮助,这是一般人难以明白的。

(8)最后,上完课后,应该让学生有就他们想要讲解的本节课或前一节课中的任何问题提问的机会,不允许私下提问,每个想提问的学生或当众问教师,或由小组长提问(如果小组长自己不能解决困难的话)。用这种办法,问和答对全班都有利。如果一个学生由于他的提问的机智有助于说明一个重要问题,这个学生应受到表扬,使其余学生由此而受到激励,更加勤勉和热心。

——[捷]夸美纽斯《大教学论·教学法解析》;任钟印 译(人民教育出版社,2006)

把教学比作艺术从许多方面看都是十分有益的。把教学比作艺术就是承认了教师素质的基本意义,这些素质包括对学生存在的困难有洞察力、有直觉印象,能敏感地意识到学生的困难,对学生的需要同情并理解。把教学比作艺术还等于承认了教师敏锐地鉴别人类遗产的重要性,教育过程中常常需要教师对人类遗产中的知识、技能、观念及道德规范准则等进行鉴别。在鉴别的遗产中特别应注重某些遗产具有的特殊功能,那些遗产能给某教师以生命的活力和生活的意义,并且教师能将它们编织到学生的生活经历之中。作为一个艺术型的教师,他与画家、作曲家一样,将利用任何可以利用的技术,但是教师的工作基本还属一种艺术,而不是技术。

教学的艺术和教学的技术很难从概念定义上加以区别,因为其中包含着情感的因素,而情感因素总是极力排斥准确定义的。最好还是用事实例子来加以说明。比如在教学作为一门技术之前很长时间就已有了大量的教师。本人在课堂上曾运用过下述对比的例子来阐述自己的观点:如果我病得很重,极度渴望找个医生来看病,如果真的出现了奇迹,我可以挑选一个医生,或者是医学之父希波克拉底,或者是年轻的医生,刚刚从约翰·霍普金斯医学院毕业,这个年轻的医生掌握了医学科学知识和技术的最新成就。当然,面对这种选择我将选择年轻的医生。另外一个对比的例子是,如果我受委托为一个青少年集体找一位教师,同样出现了奇迹,我可以挑选苏格拉底,也可以挑选刚刚从师范学院毕业的哲学博士。刚毕业的博士，熟悉最新发展的教学技能与理论，同时我应尊重师范学院，我在那里受聘任职。但是考虑到我为青少年选教师的职责，我当然不应该放过可以把苏格拉底请来任教的机会。确实，希波克拉底活在今天的医学科学界，但他没有对当代医学科学做出过理论贡献。希波克拉底的生命力存在于希波克拉底的理念（Oath of Hippocrates）之中，这个理念反映出的不是现代医学知识，而是一种洞察力、一种理想，或是一种医德准则等。希波克拉底的生命力还在于构成理念的希波克拉底的过程中，这是把他的本质特征人格化的过程。他的本质特征是讲授希波克拉底的基础，从而又派生出了作为艺术的教学。

——［美］巴格莱《教育与新人》；袁桂林 译（人民出版社，2004）

除了成熟与经验这些因素以外，知识的获得自然还依赖于教育或社会的传递（语言学的等），而传统的学校长期以来只注意这种传递过程。心理学丝毫也不忽视这种传递的作用，不过它仅仅研究那些影响这种传递工作的长期认为已解决了的问题：这样传递工作的成功，是否仅仅依赖成人自己把他们所要传授给儿童的东西用好一点的陈述讲授给儿童，还是说，这种传递工作的成功，要以儿童必须具备了一种同化的工具为先决条件，如果缺少这种工具，是否就会妨碍一切理解呢？

就实验动作对知识的形成所起的作用而言，有一种长期已成为普遍的看法，认为心灵乃是一张白纸，外界环境可以在上面任意加上一些现成的联系。相反，最近的研究已经日益证实，一切经验都必须使现实建构成为一种结构。换言之，任何外在的材料的记载，都以主体活动所固有的同化工具为先决条件。但是，当涉及成人语言时，即用父母或教师本身的语言或智力把已经结构好的知识传递给或企图传授给儿童时，人们就会假定，只用儿童预先的同化能力就够了，儿童只要吸收事先消化好的智力营养就行了，似乎传递过程并不要求新的同化，即不要求依靠当时听者的活动重新建构结构。总之，每当涉及讲授或口头教学时，我们从这样一个蕴含的假设出发，即教育中的传授就是既为儿童提供知识，同时又为他们提供吸收知识的工具，而忘记了这种工具只有通过一种内在的活动才能获得，一切同化都是重新建构或重新发明的。

——［瑞士］皮亚杰《皮亚杰教育论著选》；卢溶 选译（人民教育出版社，2015）

在教学过程最优化的条件当中，我们认为教师善于在上课时创设良好的精神心理气氛，有着重大的作用，有了这种良好的气氛，学生的学习活动就可进行得特别富有成效，可以发挥他们学习可能性的最高水平。同时，学生的情绪不会过分紧张，也不会有害怕、畏惧、委屈等感觉。

当然，为了保证良好的精神心理气氛，教师应具有教育机智。也就是说，在同儿童交往中，要从共产主义道德原则出发，遵守一定的行为规范。

社会主义社会经常关心在任何集体中为人们进行创作性活动创设良好的精神心理气氛，因此在社会主义条件下，教育机智的自我培养问题具有特别重要的意义。这在教师和儿童经常交往的学校条件下尤其需要得到保证。从前面列举过的对教师个性品质进行抽查的结果看，也迫切需要采取措施来改善教学过程中的精神心理条件，因为抽查中评分最低的是教师的教育机智水平。由此可见，应当采取有效措施去克服教师工作中的这一缺陷。

在我们所谈的这个问题上特别重要的是，教师在对待每个学生时应努力并且善于做到：十分尊重学生；非常与人为善；相信他的力量和可能性；当学生有某些越轨行为时，态度适当地和蔼而且很有自制力。

为教学工作创设良好的气氛，并不排除，而是要求对学生提出必要的严格要求。

在教学过程中，犹如在一般教育工作中一样，应当运用马卡连柯的著名论断：在对待受教育者的态度方面，要同时表现出尽可能多的尊重和严格要求。

上课时的良好气氛，是从教师在教室中出现的那一瞬间起，是由教师向学生问好、学生回答的声调、教师说话的态度逐步形成起来的，教师说话要平静，不尖声刺耳，既不过分热情也不特别冷淡，同时还要善于正确地就以前所学过的教材进行提问。提问中呼叫学生姓名时，学生就能觉察到教师呼叫的声调。善意地、温和地叫学生，可使他的注意力放在已学过的东西上，可使他深入思考教师提出的问题。允许某些学生利用所提问题的回答提要，或事先到黑板旁边利用挂图、仪器等来准备回答，也有助于建立良好气氛。

教师同学生在提问过程的交往中，如果学生的回答不确切或有错误，教师善于表现出镇定沉着、有耐心，这有着特别重要的意义。

在对学生的错误回答做出反应时，绝不允许讥讽、嘲笑、用那些有损于人格的说法，如："你根本不行""懒骨头""反正我们对你毫无指望"等等。当然，教师应该使学生意识到自己的无知或错误，但是要策略机智地做到这一点，并应力求即刻或事后不久就查明不能正确回答的原因，指出改正错误的途径。教师提出的、起帮助作用而不是进行指责的意见和劝告，自然会赢得学生的尊重。

——［苏］尤·克·巴班斯基《教学过程最优化：一般教学论方面》；张定璋　等译（人民教育出版社，2007）

附录：能力练习与课后思考题

1. 教师的教学语言需要符合哪些艺术要求呢？

2. 每位名师都有自己的语言风格和特点，你认为如何形成自己的语言风格呢？

3. 教学过程中有时是"此时无声胜有声"，你认为怎样处理好"说"与"不说"的关系呢？

推荐阅读书目：

[1] 吴俊玲，刘万顺. 口语交际艺术［M］. 北京：中国林业出版社，2003：08.

[2] 钱理群. 语文教育门外谈［M］. 桂林：广西师范大学出版社，2003：07.

[3] 饶杰腾. 语文学科教育探索［M］. 北京：首都师范大学出版社，2000：12.

[4] 沈小培，郑苗苗，李宝庆. 对话教学［M］. 成都：四川教育出版社，2006：07.

[5] 严育洪. 课堂点睛：教师流行语透视［M］. 北京：首都师范大学出版社，2007：01.

[6] 丁骥良，吴运友. 语文学习方法博览［M］. 上海：上海辞书出版社，2006：06.

[7] 董一菲. 董一菲讲语文［M］. 北京：语文出版社，2009：01.

[8] 王君. 更美语文课：王君群文教学课例品读［M］. 武汉：长江文艺出版社，2018：11.

[9] 吴春来. 教师喜爱的36堂名师语文课［M］. 上海：华东师范大学出版社，2019：11.

[10] 雷玲. 中学语文名师教学艺术［M］. 上海：华东师范大学出版社，2012：9.

第二讲

语文名师导入技艺

第一节　技艺概述

教学导入是语文教学中的重要环节，导入的功能主要表现在激发学生的认知兴趣和情感，启发和引导学生的思维，让学生在最短的时间内进入到课堂学习的最佳状态中去。"如果老师不去设法在学生身上形成这种情绪高涨、智力振奋的内部状态，就急于传授知识，那么知识只能引起冷漠的态度，而不动感情的脑力劳动只会带来疲劳。"① 如果教师不注重导入就直接授课，学生在毫无唤起的情况下，那些阅读面窄、语文学习动力不足的学生就难以进入良好的学习状态。因此导入非常重要，它能激发学习兴趣，聚拢情绪，激活思维。好的导入如同桥梁，联系着前后的学习内容；如同序幕，预示着后面的高潮和结局；如同路标，引导着学生的思维方向。可以说，导课乃是整个教学的准备动作，为学生即将进行的思维活动做好心理准备。好的导入应该是集知识性、趣味性和思想性于一体。

一、导入的定义

所谓"导入"，从语言学的角度分析来看就是开导、引入，在迷而不知的情况下需开导，在状况之外的情况下要引入，所以，导入又被称为"课引子""开场白"。"导入是教师教授一篇课文的'开场白'或设计、组织的学习活动，是师生围绕新内容学习进行最初信息交流的一种教学行为。"② 导入是"在讲解新

---

① ［俄］苏霍姆林斯基. 给教师的建议［M］. 北京：高等教育出版社，2011：34.
② 王元华. 中学语文教师教学技能［M］西安：陕西师范大学出版总社有限公司，2013：136.

知或教学活动开始之时，教师有意识、有目的地引导学生进入新的学习情境的一种方式"。① 课堂导入是语文教学中的重要环节，在语文教学中占有特殊的地位，是新的教学内容的"开幕式"，在教学中对引起学生注意，激发学习兴趣，引发认知需要，形成学习动机具有重要作用。语文教师可以根据自身的性格特质、文本体裁和题材的不同、学生的特点等方面选择最佳的导入方法，提高课堂效率。

二、导入的理论依据

近年来，国内学者对课堂导入环节的研究日益增多，无论是广度还是深度都得到了研究者的广泛关注。不管是在导入的作用、方法、类型、设计原则方面，还是在心理机制、思想内涵方面都有人涉足，尤其是导入的具体操作方法研究上，成果颇丰。随着教学三维目标的提出，课堂导入的设计"应以三维目标整合的整体发展观为指导，秉承注重思维过程、生活经验、开放建构和整体联系的知识观；倡导主动性、交往性、创新性和体验性的学习观；体现教师由传授者走向促进者，由拥有知识到拥有智慧的教学思路，实现教学效益的最大化。"②

（一）皮亚杰的建构主义思想

让·皮亚杰（Jean Piaget，1896—1980）是瑞士著名的心理学家、哲学家和教育家，被西方视为与苏格拉底、弗洛伊德、爱因斯坦齐名的思想文化巨人。他认为儿童的认知发展，是内因和外因相互作用的结果。儿童在与周围环境相互作用的过程中，逐步建构起关于外部世界的知识，从而使自身认知结构得到发展。他发现，儿童认知形成的过程是先出现一些凭直觉产生的概念（非最简单的概念），这些原始概念构成思维的基础，在此基础上经过综合加工形成新的概念，建构新的结构。皮亚杰认为，这种过程的不断进行，就是认知结构形成的主要方法。在教学过程中，有效的导入设计，就是力图构建一种外在诱因，与学生的内在情感或知识经验界面对接，引导学生进入一个新的界面，产生新的直觉概念，以有效地导入设计，其前提是充分了解学生，研究搭建学生发展的由内到外的过渡桥梁的最佳方式。

---

① 蔡伟，纪勇.语文案例教学论：课堂导入语收束［M］.杭州：浙江大学出版社，2012：3.
② 蔡伟，纪勇.语文案例教学论：课堂导入语收束［M］.杭州：浙江大学出版社，2012：8.

（二）维果茨基的最近发展区理论

维果茨基（1896—1934）是苏联早期一位才华横溢的杰出心理学家，苏联心理学界的先驱，马克思主义心理学的创始人之一。他提出的"最近发展区理论"认为，教育对儿童的发展起主导作用和促进作用，但是需要确定儿童的两种发展水平：一种是已经达到的发展水平；另一种是儿童可能达到的发展水平，表现为"儿童还不能独立地完成任务，但在成人的帮助下，在集体活动中，通过模仿，却能够完成这些任务"。① 这两种水平之间的距离就是"最近发展区"。把握最近发展区，可以有效地加速学生的发展。教师在设计课堂导入之前，需要研究学生的"最近发展区"，知识、心理、智力等都是要研究的范围，围绕最近发展区做文章，引导学生明确努力的目标，获得前进的动力，看到成功的希望，这样才能使学生愉快地投入到发展自己、完善自己的学习中去。

（三）罗杰斯的意义学习理论

卡尔·兰塞姆·罗杰斯（Carl Ransom Rogers，1902—1987），美国著名的心理学家，是人本主义心理学的主要代表人物之一。他认为，人应该用一种对自己有意义的方式进行学习，才能提高学习速度。基于意义学习理论的特点，教师的任务发生了改变，教师不是传授知识，而是为学生提供学习手段，由学生决定如何学习。语文新课标中指出：学生是语文学习的主人，这与罗杰斯的思想不谋而合。在导入时，一方面要设法让学生意识到学习的意义，使他们产生学习兴趣，自觉自愿地进行学习；另一方面，要为学生提供学习手段或方式，为他们"自己决定如何学习"提供条件。

（四）奥苏伯尔的先行组织者理论

奥苏伯尔（David AuSubel，1918—2008）美国认知心理学代表人物。他对学生的学习方式进行了深入研究，他把学生的学习分为发现学习和接受学习；又根据学习内容把学习分为机械学习和有意义的学习。他发现学生的已有知识对学习新知识具有积极作用。为了搭建新旧知识之间的实质性沟通的桥梁，使已有知识对新知识产生积极有效的影响，他提出了"先行组织者"的概念。先行组织者是指安排在学习任务之前呈现给学习者的引导性材料，它比学习任务有更高的抽象性和包摄性。提供先行组织者的目的就在于用先前学过的材料去解释、整合和联系当前学习任务重的材料。课堂教学的导入环节是教师课堂行为的起始，是连接新旧知识的桥梁，是学习情感转换的纽带，是进入新的学习情景的向导，而先行组织者的作用也主要体现在学习新材料之前的铺垫与引导。

---

① 张春兴. 教育心理学 ［M］. 杭州：浙江教育出版社，1988：116.

这一理论指导教师如何在导入中合理引入学生的已有知识，使之与当前学习任务有机会联系起来，为新知识的获得提供前期基础和经验背景，以此提高学习效率。

（五）洛扎诺夫的情境—陶冶教学策略

洛扎诺夫，是保加利亚的心理学家，他首创了情境—陶冶教学策略。其主要精神是强调创设某种与现实生活类似的情境，让学生在这种情境中，思想高度集中但精神完全放松地学习。这一理论思想启示我们，学生是学习的主人，教师要对学生学习过程予以全程关怀。从课堂导入开始，就要设法使学生进入良好的学习情境，要理解学生的情绪状况，把握学生的情绪需要，设法触及学生的情绪和意志以及学生的敏感点，使学生能深刻地体验到惊奇、欢乐，激发出最强烈的学习欲望，使学生的学习处于亢奋状态。

三、导入的功能

（一）集中学生注意

注意是心理活动对一定对象的指向和集中。大教育学家夸美纽斯曾说过："教学的艺术光亮是注意，学习的人才能保持心里不跑野马，才能了解放在眼前的一切事物。"[①] 心理学家认为，人在精神极度兴奋的情况下，注意力会更集中，聪明才智才能够得到最大程度的发挥。在语文教学中，富有艺术性的导入能够有效地激发学生思维过程中的亢奋感，促进学生的注意力专注于某个特定对象，让思想迸发出智慧的火花，使学生倾心于学习任务，从而提高学习效率。

魏书生老师是民主教育的倡导者，他认为学习是人的天性，教育应适应人与社会发展的需要，教师所教授的学习内容应该是社会需要的，是有利于学生成长的。除此之外，魏书生老师是管理派的代表，坚持民主治教，促进学生自育自学。因此在魏老师的课堂上，课前的导入一般都会选择直接定向，向学生展示本节课的学习目标、学习重点等内容，然而每去一个陌生的学校讲授公开课时，魏老师为了缓解师生初次见面学生紧张情绪，吸引学生的注意力，总是选择用游戏作为课前活动，让学生放松下来集中注意力，为成功的教与学创造良好的条件。例如在执教《俭以养德》时，课前带领大家做了一个消除紧张、集中注意力的游戏。

师：请把两只手都伸出来（众生跟着一起做），手腕下部有一条线。请把两只手的线对齐，比一比你的手指头，两只手的一样长吗？

---

① ［捷克］夸美纽斯. 大教学论［M］. 傅任敢，译. 北京：教育科学出版社，1999. 143.

生：一样长。

师：好，现在咱们做一件事，男同学把左手伸出来，女同学把右手伸出来，然后闭上眼睛。你就想，把手指使劲往长长，施加一个意念，手指好像有人拽一样，必须是全心全意的，浑身放松，头脑入静，只想着手指比刚才长了，长，长，长。再想20秒，5秒……10秒……20秒，好了，停。请大家睁开眼睛，现在再比一比两只手，其手指还一样长吗？是不是施加意念的手指长了一截（众生笑，有的说长了）。只要你全心全意地进入这个境界，四周仿佛什么都不存在了时，一般都能长长一点。这样做最主要的不是为了让同学们长长手指头，而是为了集中注意力，消除紧张情绪，以便于写作业、听课或答卷。①

（二）激发学生兴趣

兴趣是学生快速进入学习状态、集中注意、发挥学习智慧潜能的重要因素。"任何生命都会对特定对象表现出特别的兴趣。一旦他们发生兴趣，就是对其教育的最好时机。"② 学习兴趣是一个人力求认识世界、渴求获得文化科学知识和不断探求真理而带有情绪色彩的意向活动。"语文学习兴趣是指向语文学习活动或学习对象的积极的心理倾向，是推动语文学习的强大动力。"③

例如薛法根在执教苏教版《卧薪尝胆》这一课时，便很好地利用了猜谜激趣法：

师：要学好语文，就要会观察，会倾听，会思考，会想象。请你仔细看！（老师在黑板上画了一个"王"字的象形图案）像什么？

生：鱼骨头

师：很好，很富有想象力。

生：这很像一个"王"字。

生：我觉得它很像一个鱼钩。

生：我觉得有点儿像矛。

师：像大船上的铁矛。同学们，可能看到这幅画，每个人想象的都不一样，这是正常的。同学们，这幅画，其实在古代，这是一件兵器。这件兵器叫"钺"（师板书生字"钺"，并注音）。这是古时候打仗使用的。看武侠小说的同学可能看过这样的兵器，在战场上，谁拿着"钺"这种兵器，谁就是指挥官。它有权

① 教育部师范教育司. 魏书生与民主教育 [M]. 北京：北京师范大学出版社，2006：149 −150.

② [英]赫伯特·斯宾塞. 斯宾塞的快乐教育 [M]. 北京：朝华出版社，2010.

③ 工松泉，王柏勋，王静义. 语文教学心理学基础 [M]. 北京：社会科学文献出版社，2002：159−160.

力，后来这个（指画面）就成了一种权力的象征。在春秋战国时代，有这样权力的被称为"王"（师板书：王），刚才有个同学说这幅画像"王"，很有想象力。还有一个字念"皇"（师板书：皇），大家知道中国的第一个皇帝是谁呀？

生：秦始皇。

师：对了。秦始皇之前的各个小国家的国君，只能称为"王"，今天我们要学的这篇课文当中主要写了哪两个"王"？

师：对了。课文中主要讲了吴王夫差和越王勾践两个人之间的事。同学们，这两个人，一个是吴国的国君，一个是越国的国君。他们二人原来是什么关系呢？等一下读读课文的第一自然段。后来又有什么关系呢？请你读读课文的第二自然段。①

通过猜谜，薛老师巧妙讲解了象征权力兵器的"钺"、拥有权力的"王"以及"王"与"皇"的区别，使得学生对"王"有了深刻的理解。接着，薛老师趁热打铁，转入课文主题，介绍了文中的吴王和越王，将夫差中"夫"的读音和勾践中"勾"的字形贯穿于课文讲解过程中，既扫清了文字障碍，又为学习课文储备了知识，可谓"一箭双雕"。最后，老师又提出两个问题，极大地激发学生阅读文本的兴趣，几分钟的激趣导入，看似顺其自然，实则独具匠心。

（三）拓展学生思维

思维是人脑对客观事物间接的概括的认识过程。人的神经系统，特别是脑，生长最快的时期是青春期，十岁时的脑容量已达成人的百分之九十，这种生理特征，使得中学阶段成为培养和锻炼学生思维能力的关键期。语文教学是发展学生思维的重要途径之一。在语文教学过程中，导入也担负着发展思维的重要任务。优秀的、富有艺术的课堂导入可以培养学生发现问题、提出问题的习惯，教师通过导入，巧妙地创设情境，引导学生质疑，激发学生提问，既是集中学生注意力的举措，更是培养学生思维能力的策略。

例如在上写作课之前，教师先带领大家做一个文字游戏。

以小组为单位，围绕一个话题，同学自由发挥想象，开展故事接龙活动。

提示：

1. 小组先进行讨论，确定故事的话题、人物等。如"有人摔倒了""那一天我遇到了他""一个外星人站在我面前"等。

2. 小组同学依次接续，每人至少说一个完整的句子（或一个小的情节），接上前边的内容。时间约5分钟，要尽可能说成一个比较完整的故事。

---

① 刘远．语文名师经典课堂［M］．太原：山西教育出版社，2016：172.

3. 推选一名同学将小组讲述的故事完整地讲给全班同学听，比一比，哪个小组讲得最吸引人。

学生以任意一句话作为开头，由不同的学生共同进行创作，是由学生自己创设拟真化的情景，共同完成的习作练习。这种练习方式可以快速吸引学生的注意力，让学生在紧张有趣的情景下进行思考，是对学生思维能力和反应能力的训练。并且，学生自己创设情景，可以调动学生的积极性，写作练习的参与程度也比较高，在活跃课堂氛围的情况下，同时锻炼学生的思考反应能力、逻辑能力、记忆能力、语言表达能力等。以锻炼学生想象力为主要目的的写作课在这样的导入下，可以快速拓展学生思维，达到事半功倍的效果。

（四）促进学习迁移

学习迁移，是指一种学习对另一种学习的影响，或习得的经验对完成其他活动的影响。任何一种学习都要受到学习者已有知识经验、技能、态度的影响，只要有学习，就有迁移。学习迁移的影响有多种形式的划分：顺向迁移与逆向迁移、横迁移与纵迁移、正迁移与负迁移、特殊迁移与一般迁移等。就语文课堂导入的功能而言，我们的目标应该是促进学生正迁移、顺迁移和一般迁移，进而提高学生的学习效率。正迁移和顺迁移都是指学生已经掌握的知识、技能、态度、方法等对后继学习的积极影响；特殊迁移指学生学习某一项内容后对相似材料有特殊的适应性。

迁移在语文的学习中无处不在，导入中也无处不在，例如用已经学过的篇目进行导入，以往学过的篇目对新篇目产生影响；将已经掌握的学习方法融入新的课文中，以往经验对新任务的影响。教师根据新授课的具体内容选择合适的知识或经验导入新课，就能够使学生建立起新旧知识之间的联系，借助对已有知识的了解感知新的内容，加速对新知识的理解和掌握，提高学习效率。

四、导语的特点

（一）简短清爽

导入是课堂教学过程中初试阶段的一个环节，语文课堂教学的重点在于知识的讲授、文本的分析、情感的体悟等，导入作为课堂的序幕，应该精简。导入语言要精心设计，反复锤炼，讲究凝练、准确，话语不宜太多，在短短的几句中可以包含所需的信息，或点题，或引述，或渲染，或趣味横生，或哲理丰富，但是一定不要喧宾夺主。优秀的导入应该可以使学生在简短的语言中获取有效信息，不能使学生一头雾水，应该是激发情趣、迅速转移、快速集中、指向教学的目标。

（二）灵活多样

课堂教学环境始终是千变万化的，教学过程是一个动态过程。无论是教师还是学生都是具有主观能动性的个体，在教学过程中，教师与学生的碰撞会激发无数可能，甚至教学环境中也会发生一些始料未及的事情，根据这些因时、因地、因境、因人而异的教学情境，新的情况随时可能出现，预设好的导入方式也并不一定适用，会发生变化，教师课前无论准备得多么充分，也要有随机应变的准备，要根据现实的课堂情境，结合教学内容适时调整。所以，教学导入设计要注意灵活性，要有多种思路，多手准备，应该具有教学机智，能够随机应变，现场发挥。

（三）整体设计

课堂教学过程中一切活动都是为了学生的发展，课堂教学的每个环节都要为完成中心任务服务，导入环节作为教学行为的一个组成部分，自然地与教学目标、教学内容、教学氛围保持一致，在设计导入内容的时候，要有整体观念，始终围绕教学目标、教学内容、教材特点、学生实际进行设计，素材的选用、素材的组合、表达方式，都要与所讲授的内容、风格情感、心理气氛相一致，否则导语的功能就会大打折扣，甚至失去存在意义。

（四）审美品性

语文教学在美育方面有着得天独厚的优势，不仅仅是文学作品能够唤醒和培养学生的审美意识和审美能力，语文教学过程中环节设计、语言表述等方面也都有很好的美育功能。丰富多彩的文章世界，生动优美的教学语言都能激发学生的美感，使学生感受美、理解美、欣赏美、创造美，提高学生的审美能力。作为课堂环节的序幕环节，在设计导入时，最好能将自己的教学艺术与美的教学内容结合起来，激发学生的审美体验，以教学内容为媒介，融合视觉、听觉，在学生心中架起美的桥梁，创设适合学生学习的美的情境。在导入设计中，优雅大方的教师形象与多媒体声色电光的表现形式相配合，再加上优美凝炼的语言，可以让学生看到美、听到美，从而感受到美。

五、导语的设计理路

（一）依据文本体式确定导入方式

选入教材的课文有多种文体，记叙文、说明文、议论文、散文、诗歌、小说、文言文等，各种文体各具特色，在设计导语的时候，文体应该纳入考虑范围内。例如，说明文具有知识性、科学性、说明性，这种文体比较理性，不包含情感色彩，所以在导入的时候朗读法、故事法等都不适合；诗歌、散文语言比较优美，具有韵律性，运用朗读法导入可以营造良好诗意氛围，可以使语文课堂更具审美性；小说的故事情节性比较强，人物形象比较鲜明，所以设置悬念法就很适合；文言文的知识性比较强，所以复习巩固法是比较合适的选择；议论文观点明确，论据清晰，说理性比较强，思辨、质疑的导入方法就有利于引导学生进行深入探究。总之，不同的问题影响着导入方式的选择，根据问题特点选择合适的导入方法，可以有效地提高课堂效率。

（二）根据学生学情选择导入方式

每个学生都是独立的个体，独具特点，因此教师在教学过程中要考虑到学生的个体主观能动性，但是学生的发展又具有一定的共性，在相同的年龄中，不同的孩子也会有一些共通的特点。我国采取的是班级授课制，且班额较大，在授课的过程中很难兼顾到每个学生。"任何教学目标的确定，不应该只着眼于'个体本位'，而应着眼于'群体本位'。也就是说，不仅是体现在'一切为了学生'，更要体现在'为了一切学生'和'为了学生的一切'。"① 所以教师在选择导入方法的时候就要优先考虑学生的整体学情，对于其中学生的个性，要适当引导。

另外，班级与班级之间也有差距，每个班级的学生的学习情况也不一样，有的班级的学生整体的理解领悟能力要强些，而有的班级的学生的学习能力要弱些，针对这样的情况，即使是相同的教学内容，在教学方法上也要采取不同的方式。课堂导入作为教学的重要环节，在面对不同的班级、不同的学情的时候，要根据班级学生的整体特点选择适合的导入，例如活泼好动乐于思考的班级可以选择互动性较强的导入方式，而对课堂配合度比较低，沉闷一些的班级可以选择复习巩固等方式或者趣味性较强可以带动学生学习积极性的导入方式。

（三）结合教师自身特点设计导入方式

每个教师也是不同的个休，有研究型的教师，有活泼型的教师，教师可以根据自身的特点选择自己能够驾驭的适合自己的导入方式，如果一个老师很擅长朗读，那么他在教学时就可以充分展现自己的优势，朗读诗歌、散文等，可以加深学生的情感体验，如果一个老师擅长画画，那么在导入时也可以选择自己画图片进行导入。导入方式的选择不是固定不变的，具体的方式是教师根据自身的特点进行设计，所以，同一节课，由不同的教师讲会有不同的导入方式，同样，同一种导入方式由不同的教师实施也会有不同的效果。

---

① 董菊初．叶圣陶教育思想概论［M］．北京：教育科学出版社，1998：125.

第二节　案例分析

　　研究语文名师的名篇教学案例，深入研讨名师各个教学环节是一线教师快速成长的有效途径，导入方法甚多，名师如何根据不同的文本内容选择不同的导入方式，不同的导入方式在教学过程中起到什么样的效果都是值得学习借鉴的，在职教师和师范生应适当研究名师课堂导入案例，借鉴吸收名师课堂导入技巧，在学习中提升教学技能。

一、情趣式导入

　　情趣式导入，"情"是指教学中的情感，"趣"是一种教学方法，它能够激发学生的学习兴趣，情趣式导入是用教师选择用可以真正激发学生兴趣的深层的理性之趣。主要包括故事导入法、音乐导入法、图片导入法、视频导入法、朗诵导入法、游戏导入法、格言警句导入法、作者简介导入等。

　　（一）故事导入

　　在教学过程中很多老师都会有一个感觉，那就是在课堂上讲到课本外的内容时，学生的积极性会很高，对这些内容特别感兴趣。教师在课堂教学中如果能根据这一特点，以生动的故事进行导入，可以有效地激发学生兴趣、集中学生的注意力，帮助学生快速进入并理解文本。

　　韩军老师在执教杜甫的《登高》时采用了故事导入的方法。

　　师：同学们愿意听电影故事吗？

　　生：愿意！

　　师：不过，这不是一个欢乐的故事，而是一个悲伤的故事。听着，心情会很沉重。我还给大家提一个要求。因为是电影故事，请大家边听边在脑海中把这个故事幻化成电影画面。我相信大家都是杰出的"电影摄影师"，一定能够把画面在大脑中构想得场景逼真，而且每人都能够确实地身临其境。能做到吗？

　　生：能！

　　师：我开始讲述。（语调低沉，语速缓慢，满怀感情）一千二百多年前，一个秋天，九月九重阳节前后。夔州，长江边。大风凛冽地吹，吹得江边万木凋零。树叶在天空中飘飘洒洒。漫山遍野是衰败、枯黄的树叶。江水滚滚翻腾，急剧地向前冲击。凄冷的风中，有几只孤鸟在盘旋。远处还不时传来几声猿的哀鸣。——这时，一位老人朝山上走来。他衣衫褴褛，跌跌撞撞。他已经满身疾病，有肺病、疟疾、风痹，而且已经"右臂偏枯半耳聋"。重阳节，是登高祈求长寿的节日，可是这位老人，一生坎坷，穷困潦倒，似乎已经走到了生命的冬季。而且，此时，国家正处于战乱中，他远离家乡，孤独地一个人在外漂泊。面对万里江天，面对孤独的飞鸟，面对衰败的枯树，老人百感千愁涌上心头——①

　　韩老师用低沉缓慢而又富有感情的语调去讲述杜甫晚年时的悲惨经历，学生很容易陷入韩老师所营造的悲凉的氛围中去，对这位年迈的老人产生同情的心理，同时也产生了去探究这位老人到底经历了什么的想法，当学生怀着对老者的复杂情感进行学习时发现原来这位老者就是他们所熟知的杜甫，这会让学生更加认真地去学习诗歌。韩军老师将杜甫的经历当作一个故事来讲，很多时候运用故事导入会采用一些其他的故事，当然，教师在设置故事导入时，要结合课文实际，故事本身还要说明问题，教师要配合必要的引导分析，才不会使学生的注意力局限在故事本身。

　　（二）音乐导入

　　随着国家对经典文化的重视，越来越多的经典诗词被改编成乐曲流传开来，经典的流传对语文诗词教学有一定的积极影响，在学生学习诗词的过程中，音乐与诗词的配合可以加深记忆，使学生能够在音乐美中更深入地去感受诗词的美。很多教师会将播放音乐作为导入的方法，但是值得注意的是音乐的情调必须与文本的感情基调吻合。

　　董一菲作为诗意语文教学流派的代表，她善用诗意的语言营造诗意的氛围，在她的课堂上，每个学生都能够感受到语文的美，所以，董一菲老师诗意的语言常常伴着优美的音乐，让学生能够更深地沉浸在语文的诗意美中。在执教《张爱玲的〈爱〉及其他》时，董老师就选择了用音乐导入。

　　师：上课。（背景音乐渲染情境）

　　生：老师好！

　　师：同学们好！

　　师：有这样一种表达，说"普通人的一生，有时就像一把桃花扇，撞破了头，血溅在扇子上，然后略加点染，就成了一枝桃花"，这是张爱玲式的经典语录。"张爱玲"三个字，惊红骇绿，影响了半个世纪。她的一生，又是喧嚣华丽、风流云散的寓言，那么就让我们回眸，回眸那绝美的世界。②

---

①　教育部师范教育司. 韩军与语文教育［M］. 北京：北京师范大学出版社，2006：184.

②　于漪，刘远. 董一菲讲语文［M］. 北京：语文出版社，2013：136.

　　董老师善用诗意的语言将语文美呈现出来，温柔的语调、优美的语言再配上悠扬婉转的音乐，瞬间营造了一个诗意的氛围，将语言美、音乐美完美地结合到一起，让学生瞬间沉浸其中，学生的各个感官被迅速调动起来，也能以最饱满的热情去学习新知识。音乐的力量超乎想象，语文本就是美的，将音乐与文学相结合，可以使美放大，达到意想不到的效果。

　　（三）图片导入

　　图片的特征是静态性和直观性，用课文插图、教学挂图、教学图片、幻灯图片、自绘水彩画、粉笔简笔画等导入新课都是使用图片导入法，介入图片引入，简洁、直观，易于被学生接受，使其在课堂上反复仔细地观察，并能增强真实感，是众多语文名师选择的导入方法之一。

　　李镇西老师在讲授《荷花淀》时选择了用图片导入新课。

　　我拿出教材翻开课文，说：“今天我们开始学《荷花淀》，不知大家看完了没有，这篇小说是一篇自读课文，就是要让大家自己读，自己感悟。”

　　我又拿出两本厚厚的书给大家展示：“我昨天晚上在家里重新翻阅了四卷本《孙犁选集》，今天拿了两本来，上面有孙犁的照片。大家看——”我翻开孙犁年轻时的照片，“这就是写《荷花淀》的孙犁”。

　　我翻开照片在教室里走了一圈，让同学们仔细看看抗战时青年孙犁的风采。然后说：“对当年的孙犁来说，写小说就真的是他战斗生活的一部分，而绝不是像现在一些人一样是在‘玩文学’。他是用笔用生命在记录自己的生活和我们国家的一段历史。好，我现在对这篇课文不做任何提示性的讲解，你们自己谈一谈第一印象。读了以后什么感觉？思考一下。你可以在书上就某一句、某一段来谈，也可以就整体来谈，不一定说‘写得好’，也可以说‘写得不好’。或者你觉得哪非常有意思，也可以谈谈你读了这篇文章后产生的联想。只要是你真实的想法就行。”①

　　李镇西老师用作者孙犁的图片导入，带领学生们认识这个抗战时期的作家，可以迅速集中学生的注意力，李老师在向大家展示孙犁的照片后，还配合了对作家孙犁的介绍，让大家对这个年轻作家的好奇心达到顶点，想快些阅读课文，看看这样一位用生命记录国家一段历史的作家写的作品到底是什么样的。这时候，李老师让学生自行阅读，发表自己的观点，就会使学生更加投入、更加深入地去阅读课文。图片法是语文导入中常用的导入方法之一，它的直观与简洁可以有效地提起学生学习兴趣，抓住学生的注意力，但是在某种程度上，图片

①　李镇西．听李镇西老师讲课［M］．上海：华东师范大学出版社，2005：240.

的展示引文太过直观，反而限制住了学生对文学作品中人物、风景等方面的想象。所以在选择图片法导入时，还要多加斟酌。

（四）视频导入

随着科学技术水平的提高，多媒体被广泛运用到课堂，知识的呈现方式变得多样，课堂上播放相关视频也成为教学中的寻常现象，播放视频可以使知识具体化、形象化，让学生有身临其境之感，更容易理解接受。

师：大家知道雷雨吗？请大家看一个电影片段。（播放《雷雨》最后的片段）

师：一个雷雨之夜，三个年轻人踏上了不归路，两个女人变成了疯子、傻子，这都与一个人有关，他是谁？他是一个怎样的人？

生：周朴园，他是一个复杂的人。

生：他对鲁侍萍的感情是真实的。

生：他是一个资本家。

师：大家怎么看出来的？

生：从课文中看出来的。

师：通过什么看出来的？

生：语言。

师：在戏剧中，我们要从语言角度去分析人物的性格。让我们从语言出发，看他是一个怎样的人。读文本找出答案，说明周朴园是一个怎样的人并说明理由。[1]

语文教材中存在一些有影视作品的文本，对于这类文本教学，对影视视频的利用是较为有效的方式，视频导入可以快速集中学生的注意力，学生通过集中精力观看视频，在视频中获得有效信息，更有助于学生理解文本、深入文本。这样的篇目还有《智取生辰纲》《林黛玉进贾府》《林教头风雪山神庙》等，但要注意的是，在教学过程中，对影视视频的利用只是将之视为一个参考，对其中人物特征等内容的学习还是要依托文本，视频资料只是文本内容的一种可能，不是全部，更不能成为教学研究对象。

第七届"语文报杯"全国中青年教师课堂教学大赛一等奖的获得教师王毅军老师在教授《琵琶行》时，也利用了视频导入的方法，该方法通过对白居易相关视频的播放，让学生加深对诗人白居易的认识，同时也关注到了身边的与诗词相关的活动，可以快速调动起大家的积极性，使其投入到对白诗的解读中去。

---

[1] 余映潮. 余映潮中学语文［M］. 北京：中国轻工业出版社，2018：176.

师：请同学们欣赏一段视频。（播放有关白居易的视频）中国是诗的国度，中国人有读诗的传统，今年5月份就在咱们西安，举办了一场与诗歌有关的盛大的文化活动，大家知不知道、有没有印象？它是什么？

生：好像是诗歌节吧。

师：对，诗歌节，第二届中国诗歌节，这届诗歌节的主题是什么？"盛世中国，诗意长安"，那么，今天就让我们在诗意长安，静下心来，自己品读唐代大诗人白居易的《琵琶行》。（板书课题）琵琶行的"行"是什么？

生：诗歌的一种题材。

师：古代诗歌的一种题材，它主要是以铺叙为主的一种歌词，下面请同学们首先读一下诗前的小序。

（五）朗诵导入

对于抒情味较浓的作品，特别是诗歌、散文以及部分小说、戏剧片段，读出作品的情感来，也会产生强烈的熏陶感染力量。教学时，抽象的议论文与说明文尽量不要选择朗读法导入，这种情感性不强的作品运用朗读法反倒会让学生觉得其枯燥无趣。在朗读时。文本与音乐、视频等相结合，更能发挥其吸引力。

现代诗歌的内容比较容易理解，对于诗歌中的深刻含义的把握可以通过朗读深入。李镇西老师在执教《沁园春·长沙》和《师说》时，就用全体同学朗诵诗歌导入新课。

我请同学们把课文打开："刚才早读课，同学们都读了这首词。现在我听同学们读一遍。我们对这篇课文已经预习过了，我想同学们该不会读错什么字了吧？"

这次我要学生读的目的，主要是看他们对词的熟悉程度，是否把每个字音读准。

学生朗读完了以后，我评价道："嗯，总体上说，同学们读得还不错，比较有气势，没有出现读错字的情况。但显得平淡了一些。而且稍微有些快。下面我们请一些同学起来朗读，看他们是怎样处理的。谁愿意第一个来朗读呀？"[1]

除了李镇西老师，韩军老师在执教《大堰河，我的保姆》时，也采取了深情朗诵的方式导入新课，"乐起，教师深情背诵，荡气回肠，声情并茂，师生唏嘘一片，上千师生热泪盈眶，之后掌声一片"。[2]

---

① 李镇西．听李镇西老师讲课［M］．上海：华东师范大学出版社，2005：106．

② 教育部师范教育司．韩军与语文教育［M］．北京：北京师范大学出版社，2006：178．

两位名师在运用朗读导入时，选择了由不同的对象进行朗读示范。朗读法作为导入，最好是由教师示范，因为教师范读，出现在学生面前的是活生生的形象，除了语言刺激外，还有神情、动作等的影响，刺激情感要直观强烈些，必要的时候还需要表情朗读，直接感染，培养情绪，然后逐渐向学生转移，由朗读能力强的学生进行；朗读录音只宜放在辅助的位置上，或课文很短，或教师朗读素质差，但也不要代替师生的范读。

（六）诗文导入

中国是诗的国度，常言道："熟读唐诗三百首，不会作诗也会吟。"中国的学生从小学到中学学习了很多的诗歌，再加上课外阅读，每个学生都有一定量的积累。由于长期受诗歌的熏陶，诗歌也成了学生兴趣的聚焦点，多读诗歌使学生吸取人类优秀文化的营养，提高学生的品德修养和审美情趣，使他们逐步形成良好的个性和健全的人格，尤其是新课程标准，更是把古诗文教学摆在了一个相当突出的位置，如果在新课导入时采用一些优秀的古诗，不但可以增添语文课堂教学的诗情画意，而且也有助于落实既定的目标。

董一菲老师在执教《"月亮"话题作文》时，就用了大量的与"月"相关的诗歌作为导入。

师：同学们！我们是一个爱月的民族，明月清辉，月出月落牵引了我们太多的浪漫与愁肠。夏、商、周时代，我们古老的先民已在心灵深处供奉着美丽的月神，于是嫦娥从《山海经》里奔月而去，于是李白的霜月有冷艳乡愁，于是苏轼有了一轮悲欢离合的月亮，于是张九龄抛起了最大最圆最深情的月亮，于是"海上生明月，天涯共此时"，于是这轮月亮就千年万年美丽如斯，于是这轮月亮就温暖了华夏儿女的一颗心灵。同学们：你们知道哪些描写月亮的诗句？

生：露从今夜白，月是故乡明。师：一轮思乡的明月。

生：长安一片月，万户捣衣声。师：一轮思念的明月。

生：明月出天山，苍茫云海间。师：边关的明月。

生：小楼昨夜又东风，故国不堪回首月明中。这是一轮表达国之君大悲大痛的悲伤的明月。①

……

董一菲认为人文气息和文学情怀是语文课堂教学当中不可或缺的因素，我们需要诗情画意的课堂，需要情感充沛的教师授课，教师应当架构起多彩的语言世界并指引学生形成对文化的憧憬。课堂教学蕴智慧于思考探究，含幽默于

① 于漪，刘远. 董一菲讲语文［M］. 北京：语文出版社，2013：174.

字里行间，学生能借此感悟生活、启迪人生，这才彰显了语文的独特魅力。因此，在讲授新课前她先用一段深情的与古人相关的诗意语言进行引导，让学生去分享一些他们自己知道的关于月亮的诗句，并在学生每一次回答后都进行及时的总结，帮助学生提炼月亮在诗句中被赋予的感情，这样便于学生掌握理解月亮在诗句中的深刻含义。同时，学生在回答问题的过程中就慢慢知道了月亮可以被寄托的感情类型，自然而然地会在自己脑海中寻找类似的情感经历，看看是否也可以寄情于明月，这样有助于学生快速打开思路，有所思，有所写。在董老师的引导下，这节以"月"为话题的作文课收到了良好效果。

（七）游戏导入

游戏是学生最喜欢的一项活动，它可以快速地集中学生注意力，提高课堂参与率。把游戏引入课堂，寓教于乐，不仅突出了学生的主体地位，培养了学生的自主意识，而且可以高度调动学生学习的主动性、积极性，激发他们的学习兴趣，因此在课前安排一个跟课文相关的游戏，让同学参与合作，既可以使问题的呈现方式变得生动，又能够极大地激发学生的学习热情，使其更容易感受到学习的快乐。因此游戏导入成为语文教学中常用的导入方法。

如韩军老师在执教李商隐的《隋宫》时，就通过谜语游戏进行导入。

"咱们猜一个谜语：上面有半边，下面有半边，中间空半边，右面除去半边，最后还剩下半边。请同学们打一个字。"

学生们活跃起来。

有学生举手，他说："是'片'，'一片'的'片'字。"

我问："如果是'片'，如何解释谜面？"

他脸红了，答不上来。

我又读了一遍谜面，我把谜面中的"有""空""除""还"四个音读得特别重，并进一步解释"上面是'有'的半边，下面是'有'的另半边，中间是'空'的半边……"

有的学生已经开窍，一男生脱口而出是"隋"字。

我说："今天我们讲的课是《隋宫》。'隋宫'有什么意义呢？"

"隋朝的宫殿！"

我说："别想当然！请认真看书再回答我。"①

韩军老师通过一个与课文相关的猜字谜游戏导入新课，悬念激人好奇，催

---

① 教育部师范教育司．韩军与新语文教育［M］．北京：北京师范大学出版社，2006：204.

人思索，往往能提高课堂效率，让学生尽快从课下的游戏状态进入到课堂的学习中来。制造悬念，能让学生好奇、兴奋，欲打破砂锅问到底，想尽快知道答案。中学阶段正是学生思维活跃、好奇心强的时期，利用猜谜语、游戏竞赛等方式设置与课文主题相关的一些问题，能够充分调动学生学习的积极性。但要注意，问题的设置要从学生实际出发迅速地抓住学生的注意，引起学生的思考，并且就着学生思考的热度导入新课，让学生快速进入学习新课的积极状态。

（八）格言警句导入

名言警句大多简短精辟，合辙押韵，蕴含深刻的道理，开篇引用与课文有关的名言警句，既能激发学生的学习兴趣，又能以义理或意境陶冶他们的思想情操，同时，简短的名言警句作为导入还可以有效地节省课堂时间，给后面的文本分析节省时间，所以，若有合适的名言警句作为导入，很多教师都愿意去选择。

李镇西老师在执教《在马克思墓前的讲话》时，选择了用一句座右铭导入新课。

我转身板书："您的座右铭？思考一切。"

正式讲这篇文章之前，我决定给学生介绍一下马克思的思考精神："马克思的战友威廉·李卜克内西曾这样评价马克思——'他是一个彻底正直的人，除了崇拜真理之外不知道还要崇拜别的，他可以毫不犹豫地抛弃他辛辛苦苦得到的他所珍爱的理论，只要他确认这些理论是错误的。'作为跨世纪的当代中学生，我们理应具备崇尚科学、追求真理的思考精神。所以今天我和同学们就以马克思的独立思考精神来学习，好不好？"①

名言警句是写作的重要素材之一，语文教师在导入环节引用名言警句既能够引起学生注意，激发学习兴趣，还能够无形中为学生的写作积累素材，同时警句中深刻的内涵也有利于学生人格修养的完善，可谓是一举多得。

（九）作者背景导入

俗话说，文如其人，对作者的介绍必定有助于促进对作品的理解，作者简介导入是语文教学中常用的导入方法，通过对作者的介绍，可以帮助学生通过教师的介绍对文章风格或内容有一个简单了解，有助于学生快速理解文本。于漪老师在执教契诃夫的《变色龙》时，就采取作者简介法进行导入。

师：今天我们学习第20课《变色龙》，作者是契诃夫。契诃夫是著名的短篇小说大家，俄国人。他从20岁开始就进行创作，为什么称他是短篇小说大师

---

① 李镇西．听李镇西老师讲课［M］．上海：华东师范大学出版社，2005：12．

呢？我请大家看两本书，（出示书）这是《契诃夫小说》，都是短篇的，上册和下册。这两册书里选了37篇短篇小说，他一辈子创作了多少小说呢？700多篇，请你们计算一下，像这样的书有多少本？这里37篇（出示两本书）。

生：20本以上。

师：20本以上，像这样的书20本以上。其中有许多是脍炙人口的名篇，比如今天我们学的《变色龙》，将来我们要学的《套中人》。①

除此之外，诗意语文的倡导者与实践者董一菲老师在执教《花未眠》时也选择了从作者入手，通过介绍作者川端康成，引出他的美学随笔《花未眠》。

同学们看大屏幕，《花未眠》的作者是日本作家川端康成。川端康成在瑞典斯德哥尔摩受奖的时候，说道"我美丽的日本"，日本的美就是物哀、幽玄、风雅。川端康成是亚洲第二个获得诺贝尔文学奖的人，他将亚洲的美、东方的美、日本的美，撒播世界，让欧洲，让世界为之而震惊。今天我们就一同来学习他的美学随笔《花未眠》。

（展示川端康成的画像和三个关键词）②

德育是语文教育肩负的隐形教育，在导入中选择用作者简介除了可以让学生快速了解作者加速文本理解这一功能之外，通过教师对作者的介绍，学生了解作者的人格，有助于为学生树立正面榜样，从而在不知不觉中进行品德教育。

（十）成语导入

成语是中华文化中的瑰宝，含义深刻且生命力顽强，传承五千年而不衰，是历史文化的见证，不少文言文中都包含成语出处，对于这类文章，若采用相应的成语来导入会取得良好的教学效果。例如"一鼓作气"出自《曹刿论战》，"世外桃源"出自《桃花源记》，"讳疾忌医"出自《扁鹊见蔡桓公》等，很多语文名师在执教这类篇目的时候，也会选择用成语导入新课。例如余映潮老师在执教《狼》的时候，就选择了用成语导入。

师：今天我们上的是文言小说品析课。现在进行热身活动，大家一起读关于狼的成语。

（屏幕显示）

狼狈为奸　狼吞虎咽　狼子野心　狼心狗肺　引狼入室　如狼似虎　狼烟四起　鬼哭狼嚎

---

① 教育部师范教育司.于漪与教育教学求索［M］.北京：北京师范大学出版社，2006：163.

② 于漪，刘远.董一菲讲语文［M］.北京：语文出版社，2013：125.

师：都是一些内容可怕的成语。表现的是狼的性格，基本上是贬义词。在中国文化里，狼就是凶残狡诈的化身。我们再读一遍。①

用含有"狼"字的成语导入新课，是余映潮老师这节课的亮点，余映潮老师提出的板块式教学，在第一板块通常选择复习字词或是通过作者、背景进行导入，设置这样的导入既让学生完成了一次成语的积累，又初步了解了中华文化对"狼"这一形象的解读，为后面的教学内容做了很好的铺垫。

二、问题式导入

（一）制造悬念

运用激趣悬念的艺术来激发学生学习兴趣，就是要使学生对问题或事情产生好奇心，达到意想不到的效果，使他们带着一种心理的期待去学习。

李吉林老师在执教《月光曲》时，就运用了制造悬念的导入方法。

师：同学们，昨天老师给你们讲了贝多芬的故事，大家都知道贝多芬是世界上著名的音乐家。他曾经说过："我的音乐只应当为穷苦饿人造福，如果我做到了这一点，是多么幸福啊！"贝多芬一生创作了许多著名的乐曲，一百多年来，世界上几乎每天都有人演奏他的曲子，其中著名的《月光曲》演奏的人就更多了。这首月光曲是怎样谱写成的呢？有一个很动人的传说，这就是我们课本上第28课《月光曲》。刚才老师讲的就是课文第一节的内容。我们一起读课文第一节。

（生齐读第一节）②

李老师在开篇就为大家设置了一个悬念，世界著名的《月光曲》有一个美丽动人的传说，是什么传说呢？这是一个巨大的悬念，需要学生们去阅读课文才能知道。悬念的制造使学生在学习课文的整个过程都热情高涨、积极主动，收效很好。悬念的设置调动了学生的期待心理，诱导了他们的积极思维，吸引了学生注意力，使他们产生了学习兴趣。设置悬念这一导入方式，适合在故事性较强的记叙文和小说教学中运用，这样悬念才会贯穿学生阅读学习的始终，吊足学生胃口，发挥最大功效。

（二）巧设疑问

古人云："学贵有疑，小疑则小进，大疑则大进。"在导入新课时，教师可

---

① 余映潮. 余映潮中学语文 ［M］. 北京：中国轻工业出版社，2018：189.
② 教育部师范教育司. 李吉林与情境教育 ［M］. 北京：北京师范大学出版社，2006：176.

根据课文特点引导学生质疑，教师在导入环节，精心设计问题，承上启下，前后比较，可以使学生产生强烈的好奇心和学习兴趣。

于漪刚上课便故意将问题抛出：恩格斯创作了《在马克思墓前的讲话》这篇流芳百世的悼文，但文章字里行间抒发的情感基调，却与悼文应有情感不符："不到两分钟，他便停止了思考，安静地睡着了，永远地睡着了"，整篇文章打眼一看让人感觉舒缓自然，没有蕴含深切悲痛悼念，是不是恩格斯在创作基调上有所欠缺？①

同学们根据老师的问题展开广泛的讨论，此时对同学们进行逐步引导，告知他们这篇悼文与众不同之处：恩格斯正是于舒缓自然之中蕴含了悲伤沉痛，虽悲伤沉痛却不压抑颓唐，情感真挚而又积极向上。激励后人且鼓舞来者继承马克思的遗志，为革命事业贡献自己应有的能量。这样便会逐渐带领学生寻找到和作者创作的契合点，能够准确把握并领悟本篇文章富于感染的语言魅力。

三、联想式导入

联想式导入是通过复习旧知识，拓宽旧知识使学生联想新知识来导入新课。"学生对新知识的学习是以旧知识为基础的，新知是在旧知的基础上引申和发展而来的，在旧的知识上增加新的内容，或由旧知重新组织或转化而成的，所以旧知识是学习新知识最直接，最常用的认知停靠点。"②从旧知识中进行联想拓展，是导入的重要途径之一，主要包括温故知新导入法、文题分析导入法、谈话激趣式导入三种。

（一）温故知新导入

"故"是涉及学生已经学过的知识，只要是已经学过的文本或知识，无论是刚学的还是很久以前学过的，甚至不是教师所教的内容都可以称之为"故"。回顾旧知识是导入新课常用的方法。

程翔老师在执教《孔乙己》这篇课文时就选择用温故知新的方式导入新课。

师：鲁迅先生是伟大的文学家。他一生写了很多脍炙人口的小说。同学们回忆一下，以前学过鲁迅先生的哪些小说？收入了哪本小说集？

生：《故乡》《社戏》《从百草园到三味书屋》，收入《呐喊》。

生：《从百草园到三味书屋》是散文，不是小说。

① 教育部师范教育司.于漪与教育教学求索［M］.北京：北京师范大学出版社，2006：163.
② 陈斐.语文教学技艺导论［M］.广州：广东高等教育出版社，2013：143.

师：纠正得好。《从百草园到三味书屋》是回忆性散文，收入《朝花夕拾》。鲁迅先生一生写了33篇白话小说。有一次，他的朋友孙伏园问他："在先生的小说中，您自己最喜欢的是哪一篇？"鲁迅先生说："是《孔乙己》。"不仅鲁迅自己喜欢，很多读者都喜欢这篇小说。著名作家巴金先生说："《孔乙己》只有几千字，写得多好啊！"

师板书：孔乙己①

黄厚江老师在执教《背影》时也选择了回忆以往学过的朱自清的散文《匆匆》《春》进行导入，"《匆匆》是一篇哲理性散文，《春》是一篇写景的散文，今天我们学的《背影》是一篇回忆父亲的散文，这篇文章曾经感动了几代中国人，有没有感动你们呢？"②

温故知新导入通常有四种方法：从总结旧课入手导入新课；从检查提问旧课导入新课，向学生提示问题；引导学生回忆旧课或者有关的知识、事情导入新课；通过组织学生进行听、写、练等活动导入新课。选择哪种方式不是固定的，要看新课的内容和教师本人的安排，还要看班级学生的学习情况，没有最好的选择，只有最合适的选择。

（二）文题分析导入

每篇文章都会有标题，即使是"无题"，那"无题"也是标题。据考据，"题"的本义是"额"，"额"和"目"都是头部的重要部分，所以文章的标题被称作"题目"，题目是文章的眼睛，也是文章的精要所在。教师根据文本题目的特点，对其进行点拨分析，有利于尽快调动学生的有意注意，帮助学生领会题意。

窦桂梅老师在执教《再见了，亲人》这一课时，选择了从题目入手，让学生将焦点聚集在"亲"字上，更深入地理解"亲人"的含义，从而加深对文章题目深意的领会，刺激学生想要去追寻"亲人"背后的故事。

师：请跟老师一起写"亲"。（顺势强调第五笔的横要长一些）

师：（出示课件演示"亲"字的演变过程）我们祖先看到枝叶的繁茂，联想到是下面的树根给予的营养，从而创造了这个字，来指有血缘关系的人，比如爸爸、妈妈、爷爷……（学生跟着一起念出）

师：我们叫他们是——

生：（齐）亲人。（师再板书"人"，组成课题"亲人"）

① 程翔. 程翔与语文教学［M］. 北京：中国人民大学出版社，2011：152.

② 黄厚江. 黄厚江与语文本色教学［M］. 北京：北京师范大学出版社，2015：161.

师：我们也会用歌声表达亲人之爱，比如"世上只有妈妈好"。

师：为了表达父母长辈对我们的爱，我们用诗歌表达：慈母手中线……

（学生继续背诵）

师：大家在课内、课外读过好多谢亲人的文章，比如：五年级时学过的《奇迹的名字叫父亲》等，能否结合你的体会谈谈你对亲人的感受。可长可短，一个词、一句话都可以。

根据学生回答，学生板书"不求回报""伟大""包容"等。①

接下来，窦老师将学生总结出来的感受进行归纳，引导学生去思考，有些与我们没有血缘关系的人也被我们称为亲人，从而将亲人的范围扩大，比如白衣天使，比如抗洪抢险的战士等，继而引出抗美援朝时期英勇奋战的战士们，让学生加强对这些战士们的情感，从而带有深刻情感地去感受与这些亲人们诀别的场景。

（三）谈话激趣导入

谈话激趣式导入是指教师联系实际生活或结合时事，以拉家常聊天的方式进行导入。这是一种常用的导入方法，教师通过轻松的聊天可以在不知不觉中将学生带入设置好的情境中，轻松而又迅速地进入学习状态。

李吉林老师是情境教育的倡导者，他认为，"情境教育的可贵之处正是在于它以'情'为纽带，在审美体验的乐趣中去培养学生爱祖国、爱人民、爱科学、爱劳动、爱社会主义的情操，为孩子做一个堂堂正正的中国人打下坚实的品德、情感、意志的基础"。因此他在课堂导入环节通过聊天话家常的方式设置情境，让学生进入情境从而进入学习，例如在执教《桂林山水》时，他就是以聊天的方式设置情境进行导入的。

如果有人来到我们的家乡南通，问我们南通有哪些风景优美的地方，你准备怎么介绍？（对祖国的热爱应从家乡的一山一水、一草一木开始。）

美丽的家乡仅是我们祖国秀丽山河的一角。在祖国的大地上有很多名山大川。

（板书：名山大川）

你们去过哪些名山大川？没有去过听说过也行（从家乡的水乡到祖国的名山大川，逐一拓展。）

你们听说过桂林吗？（指地图）桂林在广西壮族自治区。你们有人去过吗？桂林山水比起你们刚才说的这些名山大川来更有一番独特的美。所以人们都说

---

① 窦桂梅. 听窦桂梅老师讲课［M］. 上海：华东师范大学出版社，2006：202.

"桂林山水甲天下"。"甲"是什么意思?"甲"是第一位的,超过其他的,桂林山水天下第一。①

李吉林老师通过与学生轻松的对话,营造了轻松的学习氛围,带领学生进入新课的学习。

课堂导入设计是整堂课的开山之作,语文教师必须在导入新课的语言能力上下苦功夫,锤炼、打磨教学语言,提高自身教学素养,培养良好的语言表达能力。一段优秀的导入语设计,既需要教师具有一定的专业素养与能力,同时还要能够关注学生自身接受水平与课后反馈。语文课题的导入,直接关系着学生对这一节课的学习和兴趣,也直接影响着学生的学习效果。它对整个课堂的组织是一种铺垫,是一种引发,是一种渲染,是一种启示,能收到事半功倍的效果。语文教学的综合性的特点,决定了语文课堂教学方法的多样性。因此,导语设计也不能刻板单一,应力求花样翻新,多彩多姿。不管采用哪一种导语设计,都要为全课的教学目的和教学重点服务,与讲课的内容紧密相连,自然衔接。"转轴拨弦三两声,未成曲调先有情。"一个好的开头是师生间建立感情的第一座桥梁,它既能引起学生的兴趣,又能激发学生的求知欲,为整节课的学习打下良好的开头,使整个教学活动进行得生动、活泼、自然。

第三节　文献选读

我认为教育应该是充满快乐的,当一个孩子不快乐时,他的智力和潜能就会大大降低。呵斥和指责不会带来什么好的结果。我也觉得教育是为了让孩子成为一个快乐的人,教育的手段和方法也应该是快乐的。就像一根细小的芦苇管,你从这头输进去的如果是苦涩的汁水,在另一端流出的也绝不是甘甜的蜜汁。

孩子在情绪低落、精神紧张的状态下,他的信心会减弱,这时即使是一个伟大的教育家来面对他们,也不会有任何办法,相反如果在他们快乐的时候,学习任何东西都会比较容易,因此,要想教育好孩子,唯一的方法是把他们的情绪调节到快乐、自信、专注,然后开始学习。许多孩子被认为没有天赋,天生比其他孩子差,其实并非如此,只是教育者的方法不得当而已。

---

① 教育部师范教育司. 李吉林与情境教育 [M]. 北京:北京师范大学出版社,2006:222.

任何生命都会对特定对象表现出特别的兴趣。一旦他们发生兴趣，就是对其教育的最好时机。比如，一个3岁的孩子，可能会对一条鱼产生兴趣。那么，这时候，围绕这条鱼的知识可多了。首先它为什么在水里不会沉下去？答案是在它的身体内有一个"气球"。为什么它游动时会摆动身体？答案是利用身体摆动推动周围的水从而获得动力，等等。兴趣总会带来快乐。因此，在教给他某方面的知识时，先让他产生兴趣，接下来的工作便会事半功倍。

——［英］赫伯特·斯宾塞《斯宾塞的快乐教育》，（海峡文艺出版社，2005年）

第三个因素是社会传递——语言传递或教育传递。这又是一个基本的因素，我不否认这些因素中任何一个的作用，它们都起着一部分的作用。但是，这个因素是不充足的，因为儿童能够通过成人知道的语言或教育接受有价值的信息，前提是当儿童对这些信息处于能理解的状态时。这就是说，要接受信息，他必须具有一个使他能同化这种信息的结构。这就是你不能把高等数学交给5岁儿童的原因，因为他还没有能理解这些信息的结构。

——［瑞士］皮亚杰《皮亚杰教育论著选》（人民教育出版社，2005年）

孩子的智力和语文应当在引起他们兴趣的事物上优先得到练习，使成人感兴趣的事应留待以后。如果把西塞罗和其他名家的作品放在孩子们面前，这是浪费他们的时间，因为，如果学生不理解教材，他们怎能掌握有说服力地表现题材的多种要诀呢？把时间花在使语文知识和一般智力同时循序渐进的实事求是的努力上要有用得多。自然并不跳跃，人事也是如此，因为人事是模仿自然的。在教孩子跳舞以前要先教他走路；在教孩子骑战马以前，先让他骑玩具马；在教他们说话以前，先教他们咿呀学语，在发表演说以前，先学会说话。正如西塞罗所说，在一个人没有学会说话以前，不能教这个人发表演说。

——［捷］夸美纽斯《大教学论·教学法解析》（人民教育出版社，2005年）

我们确实在思索建立一种具有内驱力的兴趣。不仅是所着眼的目标，目标指引下的努力，以及朝着目标的努力，都具有内驱力，都能激发内部的冲动，这本身就是梦寐以求的，否则谈不上确立了兴趣。我的意思是，如果一个人确实真心实意地为一个目标，特别是困难的目标全力以赴，看到自己在成功，同时听到行家们的赞扬，那他就不仅会对克服困难和受到赞许感兴趣，而且可以较有把握地说，他逐渐会形成一种兴趣。这种兴趣靠自身的力量将使他在没有称赞甚至面对讥笑、没有马上成功迹象的条件下，为实现兴趣所指的目标而千方百计奋力拼搏。这种兴趣在一定程度上变成了努力的内在源泉，能够对辅助的事业产生兴趣。

——［美］威廉·赫德·克伯屈《教学方法原理》（人民教育出版社，2005 年）

所谓课上得有趣，这就是说：学生带着一种高涨的、激动的情绪从事学习和思考，对面前展示的真理感到惊奇甚至震惊；学生在学习中意识和感觉到自己的智慧力量，体验到创造的欢乐，为人的智慧和意志的伟大而感到骄傲。

如果你所追求的只是那种表面的、显而易见的刺激，以引起学生对学习和上课的兴趣，那你就永远不能培养起学生对脑力劳动的真正的热爱。你应当努力使学生自己去发现兴趣的源泉，让他们在这个发现过程中体验到自己的劳动和成就……这件事本身就是兴趣的最重要的源泉之一。离开了脑力劳动，就既谈不上学生的兴趣，也谈不上他们的注意力。

关于学生脑力劳动的积极性问题，人们谈论的很多了。但是可能有各不相同的积极性。一个学生背熟了他所读过的东西，虽然没有完全理解，可是能够流利地回答教师的提问，这也是一种积极性。但是这种积极性能不能发展学生的智慧能力并同时加深其知识呢？当然不能。我们应当竭力追求思考的积极性，使得知识在深刻理解和运用的情况下不断地发展。

——［苏］苏霍姆林斯基《给教师的建议》（教育科学出版社，2017）

讲课要达到哪些目的呢？一般来说有三项：（1）讲课要促进学生理智的热情，唤醒他们对于理智活动和知识以及爱好学习的强烈愿望——这些主要是指情绪态度上的特征；（2）如果学生具有这种兴趣或情感，并且相应地受到鼓舞，那么，讲课就会引导他们进入完成理智工作的轨道，就像把一条潜力很大的河流，导入一条专门的路线，以便用来磨碎谷物，或使水力转变为电能；（3）讲课要有助于组织理智已经取得的成就，验证它的质和量，特别要验证现有的态度和习惯，从而保证它们将来的更大的效果。

——［美］约翰·杜威《我们怎样思维·经验与教育》（人民教育出版社，2005 年）

在正常儿童发展中也发生与此极为相似的情况，从儿童的一般发展观点来看，以已经完成的发展阶段为目标的教学是无所作为的，它不会带来新的发展过程，自己只会在发展的尾巴后面爬行。最近发展区学说和老观点不一样，它使我们可以推出一个相反的公式：只有跑到发展前面的教学才是好的教学。

我们从一系列的研究中获悉，人特有的并在人类历史进程中揭示出来的儿童高级心理机能的发展过程，是一个非常独特的过程。在别的地方，我们曾将高级心理机能发展的基本规律表达为：在儿童的发展中，所有的高级心理机能都两次登台：第一次作为集体活动、社会活动，即作为心理间的机能，第二次是作为个体活动，作为儿童的内部思维方式，作为内部心理机能。

——［苏］维果茨基《学龄期儿童的教学和智力发展问题》（人民教育出版社，2005年）

最优地制订教学过程的计划，就是要在每个具体场合选定恰当的任务，使一定课题的教学为培养个性竭尽最大可能性，同时要找出一些主要的中心任务，把注意力集中到这些任务上。问题的实质是，为使每堂课都取得尽可能大的教学和教育效果，就得善于看到这堂课必须要解决的一系列基本任务，而不是只看到一项任务。

教师所承担的任务是，从具体班级的特点和全班学生学习可能性的水平出发，选择教学的结构。这就要求教师充分搞清楚各种教学形式在什么条件下做何种结合才是最合理的；要求能善于研究学生学习的可能性，当然，也要能善于运用每一种教学形式。上面所说的这一切再次着重表明，为使教师能针对相应条件选出最优的教学过程的方案，很重要的一点是科学地和切合实际地详细定出选择的程序。依靠深入了解教学原则、现代教学与教育的形式和方法，善于确定这些原则同应予专门研究的该系统（学生、环境等）的特点的相互关系；依据教学法参考书中总结的以往解决类似任务的先进经验，把师生的计划、组织和激励活动有机地统一起来，最后保证在不超过社会为解决这些任务所规定的时限内，达到该条件下尽可能大的教学和教育效果，这一套做法可认为是最优的教学决定。

——［苏］尤·克·巴班斯基《教学过程最优化：一般教学论方面》（人民教育出版社，2005年）

如果能使学生习惯于对已有事物仔细地加以甄别，亦即具有清晰的观念，无论置身何处，其心理都能找出事物真正的区别所在，这对他将是极有用处的；然而，凡是在他尚未具备清晰的观念或尚未具备各自有别的清楚观念之处，他应该小心地避免从术语上去加以区分。

——［英］约翰·洛克《教育漫话》

凡篇之内容绝不可能随便放过，此其一。又不可脱离文篇，作不相干之发挥，致违循文求义，练成读书本领之旨，此其二。而前此数年，一般教者有置课本于旁，另外发挥一通之习惯。今纠其弊，乃提出"不要教成……"之说。不要教成政治课者，不要从课文中抽出其政治道理而空讲之也。不要教成文学课者，不要从课文中抽出若干文学概念文学术语而空讲之也。学生但听空讲，弗晓其义，无由练成读书之本领，所以其法不足取也。

——陈望道《陈望道论语文教育》（河南教育出版社，1989）

附录：能力练习与课后思考题

1. 什么是课堂导入，课堂导入的作用是什么？

2. 课堂导入有哪些特点，为什么？

3. 选择课堂导入时需要考虑哪些因素？

4. 结合具体案例，请分析一下各种导入的优势与劣势。

推荐阅读书目

［1］朱绍禹．中学语文课程与教学论［M］．北京：高等教育出版社，2005.

［2］朱绍禹．中学语文教学法［M］．北京：中华书局，2015.

［3］刘淼．当代语文教育学［M］．北京：高等教育出版社，2005.

［4］［苏］尤·克·巴班斯基．教学过程最优化：一般教学论方面［M］．北京：人民教育出版社，2005.

［5］［英］约翰·洛克．教育漫话［M］．北京：人民教育出版社，2005.

［6］［苏］维果茨基．学龄期儿童的教学和智力发展问题［M］．北京：人民教育出版社，2005.

［7］［苏］苏霍姆林斯基．给教师的建议［M］．北京：人民教育出版社，2005.

［8］［美］威廉·赫德·克伯屈．教学方法原理［M］．北京：人民教育出版社，2005.

［9］［英］赫伯特·斯宾塞．斯宾塞的快乐教育［M］．北京：人民教育出版社，2005.

［10］［捷］夸美纽斯．大教学论·教学法解析［M］．北京：人民教育出版社，2005.

［11］余映潮．余映潮中学语文［M］．北京：中国轻工业出版社，2018.

［12］章国华．初中语文研究100篇［M］．北京：光明日报出版社，2014.

［13］肖培东．语文教学艺术镜头［M］．上海：上海教育出版社，2019.

［14］窦桂梅．听窦桂梅老师讲课［M］．上海：华东师范大学出版社，2006.

［15］卢金明．语文课程教学设计论［M］．北京：光明日报出版社，2013.

［16］刘远．语文名师经典课堂［M］．太原：山西教育出版社，2016.

［17］陈望道．陈望道论语文教育［M］．郑州：河南教育出版社，1989.

第三讲

语文名师高效课堂组织技艺

高超的教学技艺可以有效激发学生的学习兴趣，快速提高学习效率，让师生在高效的课堂教学中自我解放。而良好的组织技艺无疑是一堂语文课成功的前提和基础，它同导语技艺一道，促进语文课走向成功。

第一节　技艺概述

一、教学技艺的内涵与外延

（一）教学技艺的内涵

"教学是教和学统一的一种活动。从广义上来讲，教学技艺是教与学统一的技巧和艺术。它直接作用于教师和学生，把两者统一起来，实现知识或信息的有效传递以及人格、情感、精神的健康培养。从狭义上讲，教学技艺就是指教师教学的技巧和艺术，是教师专业素养的重要组成部分。它是教师为实现知识的有效传递和学生能力、素养的全面提高而采取的措施、方法、手段以及在此基础上形成的模式和风格。"[1]

文中的"教学技艺"仅指狭义的教学技艺，即教师教学的技能、技巧和艺术，教学技艺是对教师教学水平和能力的认可与肯定。教学技艺分为三个层次和阶段，分别是教学技能、教学技巧、教学技艺。第一阶段——教学技能，是指教师运用已有知识和经验，在长期的教学实践中摸爬滚打不断探索出的一套行之有效的教学方法，它能帮助学生学习和巩固知识，是形成教学技巧和教学技艺的先决条件。此时的教学技能尚趋成熟，需要时间的检验和磨炼。第二阶

---

[1]　胡建峰. 高品质课堂教学技艺的内涵、外延及其运用价值［J］. 辽宁教育，2015（7）：53－54.

段——教学技巧，是指教师运用教学技能进行教学和实践活动，并在相当长的时间内达到炉火纯青的地步，在帮助学生学习的同时，教会学生学习的方法和技巧。此时，教学技巧除了基本的教学技能之外，还融入了教师富有个性的教学理念和教学思维，是教师教学风格和教学智慧的集中体现。第三阶段——教学技艺，它具有复杂性、独特性、不可复制性等特征，同时具有稳定性和持久性。是指教师在丰富自己教学技巧的基础上，充分借鉴他人优秀教学成果，从而在长期的教学实践中，形成了具有明显个人色彩和个性化特征的教学风格，是教师教学智慧和教学艺术的结晶，可以为他人教学的实施提供借鉴。教学技艺可以大大激发学生的学习兴趣，启发学生不断创新创造。

语文名师都有自己独特的教学风格和教学技艺，自成一派。如魏书生的管理派，钱梦龙的导读派，陆继椿的得得派，于漪的情感派，李镇西与语文民主教育，程少堂与'语文味'教学，李吉林与情境教学，等等。要想成为优秀的语文教师，必须在教学技艺方面有所突破，走出一条自己的路来。

（二）教学技艺的外延

以上对教学技艺的内涵进行了深入探讨，对教学技艺的概念和本质有了清晰的把握，还需对教学技艺的外延做以下了解。

"广义的教学包括教学设计、课堂教学、作业批改和课后辅导、教学评价、教学研究五个方面。相应地，教学技艺的外延就包括：教学设计技艺、课堂教学技艺、作业批改和课后辅导技艺、教学评价技艺和教学研究技艺。狭义的教学就是指课堂教学，因此，教学技艺就是指课堂教学技艺。"[①] 文中的教学技艺就是狭义之指。

一堂完整的语文课，包括导语设计、课堂组织、课堂提问、文本分析、师生对话、语言表达等环节，相应地，课堂教学技艺就包括导语技艺、组织技艺、提问技艺、文本分析技艺、对话技艺、语言表达技艺等教学技艺，这些教学技艺相辅相成，共同促进语文课堂的成功。

二、课堂组织技艺的概念与类型

同样一堂语文课，有的老师讲得活力四射，妙趣横生，学生听得津津有味，意趣高昂，简直是一种精神的享受；有的老师讲得平铺直叙，按部就班，学生听得昏昏欲睡，面无表情，像是受罪一样。因此，激发学生的学习兴趣是紧迫

---

① 胡建峰. 高品质课堂教学技艺的内涵、外延及其运用价值［J］. 辽宁教育，2015（7）：53－54.

而关键的一环。就激发学习兴趣而言，组织教学必不可少，课堂组织技艺尤为重要。

（一）课堂组织技艺的概念

在课堂教学过程中，教师需要持续对管理纪律、学生注意、引导学习等进行组织，创设良好的课堂环境，促使学生通过课堂学习达到课堂教学目标所预设的行为效果，这便是教师的课堂组织技艺。

"语文课堂教学的组织者概念包含三层含义：其一，它是语文教师的一种行为方式，语文教师凭借语言、动作、身姿、表情等外显行为向学生传递信息，与学生交流；其二，它是为达成教学目的对学生参与语文学习的组织；其三，它是在语文课堂教学情境中进行的，受到课堂教学时空的限制。"[①] 它能够影响整堂课的教学效果，是课堂教学得以顺利进行的保证。要使"组织技能"上升为"组织技艺"，还需要长期的教学实践和厚实的理论储备来支撑。

（二）课堂组织教学的目的

课堂组织教学是为了提高课堂效率，在有限的时间内获取更多的信息和能力，包括以下五种目的。一是促使学生集中和保持注意力。课堂时间是有限的，教师的讲授时间是有限的，师生之间、生生之间交流对话的时间也是有限的，这就要求学生始终保持注意力集中，稍不留心就有可能错过重要知识点或方法，学生应该凭借有意注意力和敏捷的思维力跟随课堂脚步，与老师同学一起学习知识，解决难题。二是培养学生的自信心和进取心。每个学生都是与众不同的，他们都拥有独特的性格特征，有着这样或那样的长处或问题，课堂教学中，教师要借用高水准的组织技艺帮助学生发扬长处，正视短板，树立自信心，让学生相信"我能行，我可以！"让学生相信知识的力量是无穷的、伟大的，从而培养他们的自信心和进取心。三是引发学生的学习动机和兴趣。青年学生对未知世界充满了好奇，他们带有强烈的好奇心和求知欲，教师要让学生体验到学习的成就感和满足感，体会到知识的意义和价值，意识到知识可以带来快乐和幸福，从而促进他们的内驱力发展，让学生从心灵深处爱上学习，爱上知识。四是帮助学生养成良好行为习惯。在课堂教学过程中，教师要让学生明白什么是积极的，正确的，什么是不合适的，不应该的，学生尤其是小学生有强烈的向师性特点，教师要以身作则，言行示范，以高标准严要求来引导学生；学生间的合作和竞争也是一种驱动力，教师要善于运用这种动机促进学生发展，帮助学生养成良好行为习惯。五是营造良好的课堂气氛。精妙的课堂组织可以活跃

---

① 周小鹏. 语文课堂教学技能训练教程［M］. 北京：北京大学出版社，2013：16.

课堂气氛，让学生身心放松，愉快学习，因而，通过组织课堂创立一种团结、活泼、轻松的学习氛围也是非常有必要的。

（三）课堂组织教学的类型

课堂组织教学的类型主要有三种，分别是管理性组织、指导性组织、诱导性组织。管理性组织是指对课堂纪律进行管理，确保课堂在稳定、有序的环境下展开。指导性组织是指教师对课堂上的观察、阅读、讨论、练习等学习活动进行指导，保证学习活动的合理、有效。诱导性组织是指在教学中，教师运用信任、鼓励、赞赏的语言和眼神来对待学生，对他们的点滴进步给以肯定，引导学生积极思考，大胆创新，促使学生顺利完成学习任务，达成学习目标。（见表1-1）

表1-1　组织教学类型参照表

组织教学的类型	三种组织类型的不同情况	方法	作用	要求
管理性组织	1. 课堂秩序的管理	分析原因，可采取暗示法	使课堂教学在有序的环境中进行	既要启发诱导，又要纠正不良行为
	2. 个别学生的管理	教育与表扬结合；鼓励与行为替换结合；教育与批评结合		
指导性组织	1. 对观察、阅读、练习的指导性组织	引导学生抓关键	使学生迅速、正确投入学习，掌握方法	找准核心，抓住关键
	2. 课堂讨论的组织教学：全班讨论或小规模讨论	紧紧围绕论点	提醒学生围绕论点探讨，讨论受阻时给以启发	提出问题，有理有据
诱导性组织	1. 热情信任	肯定和鼓励学生	增强学生的自信心，尤其适合成绩较差的学生	
	2. 设疑激发	设置疑问，调动学生的学习热情	激发学习欲望	提出问题，教学生思考

三、课堂组织技艺的实施

认识活动是一个从实践到认识，再从认识到实践的波浪式前进和循环式上升的过程，教学活动亦是如此。教师运用教学理论和教学技艺指导自己的教学实践，又从教学实践中总结出经验，不断丰富和完善理论的大厦，理论和实践相辅相成，相得益彰。课堂组织技艺的实施就是教育理论和教学实践相互作用的产物。

（一）活跃课堂气氛

魏书生老师认为，要上好一堂课，先得组织教学，消除学生上课伊始的紧张感。他在《教学工作漫谈》里提到常用的组织教学的方法有：

①请同学们集体唱一支歌。唱我们平时最爱唱的，或是在合唱比赛时得过奖的那支歌。请文娱委员给打拍子。"怎么，文艺委员不会打拍子？不会也行，以后再学，这次就给大家起个头吧！"一般情况下，这种方法能使同学们很快地轻松起来。他们交头接耳地讨论选哪一首歌好，纷纷向文娱委员建议，有的还推荐同学独唱，更有甚者，有的把矛头指向了我，让我给大家独唱。一个月前，在全国中学学习科学研究会首届年会上，当着全国同行的面，兴城市三中的同学就将了我一军，让我给同学们来个独唱。盛情难却，我只好高歌一曲《过去的事情不再想》。课堂气氛立刻就轻松了，同学们忘记了是在舞台上面上公开课。

②集体朗诵。有时我问学生："大家愿朗诵吗？最喜欢朗诵哪篇文章？朗诵诗也行！""朗诵陈毅的《梅岭三章》。""可以。""朗诵《生于忧患，死于安乐》吧！""也行。"于是我说："请全班同学起立，身子站直，头要正，请各自再调整一下表情，就像演员在演出一样，好，预备起！"集体铿锵有力地朗诵，显然容易振作士气。

③口头作文。正式讲课前，我喜欢让学生口头作文。我随意出一个题目，如《从二青会辽宁队获72枚金牌想到的》《电影〈豆蔻年华〉的成功之处》《我怎样学习雷锋》，等等。同学们都站在自己的座位中，七嘴八舌地说自己的文章。有多大劲使多大劲，用不着担心打分少，也用不着怕别人批评，个性得到最充分的解放。到外地上课时，我若出《会场简介》这一题目，就是让学生上下左右地观察上公开课时所用的会场，说明它的构造、设备、灯光布置、幕布等。我还说，大家说的时候可以研究，还可以离开座位去观察，去测量。这

样一来学生就忘记了紧张，不再拘谨，常常出现人声鼎沸的局面。①

（二）创设有价值的教学情境

余文森老师认为，"融入情感"是有价值的教学情境的鲜明特征。情感性指教学情境具有激发学生学习动力的功效。第斯多惠说得好，"我们认为，教学的艺术不在于传授的本领，而在于激励、唤醒、鼓舞"。而没有兴奋的情绪怎么能激励人，没有主动性怎么能唤醒沉睡的人，没有生气勃勃的精神怎么能鼓舞人呢？赞科夫也强调指出："教学法一旦能触及学生的情绪和意志领域，触及学生的精神需要，这种教学法就能发挥高度有效的作用。"有一次，有一位语文教师教《凡卡》一文时，讲到凡卡给爷爷投出求助信后，满怀希望地进入了幸福的美梦之中，然而这位天真的孩子却不知爷爷是收不到这封信的，因为他连地址也没写上。即使收到了，这位穷苦的守夜人也不可能让凡卡跳出火坑。对于这位九岁的孩子来说，属于他的幸福只有在梦中！讲到这儿，这位教师再也控制不了自己了，眼泪涌了出来，甚至无法讲下去，全班学生竟然在寂静中坐了很久，连平时管不住自己的学生，也在这无意创设的情境中被无声的语言"管住了"。教师入情入境，打动了学生，起到了见作者之所见，思作者之所思，与作者的情感产生心灵共鸣的作用。②

"教学组织是教学活动的重要环节，它是教师将教学理论、业务知识、操作形式、教学方法及教学风格等因素融为有机整体的一种能力。"③ 提高课堂组织技艺，于师生双方而言均是有益的。对学生来说，课堂组织技艺的提升有利于优化学习方法，养成良好学习习惯，增强学习兴趣。对教师来说，课堂组织技艺的增强有利于促进教师教学水平和教学能力的提升，有利于快速提高教学效率。由此可见，提升课堂组织技艺与教学成效息息相关。

（三）强化学生的学习兴趣和学习动机

为了更好发挥课堂组织技艺的作用，不断强化学生的学习兴趣和学习动机，优化课堂教学效果，组织教学需满足以下要求。一是善于改变方式方法，创新教学手段。这就要求教师保持严谨的治学态度和饱满的工作热情，凭借敏锐的洞察力和敏捷的思维力，依据不同的教学内容和学生迥异的身心发展特点，采取新颖的教学方式与手段，激发学生对知识的渴求和对广袤世界的探知欲，保

① 魏书生. 教学工作漫谈［M］. 桂林：漓江出版社，2014：28.
② 余文森. 有效教学十讲［M］. 上海：华东师范大学出版社，2009：109.
③ 喻洁. 中国民族民间舞课堂教学组织的方法和技艺［J］. 艺术科技，2014（10）：180－182.

证学生的学习劲头和兴趣。二是加强学生的学习目的教育，培养学生的品格。学生必须明白，要以思想武装头脑，以理论指导实践，以实践丰富理论，才能给自己的人生增添更多砝码，才能将自我价值融入滚滚的社会价值中去，将个人发展与国家命运相融合。换言之，就是要增强学生的内驱力，这超越了任何外部因素的作用。三是尊重学生人格完整，培养其自信心。因家庭背景、成长环境、受教育经历等的不同，学生之间存在较大个体差异，就成绩而言，有优等生和待优生之分，待优生只是成绩稍稍落后，不代表其他能力的欠缺，因此，教师更应该帮助待优生，引导其发挥所长，弥补短板，并建立多元评价机制，帮助他们重拾信心。四是重视集体的作用，形成良好风气。在组织教学中，教师要充分重视班集体的作用，努力营造团结紧张、严肃活泼的课堂氛围，促使班级形成"比、学、赶、帮、超"的浓厚气氛，不断强化学生的学习兴趣和学习动机。

第二节　案例分析

技艺的培养不是一朝一夕完成的，需要语文教师在借鉴前人经验的基础上，凭着艰苦卓绝的奋斗精神和持之以恒的学术品质，不断在教学实践中摸爬滚打，吸收各方面知识养料，学习语文教学名师的教学案例，从而在自己的教学领域有所提升，有所成就。当然，对技艺的分析光有理论阐述是远远不够的，还要有大量的名师教学案例提供参考和保障。

课堂组织技艺是一堂语文课成功的前提和基础。优秀的课堂组织技艺有利于激发学生的学习兴趣，引发学生进行深度思考；有利于师生之间、生生之间平等对话与交流；有利于透过表象探究文章的本质内涵。下面提供语文教学名师经典教学案例供大家学习和品鉴。

一、李镇西老师《祝福》教学实录精彩片段①

正式学习课文之前，照例是由学生轮流上台讲解古诗欣赏。今天轮到汪洋同学当"老师"，她把秦观的《鹊桥仙》抄在黑板上，然后给同学们讲解她对这首词的理解。下面我把这首词读一下，请同学们跟着我读，'鹊桥仙，秦观……'学生们开始朗读："鹊桥仙，秦观。纤云弄巧，飞星传恨，银汉迢迢暗

---

① 李镇西. 听李镇西老师讲课［M］. 上海：华东师范大学出版社，2005：192－220.

度。金风玉露一相逢，便胜却人间无数。柔情似水，佳期如梦，忍顾鹊桥归路。两情若是久长时，又岂在朝朝暮暮！"

学生朗读完后，我感慨地说："读这首词，我最大的感受是，做现代人真是幸福，相爱的人之间哪需要什么'飞星传恨'？发个伊妹儿（e-mail 的谐音）——哦，不对，连发伊妹儿都不用，打个手机就行了。相比之下，鲁迅笔下的祥林嫂就没有这么幸福了！"

就这样，由对汪洋推荐的《鹊桥仙》的简单评论，我过渡到了今天要学的课文："我们今天开始学《祝福》。我先问一问，哪些同学课前已经把课文完整地读过一遍了？请举手。"

点评：现在很多语文老师都习惯于课前让同学们进行展示与交流，有的是诗歌朗诵，有的是成语接龙，有的是讲解古诗词，有的是分享座右铭，有的是讲解名人故事，诸如此类，每天轮流一位同学，依次类推。这也是一种课前组织教学的方式，且有诸多益处。第一，该活动面向全班同学，让每一位同学都有上台表现的机会，提高口头表达能力，帮助同学们增强自信；第二，滴水成河，粒米成箩，每天积累一点点，一学期就是不小的进步，有利于同学们拓展知识视野，增长见闻；第三，课前学生的自由展示活动有利于消除紧张感，营造宽松的课堂氛围，为师生良好互动打下基础。

诗词讲解结束后，李镇西老师直言自己的感受，通过对比古人相爱相思的艰难与今人相互联系之方便，进而转折到祥林嫂的凄惨命运，顺利把同学们的注意力吸引到本节语文课上来，不知不觉中完成了课前的总结和新课的导入。

少数同学举起了手。

我数了数，说："还不到一半。不过不要紧的，因为考虑到同学们课业负担比较重，我们把预习也放在课内。现在就请同学们把课文认真地默读一遍，已经读了一遍的同学再读一遍。在读的时候，要用上脑子，一边读一边想。把让你若有所思，或者让你怦然心动的地方，或者产生了联想的地方在书上做个记号；也可以把不懂的问题记下来，遇到不认识的字查一下，把音注上，总之读了以后，书上要有读过的痕迹。读的过程就是自己感悟和发现问题的过程，我打算用三节课的时间和同学们一起来研讨这篇课文。好，现在你们自己读吧！李老师在这儿没有做任何提示，也没有设置任何问题，先让你们自己去发现，自己去感受。读完以后我们再互相交流各自的发现和感受，可以就全篇谈总的印象，也可以从某一个细节出发谈自己的体会，也可以提出问题让大家讨论。我希望我们班每个同学都能发言。"

学生们打开书，开始静静地读。我看到严忠孝在读的时候拿出辞典查生字，便表扬他："看，严忠孝正在查辞典，这是一个很好的习惯。"

同学们继续自读，我转身在黑板上写下：《祝福》（鲁迅）。

我巡视了一圈，看到每一个学生都在认真地读课文。然后我也打开书，再次仔细读课文，估计着学生可能在哪些方面会有所感悟，然后会提出哪些问题。

点评：在了解学生预习情况的时候，李老师发现只有少数同学将课文完整地读了一遍，大部分同学并没有好好预习。但李老师没有狠狠地批评同学们，相反，他语重心长地告诉同学们读书的时候要边读边想，做好阅读笔记。这使同学们能够认识到自己的错误，用心阅读，他们可能会在以后的学习中认真预习和复习。李老师强调读书的时候要勤于查阅辞典，要及时勾勾画画，记录自己的发现和思考，这有利于学生养成不动笔墨不读书的良好习惯。

李老师要求阅读之后师生相互交流阅读感受与体验，这是尊重学生阅读主体地位的表现，大大激发了学生的阅读兴趣，让学生有劲头、有勇气对文本进行深入阅读与思考。"阅读教学"实际上包含两层含义：一、阅读是读者与文本的主体间的对话过程；二、教学是教师与学生及学生与学生的主体间对话过程。① 我们通常意义上所讲的"阅读教学"实际上是融合了"阅读"和"教学"两种主体概念。因而，我们讲"阅读教学"，应该充分尊重学生的阅读体验与自身感受，让学生有机会完整表达自己的阅读感悟，这种感悟是学生自己真真切切"读"出来的。语文教学过程中，部分教师会因为教学时间不够，学生理解偏差较大等原因，忽视学生的阅读感悟，而强行灌输教师的理解与看法，或者是教学参考书及名家的阅读感悟，这并非真正意义上的"阅读教学"，只是为了完成教学任务及考试要求所采取的特殊手段。

平时从不发言的杨晓龙第一个举起了手，我热情地鼓励他："好，请晓龙说说。"

杨晓龙说："读这篇课文我觉得有些话我读不懂，但是我觉得我还是理解了一些。我觉得这篇文章像一部电影，一个又一个的形象和场面，先从现在说起，展示一个结局，然后产生一个回忆，是怎么发生的。作者把事情的发生记叙得很详细，描写也很生动，例如人物之间的对话和动作，还有他对人物外貌的描写，都非常好。"

杨晓龙的语文成绩不太好，他今天居然能第一个主动发言说自己的这些感受，我很高兴，对他的发言予以充分的肯定："说得非常好！的确是非常好！我说他'非常好'有两个含义。第一，他读懂了结构，他说课文先写出了祥林嫂

---

① 王荣生.语文科课程论基础［M］.北京：教育科学出版社，2014：197.

的结局，然后再通过回忆写祥林嫂的不幸，同时他还读出了课文中用了许多生动的描写。很好！第二，晓龙原来是不发言的，今天居然他第一个发言，勇敢表达自己对课文的理解，而且说得很好，真是一个了不起的进步。"

全班同学自发地为杨晓龙热烈鼓掌。

点评：有的学生天资聪颖，有的学生进步缓慢，便有了优等生和后进生之分。语文教学过程中，部分教师为了加快教学进度，很少让成绩不太好的学生发言，认为他们会耽误课堂时间。在李镇西老师眼里，没有差生，他们只是暂时成绩不够好而已，他们是"后进生"或"待优生"，通过不断的努力和学习，总有一天，他们会取得大进步。在李老师的课堂上，杨晓龙大胆发言得到了老师和同学们的鼓励与肯定，相信在今后的学习中，他会更加努力，更加自信。

杨晓梅说："我读了以后第一感觉是愤怒，而且还有对祥林嫂的同情，她是一个悲剧人物。我愤怒的是当时制度的残酷及人情的冷漠，她的悲剧与当时的社会有很大关系，是当时的社会造成的。"

她的理解我认为是对的，但我不希望学生们只是抽象笼统地说结论，而应该紧扣课文，因此我插了一句话提示道："比如——"

杨晓梅回答："比如没有遵从她的意愿就把她嫁人。周围的人因为她是寡妇就歧视她。她遭受了许多不幸以后那些人不但没有同情她反而对她嘲讽。如果人们不这样，如果人们能够安慰她，就不会有这样的悲剧产生。"

杨晓梅的发言一开始就用了一个词来概括她的感受，这让我很高兴，而且觉得这是一个很好的阅读方法和状态——所谓"厚书读薄"。如果能用一句话或一个词概括自己读后的感觉，就算是真正"读进去"了，也"读出来"了。我临时决定也引导其他同学这么做："刚才杨晓梅用了一个词'愤怒'来表达她的读后感。我请下面的同学在发言的时候也先用一个词概括自己的感悟。"

汪洋站起来说："我感到的是悲哀。这不仅是祥林嫂一个人的悲哀，而且是整个社会的悲哀，那时候的人已经非常麻木了，对什么事情都没有想法了，就连那个短工对她的死都是很淡然的。课文里面有一段：'五年前的花白的头发，即今已经全白，全不像四十岁上下的人；脸上瘦削不堪，黄中带黑，而且消尽了先前悲哀的神色，仿佛是木刻似的；只有那眼珠间或一轮，还可以表示她是一个活物。'我根本想象不出来，现在四十岁的人还很年轻的，而她的头发已经全白。这时候，祥林嫂已经没有悲哀了，她的眼睛转才显示出是一个活人，仿佛行尸走肉似的。"

我忍不住赞同道："对，祥林嫂外貌上没有任何表情，实际上是说她已经彻底绝望了。我们平时如果要说对任何东西都失去了希望，可以说是——"

同学们情不自禁齐声说："万念俱灰！"

点评：对于杨晓梅的回答，李老师进行了肯定，并提示她不能只有结论，还要在文中找到充分的依据。杨晓梅用一个词概括自己的阅读感受，这种方法也给了李老师很大的启发，他鼓励同学们用一个词概括自己的读后感。李镇西认为，要深入文本，字斟句酌，探究作者的写作意图以及文字之下隐藏的深层内涵，从中得出某种道理或结论，并以此指导自己的生活和学习实践。正所谓先把书读厚，再把书读薄，才能真正领略文字所表现出来的情感和思想。

当然，由于李老师语气温和，课堂气氛活跃，同学们才积极主动发表自己的意见见解，这为师生之间、生生之间的平等对话与交流提供了一个有效的平台，师生的双主体地位都得到了尊重。"'双主体'教学模式，包括以下两层含义：一方面，教师和学生是相对独立、地位平等的双方，教学过程需要给予双方自主权，充分尊重彼此意愿；另一方面，'教'和'学'是互为前提、缺一不可的，在教学中需要'教'与'学'的相互配合与协作。"① 传统教学中教师是课堂的主体，教师决定教学内容，把握课堂节奏，灌输一切自己认为有用的知识，学生只是被动地接受，思考的空间有限。有一段时间，教育界大力提倡"把课堂的主动权还给学生"，学生成了课堂的主角，他们自主学习，讲演新知识，结果是课堂学习流于形式，学习效果甚微。单纯的以教师为主体或以学生为主体的课堂模式，阻碍了师生之间、生生之间、师生与文本之间的平等对话。践行师生双主体教学模式，教师是"教"的主体，学生是"学"的主体，师生合作，共同完成学习任务，实现教学目标。在此过程中，师生双方均获得了较大提高。

二、钱梦龙老师《愚公移山》教学实录精彩片段②

师：上一课（指正式上课前用20分钟时间让学生自读课文）同学们自读了《愚公移山》，我检查了一下，同学们学习得很好，老师非常满意！现在我们先一起来把文章朗读一遍，好吗？（学生齐声朗读全文。读毕，有学生提出"亡"字错读成了"wáng"，老师让同学们共同订正。）

师：下面请同学们提提看，在自读中有什么问题。

生："河曲智叟"的"曲"是什么意思？

① 韩祥伟.基于师生协同发展为导向的思政课双主体教学模式研究［J］.理论观察，2014（4）：172－173.
② 钱梦龙.钱梦龙经典课例品读［M］.上海：华东师范大学出版社，2014：216－220.

师：谁会解释这个"曲"字？（稍顿）都不会？那就请大家查字典。

生：（读字典）曲，就是"弯曲的地方"。

点评：开篇没有直接进入课文的讲解，而是在学生自读的基础上进入课堂。通过自读，学生脑海中已经形成了自己的思考，带着问题走进课文，避免了传统课堂上的强硬灌输和生搬硬套。老师没有预设问题，课堂完全是在学生自读基础上生成的教学，学生拥有课堂的主动权，为师生平等地"教"和"学"提供了契机。通过学生提问，学生自主解答的形式，让学生树立了问题意识和探究意识。课堂中，学生是真正的主体，教师只起引导的作用，是学生带着问题走进课文，走向教师，而不是教师带着课文，带着知识，走向学生。

师：同学们还有别的问题吗？（稍顿）没有问题了，很好，说明大家都懂了。你们看，许多问题大家一起来思考，不是都解决了吗？这说明同学们经过自己的努力是能读懂这样的文章的。现在，老师来问你们一些问题，看大家真的读懂了没有。这篇寓言共写了几个人？我们先来把他们列出来，大家一起说，我来写，好不好？

（学生们纷纷提出，黑板上最后出现了一个个人物：愚公、其妻、其子孙、遗男、智叟。）

师：我们先来熟悉一下这些人物。大家说说看，这个老愚公多大年纪了？

（学生纷纷答，有人说"90 岁"，有人说"90 不到"。）

师：到底是 90，还是 90 不到？

生：（齐）不到。

师：不到？从哪里知道？

生："年且九十"，有个"且"字。

师："且"，对！有的同学看书仔细，有的同学就有些粗心。那么，那个智叟是年轻人吗？

生：（齐）老头。

师：怎么知道？

生：（齐）"叟"字呀！

师：啊，很好。愚公和智叟都是老头子。那么，那个遗男有几岁了？

生：七八岁。

师：你又是怎么知道的？

生：从"龀"字知道。

师：噢，这个字很难写，你上黑板写写看。（生板书）写得很好。"龀"是什么意思？

61

生：换牙。

师：对，换牙。你看这是什么偏旁？（生答：齿旁）孩子七八岁时开始换牙。同学们不但看得很仔细，而且都记住了。那么，这个年纪小小的孩子跟老愚公一起去移山，他爸爸肯让他去吗？（生一时不能回答，稍一思索，七嘴八舌地说："他没有爸爸!"）

师：你们怎么知道？

生：他是寡妇的儿子。"孀妻"就是寡妇。

师：对！遗男是什么意思？

生：（齐）孤儿。

师：对了！这个孩子死了爸爸，只有妈妈。你们看书的确很仔细！

点评：学生针对自读情况提出问题，学生帮忙解答，学生解答不了的师生合作回答。基本障碍解除之后，钱老师以提示性的问题"这篇寓言共写了几个人？"展开教学，学生回答，教师板书，这种教学方式尊重了学生的劳动成果，激发了学生的学习兴趣，点燃了他们的学习热情，学生的学习劲头会更足。同时，通过对文中人物的梳理，对后面"由人物到事件"的教学做了铺垫。

"愚公多大年纪了？""智叟是年轻人吗？""那个遗男有几岁了？"几处富有情趣的提问，将文言字词的学习融入师生热情的互动中，消解了文言文学习的难度，拉近了学生与文言的距离，既有巩固基础之作用，又有启发思维之功能。相比"且字如何理解？""叟字什么意思？""龀字怎么读？"实在是有趣得多。巧妙的教学设计和组织，看似幽默通俗，实则紧紧围绕文章内容展开教学，在宽松愉悦的气氛中完成了重点字词的学习，学生表现积极而热烈。这是"导读法"教学的精彩展示，所谓"润物细无声"。

师：人物我们搞清楚了。下面再看看。这个寓言写了一件什么事？

生：移山。

师：这件事做起来难吗？从文章里找出句子来说明。

点评：教学打破了"按顺序教"的教学套路，没有一字一句进行翻译，而是先抓住文中人物，理清人物关系和身份。再由人及事，将文章进行分裂重组，与语文教学"增、删、调、换、改"的五字方针不谋而合。当很多老师还在按部就班教课文的时候，钱梦龙老师显然走在了前列。这种打破常规教学顺序的教学思路，充分体现了教师的主导作用，而在教师"曲问"之后的集体或个别回答，已然体现了学生的主体作用，不失为"双主体"教学模式的精彩演绎！

师：文章里有两个人讲的话差不多，你们看是谁啊？

生：愚公妻和智叟，他们两人的态度差不多。

师：差不多吧。好，我们就先把他们两个的话一起读一遍吧，比较比较，看看两人的态度究竟是不是一样。（学生朗读）

师：想一想，他们的态度一样吗？

生：智叟讲愚公很笨，太不聪明了。愚公妻没有讲。

师：你再说说看，智叟讲的这个句子是怎样组织的？

生：倒装的。

师：那么，不倒装该怎么说呢？

生：汝之不惠甚矣。

师：你知道为什么要倒装吗？

生：强调愚公不聪明。

师：对。把"甚矣"提前，强调愚公不聪明到了极点。这句话愚公的妻子是不讲的。这里有一点不同。我们再来看一看称谓，愚公妻称愚公什么？

生：（齐）君。

师：那么智叟称愚公——

生：（齐）汝。

师：这两个词有区别吗？

生："君"表示尊重，"汝"很不客气。

师：嗯，好！我再把这个"汝"简单地讲一讲。长辈对小辈，地位高的人对地位低的人，一般用"汝"。平辈之间用"汝"，就有些不尊重的意思。智叟叫愚公为什么用"汝"啊？

生：智叟看不起愚公，因为他觉得愚公笨。

师：对，这是又一点不同。还有什么不同吗？

生：还有两句讲得不一样。愚公妻说："以君之力，曾不能损魁父之丘，如太行、王屋何？"智叟说："以残年余力，曾不能毁山之一毛，其如土石何？"

师：不一样在什么地方？

生：愚公妻说不能把小山怎么样；智叟说连山上一根毛都不能动，有点讽刺的意思。

师：啊，讲得好。这里的"毛"字，是什么意思？

生：小草。

师：请你把这个解释用到句子里去讲讲看。

生："曾不能毁山之一毛"，就是不能毁掉山上的一棵小草。

师：对，一棵小草也毁不了，这是一种什么语气？

生：轻蔑。

师：对，轻蔑的，这跟愚公的妻子一样吗？

生：不一样。

师：看，这里又有不同。还有"如太行、王屋何"和"其如土石何"，同样是"如……何"的句式，可是智叟的话里多一个"其"字，这里有什么不同？

生：智叟的话语气比较强，用个"其"字，有点强调愚公没有用。

师：讲得好。最后还有一句不一样，是哪一句啊？

生："且焉置土石？"

师：这句话怎么解释啊？

生：把土石放到哪里去？

师："焉置"的"焉"字怎样解释？

生：疑问代词，哪里。

师：对，不过这句里的"哪里"放到"置"的前面去了，"焉置"就是"置焉"，放在哪里。愚公妻有这个疑问，后来这个问题解决了吗？

生：解决了。

师：怎么解决的？

生：大家说"投诸渤海之尾，隐土之北"。

师：他妻子提出这个问题来说明她对移山是什么态度？

生：关心。

生：担心。

师：关心又担心，两人都讲得对。她关心这个技术问题怎么解决；还对老头子有点担心，快90的人了，去移那么大的山，能不叫人担心吗？智叟呢？"嘿，你这个笨老头，一棵小草也毁不了的人，想去移山，瞧你有多笨！"两人一样吗？不一样。现在请你们再在文章里找出两个字来，把两个人的态度分别用一个字说明一下。先说愚公妻，好，你说！

生：献……

师：献什么？

生：疑。

师：对，献疑。她对能不能移山只是有疑问。那么智叟呢？

生：笑。

师：对！"笑"，"笑而止之"。一个"笑"字带有什么样的感情，大家想想看。

生：讽刺。

师：请在这个"笑"前面加一个字，把这种感情表达出来。

生：讥笑。

师：对了。一个是"疑"，一个是"笑"。你们看，本来大家认为他们的态度差不多，但仔细比较、分析一下，就发现差别了。所以你们读书要常把看起来差不多的词句拿来比较比较。这个很重要。不要粗粗一看，哦，一样的，就不看了。要动动脑筋，多想想。

点评：教师提出愚公的妻子和智叟两人讲的话差不多，学生顺势回答两人对待移山的态度差不多。对此种不加思考的随意回答，钱老师当然是不能放过，遂提问"他们的态度一样吗？"准确把握住了学生的问题之所在，量体裁衣，对症下药，将学生的思维引向纵深。带着问题再次阅读课文，学生阅读目的明确，针对性强，避免了囫囵吞枣式的阅读病症。课堂不再是满堂灌，更不是教师的一言堂，学生不是为了配合教师完成教学而存在的。"钱梦龙在教学过程中，善于让学生自觉体会到自己主体的存在，激发起学习语文的兴趣，使他们充分进入角色，成为课堂活动的主人。"① 将课堂的主动权交还给了学生，教师只是把握课堂节奏，适时进行指点即可，帮助学生完成学习任务，达成学习目标，是学生学习过程中的引路人和助推者。

语言的艺术是极其精妙的，教师引导学生品味文中词句，深入探究，进行多组比较分析，才能发现文字背后隐藏的奥秘。这一比较的过程也是学生思维不断得到启发，思考不断深化的过程。比如愚公的妻子称愚公为"君"，而智叟称愚公为"汝"，前者表现了尊重，而后者带有明显的轻视成分。仅仅是称谓的不同，一字之差，影射的却是两种截然不同的态度，这便是语言的神奇之处。钱老师的提问"智叟叫愚公为什么用'汝'啊？"富有强烈启发性，也易于学生理解和记忆，起到了"四两拨千斤"的功效。教学方法简简单单，朴实无华，却取得了极大的效果，可谓将文章玩弄于股掌之中，在文本中自由行走。

在教师的启发与指导下，在师生的共同努力下，关于愚公妻和智叟二人对于愚公移山事件的不同态度，文中共找出四处不同，通过字斟句酌的分析，同学们意识到，两人的态度有着天差地别。紧紧围绕文本进行分析，所有疑问和探究均建立在文本之上，真正实现了"心中有本，目中有人"，这才是真实的语文课堂。

在品析文本语言，欣赏文字魅力的同时，学生对整篇文章有了清晰明确的把握，故事线索清楚完整，人物形象分明，看似活泼欢快的课堂，实则学生学

① 许书明. 语文四大名师研究 [M]. 北京：中国文史出版社，2005：120.

到了不少知识和技能，这便是在最宽松的环境里学到有用的知识，在欢声笑语中有所思考和感悟。整堂课教学思路严明，条理清晰，层层启发，逐步推进，学生于不经意间获得了最大收益，有利于提升学生的语文综合素养。

第三节　文献选读

除农业行业外，没有人现在敢说教育不是一件好事情。假如从前表示过这种观点的任何大的和有影响的政党代表，仍处在半顽固的状态之中，那就让他保留自己的想法吧！因此，实际上，存在着一片几乎是痛苦的一致呼声，表示赞同一种学说，即教育是解决人类各种问题的真正的万应灵药；而且，假如这个国家不想很快被毁灭的话，那么，每个人都必须接受教育。

政治家告诉我们："你们必须教育民众，因为他们将成为主人。"牧师们也发出了要求普及教育的呼吁，因为他们断言，人们正在由国教徒和非国教徒渐渐地变成完全不信仰宗教者。制造商和资本家们也起劲地提高嗓门，他们宣称，愚昧会造出拙劣的工人；英国很快将不能生产出比其他国家廉价的棉织品或蒸汽机来。到那时候，羞耻啊！羞耻啊！繁荣昌盛将会离开我们。此外，还出现一些赞同这种学说的呼声，认为民众应当受教育，因为他们是具有无限的生存能力、行动能力和忍受能力的男女；而且，民族要是没有知识就会灭亡，过去是如此，现在也同样如此。（《在哪里能找到一种自由教育》）

——［英］托·亨·赫胥黎《科学与教育》；单中惠　平波 译（人民教育出版社，2004）

用辩证的系统观点评价现有教学任务的各种可能的解决办法，乃是教学过程最优化的方法论基础。辩证的系统观点能保证针对当时条件选出最佳方案。在采取解决办法时，教师的主观评价应服从于这一解决办法的客观的适用限度，是根据对整体系统发挥作用的规律性的充分可靠的信息进行分析得出的。

教学过程最优化的思想常常是跟科学地组织教师劳动的各种问题紧密联系在一起加以阐述的。有些人认为，最优化原则是科学地组织教师劳动的局部情况，另一些人则认为实施教学过程最优化原则包含了科学地组织教师劳动的因素，并依赖于这些因素。这些看法反映了所探讨的概念的辩证性，以及它的多功能的可能性。

我们的出发点是，不能把"教师的劳动"和"教学的过程"这两个概念混为一谈。教学反映着教师活动和学生活动的辩证统一。因此，教学过程中应予以最优化的参数本身是双方面的，对教师的劳动要跟学生的劳动辩证统一地予以考察，要在包含掌握过程在内的复杂结构联系中加以研究。

因此，教学过程最优化和教师劳动的科学组织这两种现象是紧密地相互联系的。而教学过程最优化不仅要求科学地组织教师的劳动，还要求科学地组织学生的学习活动。并且，在这种情况下科学地组织劳动的目的，不单纯是提高它的效率，而且是要达到最优的，即对该条件来说是最佳的结果。因而最优化依靠科学地组织教师和学生的劳动，其目的是在具体条件下达到可能范围的最大效果。（《"教学过程最优化"的概念》）

——［苏］尤·克·巴班斯基《教学过程最优化：一般教学论方面》；张定璋 等译（人民教育出版社，2007）

克伯屈对教育本质的看法与杜威的看法是一致的，基本上可以用三句话来表示：教育即生长，教育即生活，教育即经验的改造。

1. 教育即生长。克伯屈吸取了杜威的"教育即生长"的观点，并在他的讲演和著作中通俗地阐述了这个观点。他在《教学方法原理》中明确地说"把教育定义为不断'生长'的过程……"。也就是说，在他看来，教育就是生长。那么，生长的含义是什么呢？他认为，生长有两种含义：一种是儿童的身体和智力像树木那样自然地生长；另一种是一个人因参与并改造了生活，从而在知识、技能、认识、思维能力、控制经验的能力等方面都有所提高。他说，关于生长的含义，"我主要考虑的是更多的思维、更多的意义、越来越细的区分、更好的行动方式，更高程度的技能、更广泛的兴趣、更广泛更良好的组织"。在另一个地方他又说，"生长至少包括两个方面：经验内容的增加；对经验控制力的提高"。

2. 教育即生活。与杜威一样，克伯屈认为，儿童的生长是在生活中展开的。因此，教育不能脱离生活，教育应当在生活中进行。同时，他又认为，传统教育把教育看作为儿童的生活做准备是不对的，因为这样势必要教以成人的经验、责任和权利，而忽视儿童的特点和需要。结果，对儿童来说，教育必然是一种外部强制的东西，儿童处于消极被动的地位。因此，他认为，应当把教育与儿童的生活看作个东西，使儿童适应当前的生活。他认为教育即生活是教育本质的一个方面。他说，我们应"将教育看作是与整个生活相关的整体"，"所有富于思想而有意义的生活，都是教育"。他还说："儿童的教育不仅得自学校，而且得自家庭、教会、社区和更广阔的社会。"从引文中我们可以看出，克伯屈认为教育就是生活，但并不是所有的生活都是教育，只有那些有意义和创发性的生活，才是真正的教育，才能培养民主社会所需要的公民。因此他认为，引进学校的生活必须经过过滤，必须经过慎重的选择。这一点与杜威的主张稍有不同。

3. 教育即经验的不断改造。克伯屈与杜威一样，也把教育是经验的不断改造看作是教育本质的一个侧面。他认为，"生长"是在生活中展开的，教育既是不断地"生长"，也就意味着不断地取得新的生活经验，不断地超出自己原有的知识和能力的水平或范围，获得新的行为方式。而这也就是不断地取得新的生活经验，改造原有经验。因此他说，我们把"教育定义为不断'生长'的过程，不断改造经验的过程，使经验日臻丰富完善，并使学习者对经验的控制力不断增强"。所以，我们所说的生长与学习，实质上是说明同一事物的两种方式。在他看来，一个人不断地改造经验，使经验日益丰富完善，对经验的控制能力不断提高，这就是生长。所以二者是同一个过程，是一回事，而这又是生活本身。克伯屈把教育看作是生长，教育是生活，教育是经验的不断改造。而这三者又是同一个过程，是从三个不同角度看待同一个事物。这就是他的教育本质观。（《论教育的本质》）

——［美］威廉·赫德·克伯屈《教学方法原理》；王建新 译（人民教育出版社，2016）

教育的确对一切人都是需要的。如果我们思考一下各种不等的能力，这一点就一目了然。没有人会怀疑，迟钝的人需要教导，他们有可能摆脱天生的迟钝。但是实际上，聪明的人更需要教育，因为一个活跃的头脑，若不被有益的事情占据，就会忙于无益的、稀奇古怪的、有害的事情，正如田地愈肥沃，它生长的荆棘和带刺的蓟就越多。因此，优秀的智力如果没有种上智慧和德行的种子，就会充满怪诞的想法，正如同如果不给磨子供给面粉的原料麦子，它就会空自转动，发出噪音和摩擦声，甚至往往发出爆破和破裂的声音。一个活跃的头脑也是这样，如果头脑中没有有严肃的事情，它就会被愚蠢、怪异的、有害的思想所纠缠，成为自我毁灭的原因。

富人如果没有智慧，除了像是喂饱了糠麸的猪，还能是什么呢？穷人如果没有对事物的理解能力，除了像是负重的驴子，还能是什么呢？一个外表漂亮而愚昧无知的人，除了像装饰了美丽的羽毛的鹦鹉，或者像人们所说像内藏劣质匕首的金色刀鞘，还能是什么呢？

对于任何处于有权势地位的人，对于国王、王子、地方长官、教会牧师和医生，他们都必须富有智慧，正如向导需要眼睛，译员需要说话能力，喇叭要容易发声或剑需要有创刃。同样，地位低下的人也必须受教育，使他们知道怎样明智地、谨慎地服从他们的长官，不是像驴子那样被迫服从，而是出于他们的自由意志和对秩序的热爱。因为一个理性的动物不应当用吼叫、监禁或殴打去指挥，而应当用理智，任何其他方法都是冒犯神——一切人都是按照他的形象创造出来的，都是使人类事务中充满了暴乱和不安宁。

于是我们看到，一切生来就是人的人都有受教育的必要，因为既然是人，他们就必然不应当成为野兽、成为野性的牲畜或无生气的木头。还可以得出结论：一个人超过另一个人的程度是与他所受的教育成正比的。我们可以用"智者"（wiseman）的话作为这一章的总结："认为智慧和训练无用的人是不幸的，他（想达到自己愿望）的希望将落空，他的劳动是无结果的，他的工作是无效的。"（《如果要造就一个人，就必须由教育去完成》）

——［捷］夸美纽斯《大教学论·教学法解析》；任钟印 译（人民教育出版社，2006）

在大多数国家，中学教师是在大学进行培养的，他们在大学至少获得一个学士学位。因此，他们至少习惯于将来要教的那门学科的科学研究，而且假若他们热衷于献身这些学科本身，就必须能够在他们的学生中鉴别出未来的研究者，并训练他们既能吸取已有的知识，又能从事科学研究。但也时常出现这种情况：中学教师越热衷于他所教的学科，他对教育学本身就越不感兴趣。或者更确切地说，教育学就其应用而言，既是一门科学，也是一种艺术。一个具有教学和教育创新才能的教师，往往会认为有这样的才能就够了，而详细的心理机制的知识只对和年幼的学生打交道的小学教师才有益处。但在青少年阶段，对于一个对自己的学生有个人认识的好教师来说，那样的心理学分析并不能增加他的日常经验。

因此，1954年的国际公共教育会议讨论中学师资的培养问题时曾强调中学教师必须受到和他所要教的学科同样高的心理学的训练水平，这不是没有理由的。可是这样的心理教育学训练，中学教师比起小学教师更难达到。首先，困难在于这样的事实：要了解青少年的心理功能，就必须彻底掌握从年幼儿童直到成人的整个心理发展，而未来的中学教师在懂得整个形成过程的分析和怎样才能阐明青少年特有的过程之前，开始总是对儿童完全不感兴趣的。（《中学师资的培养》）

——［瑞士］皮亚杰《皮亚杰教育论著选》；卢濬 选译（人民教育出版社，2015）

能否保护和培养每一个学生的自尊感，取决于教师对这个学生在学习上的个人成绩的看法。不要向儿童要求他不可能做到的事。任何一门学科的任何教学大纲只是包含一定水平和一定范围的知识，而没有包含活生生的儿童。不同的儿童要达到这个知识的水平和范围，所走的道路是各不相同的。有的孩子在一年级时就已经能完全独立地读出和解出应用题，而另外一些孩子直到二年级末甚至三年级末才能做到这一点。教师应当善于确定：要通过怎样的途径，要经历什么样的阻碍和困难，才能引导儿童接近教学大纲所规定的水平，以及怎样才能在每一个学生的脑力劳动中具体地实现教学大纲的要求。

教学和教育的技巧和艺术就在于，要使每一个儿童的力量和可能性发挥出来，使他享受到脑力劳动中的成功的乐趣。这就是说，在学习中，无论就脑力劳动的内容（作业的性质），还是就所需的时间来说，都应当采取个别对待的态度。

有经验的教师，在一节课上给一个学生布置2、3道甚至4道应用题，而给另一个学生只布置1道。这个学生做的是比较复杂的应用题，而另一个学生做的则是比较简单的。这个学生在完成语言的创造性作业（例如写作文），另一个学生则在学习文艺作品的片段。

在这种做法下，所有的学生都在前进——有的人快一点，另一些人慢一些。

儿童完成作业而得到评分时，从评分中看见了自己的劳动和努力，学习给他带来了精神上的满足和有所发现的欢乐。在这种情况下，教师和学生的相互关心与相互信任相结合。学生就不会把教师单纯地看成严厉的监督者，也不会把评分当成一种棍棒。他可以坦率地对教师说：某某地方我没有做好，某某地方我不会做。他的良心是纯洁的，他不可能去抄袭别人的作业或者考试时搞夹带。他想树立起自己的尊严。

在学习中取得成就，——这一点，形象地说，乃是通往儿童心灵中点燃着"想成为一个好人"的火花的那个角落的一条蹊径。教师要爱护这条蹊径和这点火花。（《请记住：没有也不可能有抽象的学生》）

——［苏］苏霍姆林斯基《给教师的建议》；杜殿坤 编译（教育科学出版社，1984）

美的感受和美的创造之间的相互联系，在审美素养的培养中具有很重要的意义。每个学生在他的童年、少年和早期青年时期，对各种美的表现应当都会发出赞叹来。只有在这种情况下，他才会对美树立珍惜和关心的态度，才会希望再三地去接触那个业已唤起他的喜爱并在他心灵上留下了痕迹的对象，那个美的源泉。

审美教育，既是认识过程也是情感过程。在这个过程中，概念、观念、判断，即全部思维的这个方面与体验和情感的另一个方面，是紧密相连的。审美教育的成效如何，取决于向学生揭示美的本质的深度。但是大自然、艺术作品以及环境美对学生精神世界的影响不仅仅决定于客观存在的美，也决定于他的活动，决定于这种美以什么方式加入他同周围人们的关系之中。只有进入了人的生活而成为精神世界的一部分的那种美，才会唤起美感。

每个人都能感受大自然的美、音乐旋律美、语言美。而这种感受则有赖于他的积极行动，所谓积极行动是指可以感受、创造和评价美的那些劳动和创造、思想和情感。在大自然中被情感感受了的并作为周围世界的美而体验过的东西越多，人在他身边看到的美就越多，美——不论是他人创造的，还是原生的、非人工所造的——也就越能激动和触动他。那些把经常接触大自然作为精神生活重要组成部分的儿童和少年，都会被文艺作品中对大自然的描写和绘画作品中的自然景致所感动。

我们竭力使我们的每个学生从幼年起就能以精心爱护和细心关怀的态度对待每棵树、每丛玫瑰、每株花草和每只小鸟——一句话，一切有生命的和美好的事物。非常重要的是，应让这种关怀爱护之心变为习惯。因此，我校每个学生都要照管本班"美之角"中的花草。每个人都有自己的椋鸟巢房或供山雀栖息的树洞，每个人都爱护燕子巢窝。美育的这个领域带有很强的个人的、个别化的性质。没有单独的、个人的情感，就没有审美素养。（《美育和美的创造》）

——［苏］苏霍姆林斯基《帕夫雷什中学》；赵玮 等译（教育科学出版社，1983）

艺术作品的内容不能像从一个水罐倒进另一个水罐的水那样，从艺术作品转移到欣赏者的头脑中。它要由欣赏者本人再造和再现，这种再造和再现根据艺术作品本身所给予的方向进行，但是最终结果取决于读者精神的和智力的活动。这种活动就是创造。艺术欣赏的差异性，包括同一个人两次欣赏同一部艺术作品的差异性说明，不仅往往有取之不竭的作品，而且往往有再现和理解上创造力量绵绵不绝的欣赏者。

艺术欣赏有客观性和主观性。它的客观性在于，艺术作品的章句段落，或者乐曲总谱，或者雕塑形式，或者带有色彩和线条的画布，为所有欣赏者指出一种方向，以便他们的欣赏活动在这种方向中展开。艺术作品不仅提供这种方向、界限和框架，而且"以虚线的形式"提供"线路"，欣赏者的感知、想象审美评价和道德评价按照"线路"得到调整。艺术作品这种客观的结构或组织，为欣赏和理解的主观性规定了极限。聆听贝多芬英雄交响乐送葬曲的两个人，可能非常不同地、独特地感觉和理解所聆听的音乐。但是，他们中任何一个，大概都不会想到、也不可能想到要把这段交响乐当作结婚舞曲或者战争进行曲。

另一方面，艺术欣赏的主观性在于，艺术作品结构中所标明的途径无论多么严格，欣赏者在自己的知觉中不是同作者的线路不爽毫厘地，而是按照自己的线路、最重要的是带着某些其他结果重新经历这种途径。艺术形象越是复杂，各种人物的性格在他们行动和状态的长镜头组合中展示得越是多样，读者的领会、理解和评价所发生的变化就越是不可避免，越是巨大繁复。(《欣赏是一种创造》)

——凌继尧《美学十五讲》(北京大学出版社，2003)

文化的人本规定性，是文化的最本质的规定性。文化作为历史地凝结成的生存方式，体现着人对自然和本能的超越，代表着人区别于动物和其他自然存在物的最根本的特征。文化的人本规定性的内涵十分丰富，至少包含三个方面的内容。首先，从发生学的角度来看，人的产生的根本途径就是超越本能或生物学的自然，建立自己特有的一种生存体系，建立自己的"第二自然"，这就是文化。在这种意义上，文化就是人化。其次，文化作为人自己建立起来的"第二自然"，包含着人与动物相区别的最根本的规定性，即超越性与创造性，也就是自由的维度。人作为自然之子，永远不可能脱离大自然而生存，但是，人之为人的基础，人在宇宙万物中的独特性，人所带来的独特价值，不在于自然和本能，而在于人对自然的超越和人的文化创造。再次，文化所代表的人对自然的超越的维度，或者自由和创造性的维度，是人这个特殊的类的生存基础。人与动物的根本不同就在于，人永远在追求某种创新，永远不能满足于或停留于已有的创造，不仅以某种方式超越给定的或外部的自然，而且也在不断地超越、更新和重建已有的文化造物。唯其如此，历史和文化之歌才能常唱常新。(《植根于人的超越性和创造性的文化》)

——衣俊卿《文化哲学十五讲》(北京大学出版社，2015)

面对着日益强化的全球化的文化逻辑，任何一个民族和国家在新时期的转型或者建构都无法完全脱离全球化的文化景观来封闭地完成，换言之，都不得不在各种价值定位各异、相互交织和相互冲突的文化精神资源中选择或者整合自己的新文化精神。在中国的语境中，问题依然十分复杂，过去百余年中国现代化进程中的文化冲突，特别是改革开放以来精英层面文化精神的冲突和分裂，以及大众层面文化价值的游离与裂变，都依旧以某种方式展示自己的存在，并且努力在新世纪中国的新文化精神的整合和建构中表达自己的诉求。

具体说来，关于中国新文化精神的价值定位，我们可以梳理出三种主要的倾向。第一种我们可以称为文化激进主义的倾向。这种观点依然坚持现代性的启蒙立场，主张在全球化背景和中国的市场经济体制建构进程中完成我们尚未实现的理性启蒙的目标，从而在市场经济和民主政治的语境中确立现代理性文化精神的主导地位。第二种我们可以称为文化保守主义的倾向。如前所述，在20世纪90年代，随着后现代主义和新儒学等文化思潮被中国学术界所关注，文化保守主义思潮开始赢得很大的市场，而以现代工业文明的理性主义文化精神为目标的文化启蒙受到比较大的挫折和阻力。对理性主义文化启蒙的批判和指责的共同出发点是认为现代工业文明的理性主义文化精神已经走向衰落，已经被新的文化精神所取代，因此，它不应当再继续作为中国的现代化或社会发展的价值目标，中国的社会发展或者应当寄希望于中国传统文化精神的复兴，或者应当直接同后工业文明的文化精神接轨。第三种我们可以称为文化综合创新的倾向。随着全球化背景中各种文化价值和文化资源的碰撞和交汇，随着中国经济实力的增强和文化影响力的提升，很多人开始用一种更加自信和包容的心态对待多样性的文化价值观念和精神资源，从而整合出一种新的文化精神。（《中国新文化精神的价值定位》）

——衣俊卿《文化哲学十五讲》（北京大学出版社，2015）

附录：能力练习与课后思考题

1. 什么是课堂组织技艺？它的本质是什么？
2. 如何提高教师的课堂组织技艺？
3. 课堂组织技艺对语文教学有怎样的功能与效用？
4. 就《祝福》中"祥林嫂是怎么死的？"设计一份教学思路。

推荐阅读书目

[1]［美］艾布拉姆斯. 镜与灯：浪漫主义文论及批评传统［M］. 北京：北京大学出版社，1989.

[2] 童庆炳，陶东风. 文学经典的建构、解构和重构［M］. 北京：北京大学出版社，2007.

[3] 童庆炳. 童庆炳文集［M］. 北京：北京师范大学出版社，2016.

[4] 余映潮. 致语文教师［M］. 上海：华东师范大学出版社，2013.

[5] 张文质. 教育是慢的艺术［M］. 上海：华东师范大学出版社，2008.

[6] 李泽厚. 中国古代思想史论［M］. 北京：生活·读书·新知三联书店，2017.

[7] 程少堂. 程少堂讲语文［M］. 北京：语文出版社，2007.

[8] 李镇西. 与青春同行［M］. 北京：高等教育出版社，2005.

[9] 魏书生. 好学生好学法［M］. 南京：译林出版社，2013.

［10］林高明. 核心素养与课堂教学 ［M］. 福州：福建教育出版社，2018.

［11］孙绍振. 名作细读：微观分析个案研究 ［M］. 上海：上海教育出版社，2009.

［12］朱永新，高万祥. 教师第一课 ［M］. 福州：福建教育出版社，2013.

［13］蔡林森. 教学革命：蔡林森与先学后教 ［M］. 北京：首都师范大学出版社，2011.

［14］钟启泉，崔允漷. 核心素养与教学改革 ［M］. 上海：华东师范大学出版社，2017.

［15］钟启泉，崔允漷. 核心素养研究 ［M］. 上海：华东师范大学出版社，2018.

［16］魏本亚，步进. 语文课堂教学反思 ［M］. 上海：华东师范大学出版社，2014.

第四讲

语文名师课堂提问技艺

随着语文教育教学改革的深入，课堂教学越来越强调师生的相互作用，特别是生生的互动，对课堂提问的技艺要求越来越高，所以必须予以高度重视和深入研究。研究语文教学名师的教学案例、提炼分析其提问艺术、探究其提问的基本规律，不惜为师范生和新入职的教师提升自己语文课堂教学提问技艺的重要渠道，也是在职语文教师专业化发展的重要手段。

第一节　技艺概述

心理学研究表明：中学生的注意力集中一次，只能维持30分钟左右，而且多次连续维持以后，维持时间也会渐渐缩短。在课堂教学过程中，随着时间的推移，学生的大脑肯定会出现一些阶段性疲劳，因而形成一段思维"低谷"，这种低谷常常出现在某个学习时间单元的中间阶段。英国心理学家布赞就曾建议学习单元要尽量地短，以防止思维效率降低的中间阶段（即思维低谷）太长。每堂课时间都是固定的，怎样处理好思维低谷，在固定的时间里尽可能地提高学习效率，这是每个教师都会遇到的问题。而精心设计问题不失为解决这一难题的一条捷径。

语文核心素养要想真正在具体的文本中得到落实，必须有赖于语文教师的课堂教学，实现现实转换。即需要广大语文教师发挥聪明才智，进行创造性、审美性的语文实践活动，才能落到实处，否则再好的语文课程标准也只能是一纸空文，文本还是文本。无数语文教学名师的语文教学实践证明转化文本最有效的方式之一，就是能很快集中学生注意力、激发学生学习兴趣、引发学生思维的提问法。

但在提问法具体运用中，因为问题的切入点、难易度、提问的时机等把握与学生的认知水平、心智需求、情感需要等对不上节奏，绝大多数语文课堂未能如愿弹出美妙的旋律，还面临着学生被问得低下头不敢看老师的"尴尬"，出现全班同学齐声喊出"是""不是"的虚假繁荣。新的语文课程标准突出以育人为本，以学生发展为本，重视培养学生的良好个性和健全人格，再一次明确学生是学习的主体，强调关注学生的个体差异和不同的学习需求，这些体现了时代发展对语文教育的崭新要求，急需语文教师在课堂教学中关注学生的个性差异，因材施"问"，鼓励发问，允许学生发表不同看法，把单一的"聆听"变成全方位的"思考"，使学生真正成为课堂学习的主人，这正是研究和探讨课堂提问技艺的价值所在。

一、课堂提问技艺的内涵与外延

（一）课堂提问技艺的内涵

课堂提问从字面上来看，就是指教师在课堂上的"问"和学生的"答"，这是第一层含义。鼓励学生质疑问难、搭建师生之间平等交流和沟通的桥梁，教师通过"问"把教师的"教"和学生的"学"统一起来，这是第二层含义。通过"问"的形式的变化和与"问"密切相关评价的适切介入，调动学生的学习积极性，把他们自己所思、困惑或者似懂非懂的问题主动提出来，达到"教"是为了"学"、"教是为了不需要教"的理想教学境界，进而提高课堂教学的效率，这是第三层含义。如何把第三层含义发掘出来，成为引领课堂教学的航标，鉴于对话技艺和组织技艺有专门研究，本讲将侧重探究教师设计问题的技艺。

（二）课堂提问技艺的外延

广义地说，语文课堂提问技艺是语文教师在课堂上综合运用各种知识和技能，根据学生认知水平、已有体验提出的能集中学生注意力、激发学生学习兴趣、启发学生思维、开发学生智力等具有审美性、创造性劳动的集中表现。既是语文教师进行语文教学必备的基本技能，又是调控教学过程、促进有效教学的艺术表现形式，贯穿语文课堂教学的全过程。

二、语文课堂提问技艺的概念与问题类型

提问也叫答问，在课堂教学中它是以师生的对话形式进行教学的一种方式。语文课堂提问技艺就是指语文教师在课堂教学过程中综合运用各种知识和技能，提出的具有审美性、创造性，激发学生学习积极性的"诱饵"。

作为一种教学方法，提问法在普遍流行和一般运用方面仅次于讲述法，也是一种有代表性的方法，要想使其成为激发学生学习主动性的有效方法，必须超越传统意义上的"问"与"答"，由一般的技能上升到"技艺"高度。为使

提问达到"语言建构与运用""思维发展与提升""审美鉴赏与创造""文化传承与理解"语文学科核心素养的教学要求，教师应该充分认识到学生在认知和理解程度上存在着差异，并进而知道实现某一级水平应该提出什么样类型的问题。问题是多种多样的，在语文课里所提出的问题，一般可以分为如下五种类型：

1. 记忆性问题。这类问题的目的在于确定学生是否掌握了解事实性内容，让学生了解基本事实。它有两个特点，一是答案具体，二是答案只有一个。比如课文里写的是什么事件、它发生在什么时间和什么地点之类。这类问题是进行思考、做出判断的前提。

2. 描述性问题。这类问题要求学生整理事实性材料，进而做具体描述。它已经不限于回忆，而是在回忆基础上具体处理材料，呈现出事件或现象的特征。如课文里写的事件情况是怎样的之类。如《散步》中"我"对妈妈和儿子对待路的选择的态度分别是怎样的？

3. 说明性问题。这类问题要求说明事件发生、发展的理由。它不仅要求记忆和组织材料，而且要寻找出事件或现象的内部联系。比如，为什么会发生这件事？是什么原因使事情那样发展？这类问题的答案可能不止一个、两个，有利于创造性、发散性思维力的培养。如《走一步，再走一步》中的"我"为什么要去"冒险"，又是如何"脱险"的？

4. 思考判断性问题。这类问题要求学生在两个或两个以上的答案中做出判断，选择正确的、恰当的结论。利于培养学生善于凭借已有的知识分辨事物性质和是非的能力。肖培东老师在教《老王》一课时，抓住文章最后一句话："那是一个幸运的人对一个不幸者的愧怍。"杨绛在愧怍什么？肖老师开始引导学生挖掘"愧怍"这一关键词背后潜藏的空白。从"对老王的愧疚""感情的亏欠"到"赎罪""忏悔"，在学习中学生对"愧怍"一词的挖掘越来越深，对文章主题的解读和感悟也就越来越有深度了。如关于某篇课文的主题有多种看法，你持什么态度？理由是什么？

5. 生成创新性问题。"雨课堂"开启了"智慧教学时代"，其"学堂在线"的"实时答题""质疑问难弹幕""数据分析"等功能能及时呈现学生的学习状态，教师可以根据学生的"愤悱"点，因势精心设计指向教学目标、教学重点、学生理解的难点、思考的转折点的问题，或唤醒学生的已知、或触发学生新的认知、或增强学生的审美体验、或提升学生的思维品质等，让学生在"生生互动"中理解新知、形成能力、发展智力、陶冶性情、激发潜能。

三、提问技艺的运用要点

怎样才能使提问法的长处得到充分发挥，短处减少到最低限度呢？主要看教师如何根据学生情况和教材内容创造性地提出有利于激发学生学习兴趣、活跃学生思维、培养学生能力的问题来。这样，教师的"问"应符合如下一些要求：

1. 提出的问题，应该有探究价值。教师设计教学时，要在深入钻研教材的前提下，围绕本节课的重点、难点和学生学习的疑点，设计关键性的提问。教师高质量的提问能引导学生思路趋向合理而有意义。问题中，通常要包括思考题和记忆题两大类。思考题中，还要顾及问答题、讨论题和研究题。记忆题中，也要顾及选字用词、造句谋篇、取材立意等各个方面，以利多方面培养学生的语文能力。

2. 问题宜大小得当，多少适量，难易适中。所提问题既不能太难，也不能太易，要针对学生的具体情况，符合学生的认识水平和实际能力。问题太难会导致学生不能把握要点，不能调动学生思考的积极性，让学生感到高不可攀，挫伤了学习积极性。所以设计的问题必须使学生经过努力才能做出正确反应，即"跳起来能摘到桃子"。当学生思维受阻，回答不上来或者回答不完整时，教师可以通过转问、反问、追问等方式分解难度、适时点拨。如"从哪里知道？为什么，要讲理由。你是怎么想的？这说明了什么？表现在什么地方？"这样的提问既能引导学生细读课文，又能培养学生的思维能力。

3. 要以思考性提问为主。凡是好的问题，都要能够激励学生发挥才智，为了做到这一点，所提的问题必须能够促使学生思考。那些只求重复书中某些事实以做回答的问题，虽然也有其必要性，但不如思考性问题那样能激发学生的思考。记忆性提问是必要的，它能促使学生记忆基础知识和基本事实。课文的基本内容（或故事梗概）、作家知识、作品的时代背景知识、阅读和写作知识、诗词、散文（包括论文）的全部或片段，以及小说的片段等，都是需要记忆的，也需要以提问形式促进记忆，检查记忆。但提问主要应该是思考性提问，它能促进学生自己判断和推理，它可引导学生把握事物的特征，发现事物间的联系，进而做出比较和评价。思考题可以包括：选择思考题、比较思考题、因果思考题、辨认思考题、评价性思考题、解释性思考题等。比如教《一件小事》提出的思考题中，就要包括：写"一件小事"为什么要从"国家大事"写起？（因果思考题）；"在第一层里哪些是详写，哪些是略写？"（辨认思考题）；"我"和车夫对待老女人的态度有何不同？（比较性思考题）；表现了车夫什么样的思想品质？（解释性思考题）；你怎样认识这篇小说的思想和表达技巧（评价性思考题）……

4. 应把握好提问的时机，以口头提问为主，书面提问为辅。孔子曰："不愤不启，不悱不发。"① 教师要善于了解学生的疑难，掌握时机，及时解答。当学生具备了"愤悱"状态，要想求知又不能立刻"知"之时，就要及时进行提问，帮助学生解决疑难问题。因为课堂时间有限，提问应以口头为主，以便及时调控教学过程，同时还要辅以书面提问，以提高学生思维的深刻性。

5. 提出的问题应该是连接的、一贯的，形成问题群。要做到在问答的过程中，学生的思想既不凌乱，又不中断，教师就要避免把一篇课文的结构拆成细节，就要避免孤立地提出问题，而要仔细思考提问内容和提问过程，使之系统化、序列化。

6. 要使所有学生都有被问到的机会，并鼓励学生自己积极发问。为了适应不同水平的学生，使他们都能在自身的学习基础上有所进步，提问就要考虑到差别，提出深浅各异的问题，提升每个学生答问的信心。对学生的提问，一要给予全面评价，二要鼓励多于批评，教师还要鼓励学生质疑问难，达到预设与生成的和谐统一。

7. 要给学生留一定的思考时间。教师提问后要让学生有准备的时间，即教师提出问题后要停顿，让学生有思考时间，以期达到调动全体学生积极思考的目的。所以问题设计要有启发性，要从具体到抽象，从感性到理性，由浅入深，循序渐进，有利于学生思维能力的培养。

8. 教师的语言要简明，态度要亲切。教师的态度直接影响学生的回答，提问和评价应表现出亲切信任的态度，创造教师善导，学生敏思、深思、领悟的良性学习环境。

四、提问技艺应遵循的原则

在具体的课堂教学中常常出现这样的情况：有时教师提出的问题，学生会答但不愿答，或者一哄而起"是""不是"，原因是问题太简单，激不起学生的求知欲；有时教师提出问题后，学生的目光不敢正视教师，担心教师问到自己，或者个别学生积极，大多数学生茫然，原因是问题偏难；有时教师提出问题后，大家七嘴八舌，一发而不可收拾，这说明问题的目的性、针对性不强；等等。为了避免这些问题，教师提问决不能随心所欲，想问就问，而是要遵循一定的

① 杨伯峻. 论语译注·述而 [M]. 北京：中华书局，1980：68

原则来精心设计问题。

（一）目的性和培养性相统一

中国有句古话："凡事预则立，不预则废。"意思是说，不管做什么事，如果事先有个打算，就能取得好的结果，反之，就可能失败。问题设计也是这样，如果老师课前不能从学生的实际和课文的目的、要求出发，精心准备问题，那么，这种教学就是一种盲目被动的低级活动，决不会取得好的效果。同时，语文教学的终极目标就是开拓学生的视野，发展学生的智力，培养学生观察、想象、理解、表达等能力，所以教师在设计问题时一定要做到目的性和培养性相统一。全国著名特级教师魏书生在这方面的经验值得借鉴，他把培养学生的自学能力和自我教育能力作为教学的主要任务来抓，于是在他的课堂上出现了"快速阅读复述主要内容，精心研读释词义，查阅工具书正生字，大家动口表己见，大家动脑理结构、阐中心、找特点，大家动手自测自结"的教学氛围，学生在这样的学习过程中，无形中培养了听、说、读、写、思的习惯，而这种习惯的养成又使各种语文能力通过不断循环往复的训练得到加强，所以他曾带的班级学生虽是盘锦市三类学校的普通生，升学率却名列第一，而且届届如此。魏老师成功的秘诀就是紧紧围绕全面发展这个目标，用科学和民主的思想培养，形成了学生自我教育能力和自学能力。

（二）系统性和渐进性相统一

在语文课堂教学中，教学内容、教师、学生组成了一个动态平衡系统，在该系统中，教师起主导作用，教师可以根据学生思维发展的规律和学生已有知识与将学知识间的联系，设计出能唤起已知、激发求知的问题来，使新旧知识互相渗透，使所学知识系统深化。同时，教材又是一个相对完整有序、螺旋上升的逻辑系统，所以教师还要按照教学的逻辑规律以及学生认识思维规律设计问题，体现循序渐进的原则，"先其易者，后其节目"①（《礼记·学记》），不断激发学生答问的兴趣，达到"相说以解"的目的。一位教师在讲《涉江》一课时，针对课文如何表现了屈原忧愤心情和崇高志向这个难度较大、学生很难一下子回答上来的中心问题时，就把中心问题分解成几个相互联系的小问题提问：a. 屈原涉江远行的原因是什么？b. 屈原涉江流放的心情怎样？c. 屈原在涉江途中碰到了哪些困难？d. 屈原涉江流放中产生了哪些愤慨？e. 屈原对涉江流放抱什么态度？通过上述层层问答，中心问题迎刃而解，这种由局部到整体、由易到难、由简单到复杂的提问方法正体现了系统性和渐进性相统一的原则。

---

① 陈澔注. 礼记·学记［M］. 上海：上海古籍出版社，1987：202.

（三）启发性和针对性相统一

"因材施教"，这是我国古代教育家孔子对长期的教学实践的经验总结。他在施教过程中注重对学生的性格、才能、志趣和特长的了解，对不同学生有不同的要求，对不同学生提出的同一问题常有不同的回答，充分体现了启发性与针对性相统一的原则。有一次，子路问："闻斯行诸?"子曰："有父兄在，如之何其闻斯行之?"冉有问："闻斯行诸?"子曰："闻斯行之。"公西华曰："由也问'闻斯行诸'，子曰'有父兄在'；求也问'闻斯行诸'，子曰'闻斯行之'。赤也惑，敢问。"子曰："求也退，故进之；由也兼人，故退之。"①（意思是说，子路胆大好胜，所以我要压阻也；冉求平时遇事退缩，所以我给他壮胆。）孔子这种针对不同学生的特点因材施教的经验历来为教育家们所重视，并不断地发扬光大。运用启发性与针对性相统一的原则来设计问题，既能满足各层次学生心理要求，又能把学生置于"愤悱"的意境中，激起学生思维的火花和求知的需要，使学生抱着解决问题的态度主动地参与到教学活动中来，使各层次学生的思维能力、理解能力和表达能力都得到提高。

（四）科学性和灵活性相统一

语文教学既是科学，又是艺术，我们平常所说的"教学有法，教无定法"就是对语文教学中科学性和艺术性的高度概括。语文教学有一定的规律可循，这是它科学性的一面，但它又是个人技巧很强的活动，带有很强的个性色彩，同一教学内容由于"教"与"学"相关因素发生变化，就会出现不同的教学结果。问题设计也是如此。教师在设计时既要遵循语文教学的内在规律和学生的思维规律精心设计问题，还要根据课堂中随时变化了的情况，捕捉学生思维活动所呈现出来的端倪，灵活设问。钱梦龙教师在上《故乡》一课时，发现学生在理解"我"和"闰土"的关系时有不解的地方，就鼓励学生大胆质疑。学生问："我"很想见闰土，为什么闰土来了，"我"并不感到高兴，有许多话要说，却吐不出来? 钱教师根据课文的交代，运用排中律否定了相容的选言肢，灵活设计了相反的问题："如果闰土一来，'我'就高兴万分，连珠炮似的向闰土提出许多问题，行吗?"学生马上就明白了自己没有把握住课文交代过的"我"的心情不好的心理状态。这一问题抓住了学生的思维"走势"，达到了以问代答、激发思维的好效果，这正是科学性和灵活性在提问技艺中的具体表现。

---

① 来可泓注译. 论语·先进［M］. 上海：中华书局，1996：142

第二节　案例分析

我国著名教育家陶行知说："发明千千万，起点是一问。禽兽不如人，过在不会问。智者问得巧，愚者问得笨。人力胜天工，只在每事问。"① 语文特级教师钱梦龙老师也认为："设计问题是教师的一项基本功。问题设计得好，能激活学生的思维，或引起认知冲突，从而提高学习兴趣。"② 如果教师能利用知识内在的结构、课文的特点、学生的思维规律，善于设疑，必将激起学生刨根问底的热情，激发学生的思维，启发学生的求知欲，使学生在紧张的思考、探索过程中获得知识形成能力，提高智能水平。所有教学名师都非常重视它，并利用它为自己的教学增光添彩。下面我们就以特级教师的典型教例片段为例，探究分析提问的技艺。

一、抓住关键，启发思维

"关键"在语文教学中的含义较广，在具体的课堂教学中：一是指理解课文内容和表现手法的关键处；二是指学生接受语文知识的疑点、难点和重点；三是指具有思维价值的细微处；四是指文章中看似矛盾处；五是容易引起联想、想象处。所以我们在设计问题时，既可以围绕课文的主题、文眼设计，又可以从课文巧妙的构思、线索、写法设计，还可以通过观察学生的学习状态启发学生质疑问难、共同设计等。下面是一组抓关键字设计的问题：

有位名师在执教《变色龙》时，抓住课文中的"变"字，设计了下面的问题：

1. 奥楚蔑洛夫的基本性格是什么？（学生大都能回答"善变"）2. 奥楚蔑洛夫"变"的主要特征是什么？（通过启发思考，学生归纳为两个特点："变得快"和"变得蠢"）3. 奥楚蔑洛夫的性格本质是什么？（在阅读课文，教师稍加引导后，学生归纳为"媚上欺下，玩法徇私的奴才本质"）4. 是什么原因促使奥楚蔑洛夫的性格一变再变？（学生很快就答出，是由于将军的威势）

点评：这组问题围绕"变"这个关键字，步步引导，层层设问，引导学生逐渐深入课文、体会课文的重点，使学生不仅看到了"变色龙"的性格特征，

① 陶行知. 行知诗歌集·每事问［M］. 北京：生活·读书·新知三联书店，1981：12.
② 钱梦龙. 我这样上语文课［J］. 课程·教材·教法，2016（3）：16

而且进一步认识到了作者刻画这一典型形象的典型意义——揭露反动统治阶级腐朽的精神实质。

王君教师在执教人教版八年级上册第二十五课《杜甫诗三首》中的《望岳》和《春望》时，针对标题中都有一"望"字，设计了如下问题：

1. 老师想把标题"望岳"换作"看岳"，可以吗？2. 你通过《望岳》，望到了一个什么样的杜甫呢？3. 望岳是"望"，春望也是"望"，但望春之心境和望岳之心境却有天差地别，请扣紧最能打动你的词语作析。4. 既然诗人眼中的春天是凄凉的，那么在文题中用"望"，是否辜负了该词的美？5. 从《春望》中，我们又望到了一个什么样的杜甫，甚至还望到了一些别的什么呢？①

点评：这五问紧扣"望"字，一步步推进课堂教学。在这五问的推进中，教师不断调动学生原有的审美体验，使学生对诗歌的鉴赏不是停留在诗歌本身情感表达，而是从"望"字背后深层次地去感受杜甫的悲悯情怀。通过这五问学生的审美情感受到激发，审美能力也一步步得到培养。

二、立足实际，因材设问

这里所说的"实际"主要指教材实际和学生学习、生活实际，由于教材不同、学生年龄、性别有异，心理品质、思维方式不同，再加上家庭、社会等不同环境的影响，给教师教学提出了必须因材施教的问题。在具体的问题设计中，也要注意因材施教的问题。我国古代教育家孔子在这方面做出了突出的贡献，他经常鼓励学生多疑善问，而对于他们所提出的问题，从不采取千篇一律的问答方式，即使回答不同学生所提出的同一问题也莫不如此。例如，在学生了解关于"仁"的问题时，孔子是这样做的。颜渊问"仁"，"子曰：克己复礼为仁，一日克己复礼，天下归仁焉。为人由己，而由人乎哉?"② 仲弓问"仁"，则曰："出门如见大宾，使民如承大祭。己所不欲，勿施于人。在邦无怨，在家无怨。"③ "司马牛问仁，子曰：'仁者，其言也讱。'"④ 樊迟问仁，则曰"爱人"。⑤ 这种因人而异阐释词义的方法在"问礼""问教""问政""问知""问士""问君子"中都被广泛运用。

面对语文实际教学"课型"混乱的局面，比较常见的是把"自读"上成了

---

① 王君. 教育与幸福生活［M］. 福建：福建教育出版社，2005：92.
② 来可泓注译. 论语·颜渊［M］. 上海：中华书局，1996：148.
③ 来可泓注译. 论语·颜渊［M］. 上海：中华书局，1996：149.
④ 来可泓注译. 论语·颜渊［M］. 上海：中华书局，1996：149.
⑤ 来可泓注译. 论语·颜渊［M］. 上海：中华书局，1996：159

"教读"课。肖培东老师在执教《一棵小桃树》时则紧贴"自读""教读"课的特点，设计了如下提问：

1. 自读这篇文章，你读出了什么？2. 旁批一共几个问题？哪个问题你能回答？3. 旁批中哪里告诉我们阅读这类散文的方法？4. 是什么使"我"遗忘了小桃树？

点评：这堂课的关键点就是创造性地运用了"旁批"。"旁批"是编者与文本及学生的对话，是编者对教学的期望。在教学中，肖老师通过提问积极引导学生大胆借助"旁批"进行学习。前两个问题指向学生的学情，尤其是第二个问题的设计，最能体现自读课型中鼓励学生自主学习的特点，通过第一和第二个旁批介绍了阅读这类散文的方法，为重点品读和解决第三个旁批（"是什么使我遗忘了小桃树"）做了准备，同时也对学生自学方法进行了"点拨"。学生运用所学方法反复品读重复出现的"词"，读"没出息"，读本课的重要写作手法——"托物言志"，通过这四个问题真正把自读课上成了教师通过"旁批"这一媒介指导下的学生"自读"课，课程特征非常典型。

三、温故知新，举一反三

教材中有的课文内容较难，学生一时不好把握，教师就要善于从学生已知中搜寻与课文有关的知识提出铺垫性的问题，既唤起了学生的已知，又解决了未知，进而达到举一反三的效果。魏书生老师的经验尤为丰富，他在讲《梁生宝买稻种》一课时，为了讲细节描写这一手法，首先采用实际演示的方法，通过提问、演示，让学生比较直观地体会到了细节描写的作用，接着又通过《范进中举》《红岩》中的细节描写的对比，让学生加深了理解，最后还当堂出题让学生练习，将知识转变成了实际写作的能力。如一名师在执教《茶花赋》时，针对学生对"托物言志"这一表现手法不易理解的问题，设计了这样的提问：

同学们，在《香山红叶》中，作者杨朔借红叶塑造了人老心红的老向导形象，在《荔枝蜜》中借蜜蜂酿蜜赞美辛勤劳动的农民，这是一种什么手法？（学生回答"托物言志"）那么，在《茶花赋》里，作者又运用什么方法赋予"茶花"特有的象征意义呢？

点评：通过这一系列的发问，学生不仅能举一反三，加深了对杨朔散文总的特点的认识，而且对"托物言志"这一表现手法有了更加深刻的理解。

四、巧设悬念，诱发动机

巧设悬念关键在"巧"字，教师如果能利用与课文有关的知识，恰到好处地卖个关子，不仅能集中学生的注意力，还能使学生产生渴望、追求的心理状态，诱发求知的兴趣。

于漪老师在教《七根火柴》时，创设了这样的问题：

火柴，我们生活中天天用到，看起来是那么微不足道的。可是，你们可曾想过：在艰苦的革命战争年代里，在红军行经荒无人烟的草地时，就是这小小的火柴，发出多少热，放出多少光，它具有怎样的价值和意义？①

点评：这样运用对比的方法设计悬念，既教给了学生辩证地认识事物的方法，又诱发了学生的学习动机。

于漪老师在执教《孔乙己》时设计了如下一组问题：

凡读过鲁迅小说的人，几乎没有不知道《孔乙己》的。凡读过《孔乙己》的人，无不在心中留下孔乙己这个遭到社会凉薄的苦人儿的形象。鲁迅先生自己也说过，在他创作的短篇小说中，最喜欢《孔乙己》。他为什么最喜欢《孔乙己》呢？孔乙己究竟是一个怎样的艺术形象？鲁迅先生是怎样运用鬼斧神工之笔来精心塑造这个形象的？学习本文之后就可得到明确的回答。过去有人说，古希腊索福克勒斯的悲剧是命运的悲剧，莎士比亚的悲剧是主人公性格的悲剧，而易卜生的悲剧是社会问题的悲剧，从某种意义上说，是有道理的。那么，孔乙己的悲剧是什么样的悲剧呢？悲剧，往往令人泪下，然而，读了孔乙己的悲剧，眼泪常向肚里流，心里有隐隐作痛之感。这又是为什么呢？学习之后，我们可得到回答。②

点评：这组问题连续制造了两个悬念，学生注意力立即凝聚，迫切想去了解鲁迅先生自己最喜欢的孔乙己"究竟是一个怎样的艺术形象"，同时激发其深入进去探个究竟的学习积极性，进而沉浸到这篇情深、意深、含蓄、深沉的文本之中。

五、展示矛盾，启智导学

教师要善于利用课文中的矛盾关系，提出令人深思的问题，集中学生的注意力，引导他们钻研课文，深入思考，提高学生辩证思维的能力。钱梦龙认为："能否利用矛盾，是问题有没有启发性的关键。矛盾是打开学生思维之门的钥

---

① 上海教育学院中文系. 于漪教案选：特级教师教案选（一）[M]. 上海：上海教育出版社，1984：6.

② 上海教育学院中文系. 于漪教案选：特级教师教案选（一）[M]. 上海：上海教育出版社，1984：98.

匙，有矛盾才能激发学生思考的兴趣。"① 所以他喜欢从矛盾处入手，从相反的方向发问，引起学生思考，从而发现事物的本质。

钱梦龙试教《愚公移山》时问道：

有人说这个故事到最后还是靠神仙的力量把两座山搬走的，这样看来，愚公到底是无能的，你们同意这个观点吗？

还有一位名师执教《威尼斯商人》时，为了让学生认识夏洛克极端贪婪的性格，向学生提出：

贪婪成性的夏洛克，为什么不要数倍于他借款的还款，而要'一磅肉'呢？这样写与他的性格有没有矛盾？

点评：这种直接把矛盾展示给学生，让他们利用相关知识去比较、分析、辨别的教学方法，能使学生更深刻地理解作品的主题和作者塑造的人物性格，极大地激发了学生探究、创造的热情。

六、巧设插曲，激发兴趣

"兴趣是最好的老师"，在学生的思维比较迟钝或注意力不集中时，适当插入一些与课文有关的话题或小故事，能很快激起学生的学习兴趣，集中注意力，特别是一些有争议的人物或事件的引入更能活跃学生的思维。钱梦龙老师在执教《石壕吏》时，看到学生的神情有点松弛，注意力不够集中，就插入了这样一个问题：

有人认为《石壕吏》不是一首好诗，因为诗人杜甫在这首诗里始终是一个冷漠的旁观者，没有出来表过态，你们同意这个观点吗？问题提出后，学生精神焕发，读得十分认真，读后课堂讨论气氛极为热烈。

点评：这种挑起矛盾的"逆问"法，既符合学生乐于挑战的心理特点，又能使文本得以细读，结论得以强化，学生的思维品质得以提升。

七、难易适度，问题精新

所设问题，如果学生轻易就能回答，不但不能促进学生的思维发展，而且还会抑制学生的求知欲；如果太难，又会使学生丧失答问的信心和勇气，以致造成"被问住"的沉闷气氛。因此，我们设计问题必须根据学生的"最近发展区"和学生的答问心理来设计，做到难易适度，问题精新，使他们在教师启发下能尝到"跳起来能摘到桃子"的滋味。钱梦龙教师在执教《捕蛇者说》时抓

---

① 许书明. 钱梦龙充满智慧的"问答"艺术［J］. 中学语文，2013（10）.

住课文的特点，精心设计了这样三个问题：

1. 既然永州的蛇其毒无比，永州人为什么还要争相捕蛇呢？2. 蒋氏捕蛇，三代遭难，为什么还不愿"更役"而"复赋"？3. 从永州人捕蛇的悲惨遭遇中，可以看到当时怎样的社会现实？

点评：这三问角度新、内容精，承前启后，环环紧扣，步步深入，把学生置于紧张的思维状态中，一层深入一层地理解课文，从而水到渠成地理解了课文"赋敛之毒有甚是蛇"的结论。

八、比较分析，引向纵深

比较，是人们认识客观事物的思维过程和辨别真伪的方法，人们往往通过比较研究而获得新的认识，形成新的观念，或者做出正确的判断，形成新的理论。比较法用于语文教学，是非常普遍，也颇见成效的。运用比较法来设计问题，会增强学生的阅读理解能力和求异思维能力，这方面的成功事例是非常多的。

有位名师在试教《荷花淀》"你走，我不拦你。家里怎么办？"这句话时，设计了这样一个问题："将'我不拦你'后面的句号改为逗号，行不行？"经过思考后，学生回答说"不行"。教师进一步设问："为什么？"学生答道："这里用句号表明水生嫂对丈夫参军作战是深明大义、坚决支持的。在这一前提下，摆出了家中可能出现的困难，也是合情合理的。如果将句号改为逗号，语言的重心后移了，那水生嫂就成了一个扯男人后腿的人了。这与课文中水生嫂的形象也是相抵触的。"

点评：这组问题设计把握了语文学科的特点，寓思想教育于语文教育之中，通过比较引导，对学生进行自然而然的渗透，达到了隐而不露的境界。

九、迂回设问，循循善诱

心理学研究证明，越是花费心力的东西，往往记得越牢，因此若运用"曲问"，让学生转个弯，经过思考才能回答问题，不仅能使学生记得更牢固，而且还能锻炼学生的思维能力。钱梦龙老师在执教《愚公移山》时，设计了下面一组小问题帮助学生理解和积累文言字词：

师：这篇寓言共写了几个人？我们先来把他们列出来，大家一起说，我来写，好不好？

（学生们纷纷提出，黑板上最后出现了一个个人物：愚公、其妻、其子孙、遗男、智叟。）

师：我们先来熟悉一下这些人物。大家说说看，这个老愚公多大年纪了？

（学生纷纷答，有人说"90岁"，有人说"90不到"。）

师：到底是90，还是90不到？

生：（齐）不到。

师：不到？从哪里知道？

生："年且九十"，有个"且"字。

师："且"，对！有的同学看书仔细，有的同学就有些粗心。那么，那个智叟是年轻人吗？

生：（齐）老头。

师：怎么知道？

生：（齐）"叟"字呀！

师：啊，很好。愚公和智叟都是老头子。那么，那个遗男有几岁了？

生：七八岁。

师：你又是怎么知道的？

生：从"龀"字知道。

师：噢，这个字很难写，你上黑板写写看。（生板书）写得很好。"龀"是什么意思？

生：换牙。

师：对，换牙。你看这是什么偏旁？（生答：齿旁）孩子七八岁时开始换牙。同学们不但看得很仔细，而且都记住了。那么，这个年纪小小的孩子跟老愚公一起去移山，他爸爸肯让他去吗？（生一时不能回答，稍一思索，七嘴八舌地说："他没有爸爸！"）

师：你们怎么知道？

生：他是寡妇的儿子。"孀妻"就是寡妇。

师：对！遗男是什么意思？

生：（齐）孤儿。

师：对了！这个孩子死了爸爸，只有妈妈。你们看书的确很仔细！①

点评：这样不直接讲"且""叟""龀""遗男"和"孀妻"，而是通过"拐个弯"发问，一步步启发、诱导学生寻找答案，一方面加深了学生对"且""叟""龀""遗男"和"孀妻"字词的理解，另一方面又活跃了课堂气氛。钱老师称这种拐个弯的问法为"曲问"，并认为："直问"者，死问也，启发性不

---

① 钱梦龙. 钱梦龙经典课例品读［M］. 上海：华东师范大学出版社，2014：218-219.

强；"曲问"者，活问也。这种迂回设问的"曲问"法，不仅适宜通常情况下的课堂教学，而且在学生思维受阻的情况下使用具有特别重要的意义。

十、因势设问，寻根问底

每一堂课就是一种具体的情境，那么，教师在教学中如何化消极因素为积极因素、优化课堂教学情境呢？除了眼观六路、耳听八方，及时捕捉每一反馈信息，用自己的情和课文的意把学生置于特定的情境中外，还应抓住时机、寻根问底，去激发学生的好奇心和积极性，使教学进入"教"与"学"的最佳境界。钱梦龙老师在执教《死海不死》时，提问学生什么是知识小品，点到一个学生，他站起来说不知道，钱梦龙没有因此让他坐下去，而是因势鼓励引导如下：

师：你说说看，这篇课文是说明文中的哪一种？

生：知识小品。

师：（问全班）他说得对不对？同意的请举手。（多数学生举手）你说对了。但什么是知识小品，你知道吗？

生：不知道。

师：知识小品有什么特点，知道吗？

生：不知道。

师：你都不知道？（生点头）那你怎么知道这篇课文是知识小品呢？

生：我是瞎蒙的。（笑）

师：不，你肯定不是瞎蒙的，你心里肯定有个关于知识小品的"样子"，而这篇课文正好符合你心里的这个"样子"。是这样吗？

生：我心里没有样子。

师：那你为什么不说它是产品说明书或别的什么说明性文体，而偏偏要说它是知识小品呢？你在说的时候心里肯定有过一些选择的，是不是？

生：是的。

师：好好想想，你在各种文体中选定知识小品，当时是怎么想的？

生：因为它是介绍关于死海的知识的，文章很短小……所以是知识小品。

师：说得对呀！知识小品就是介绍科学知识的；文章篇幅又很短小，所以叫"小品"。你看你说出了知识小品的一些重要特点，你明明知道，怎么说不知道呢？

生：这是我看了课文后临时想出来的。

师：这更了不起，说明你的思维很敏捷，很有判断力。我早说过你不是瞎蒙的嘛！①

　　评点：试想如果钱老师听到这个学生说不知道就让他坐下，那会给所有学生一个暗示，对于老师提的问题不思考也无妨，即使被问到，说不知道就行，这样一来，自然会降低学生参与的积极性。钱老师却紧紧拽住学生下意识说出的"知识小品"适时鼓励、引导，不仅让这位学生明白了何为知识小品，同时维护了他的自尊心，增强了他学习的自信，也提醒全班同学要积极思考。这样因势利导有利于培养学生深入探究的习惯和能力。

十一、鼓励质疑，追问拓思

　　没有质疑就不会有新的发现，质疑能力的培养可为学生终身受用。教学过程是师生互动、生生互动的多维动态过程，在教学中，教师要努力创造民主的气氛，鼓励学生大胆质疑，并逐步养成质疑的习惯，保持对知识强烈的好奇心和求知欲。钱梦龙可谓是这方面的典型代表。他经常在课前引导学生对即将学习的课文进行预习提问，然后根据学生的提问按主题进行分类来决定教学内容。比如他有一次在教《故乡》时，学生课前提了600多个问题，课中又不断地就自己感兴趣或者迷惑的地方进行质疑，钱老师则通过追问等方式引导学生自己解惑，激发了学生阅读和探究的兴趣。这是他在试教《故乡》时的一个片段：

　　生：鱼怎么会有青蛙似的两只脚呢？

　　师：是啊，鱼怎么会有两只脚呢？

　　师：什么鱼啊？

　　生：娃娃鱼。（笑）

　　师：啊，见多识广！我想跳鱼也有两只脚，你们看到过没有？

　　生：（齐）没有。

　　师：这说明什么问题？书上怎么说？

　　生：这说明闰土见多识广。

　　生：闰土的心里有无穷无尽的稀奇的事。②

　　评点：学生提出的"鱼怎么会有青蛙似的两只脚呢？"本是一个与课文内容毫不相关的问题，经钱老师这一追问，就转换成了学生进一步了解闰土这个人物的好机会，同时保护了学生提问的积极性，可谓"一箭双雕"。这种"变废为宝"能力正是教学技艺中的教学机智的具体体现，它来源于钱老师的教育教学

---

① 钱梦龙. 钱梦龙与导读艺术［M］. 北京：北京师范大学出版社，2018：278-279.
② 钱梦龙. 我这样上语文课［J］. 课程·教材·教法，2016（3）：17.

实践，更是"学生为主体"的典型表现，应成为广大语文教师的价值追求。

十二、连环顶针，问问成群

所谓"问题群"，就是针对某一教学主题，从不同角度设计并列或相近的多个问题，或是在某一教学过程中设计一系列问题。它是根据每一堂课的教学内容、教学目标、教学重难点，拟定有内在关联、逻辑性较强的"一系列问题"，并将为何设置这样的疑问、如何寻求解决问题的方法等贯穿课堂教学的始终，清晰地展示出"置疑—质疑—探究—释疑—反思—应用"的教学过程。"问题群"的组合，一般有两种方式：一种是按照一定的关系的横向组合，问题之间环环相扣；一种是按照一定的顺序的纵向组合，问题之间互相串联。① 旨在帮助学生更好地理解文章的主旨，促使教学目标的有效实现，提高课堂教学的有效性。在"问题群"的引导下，学生学会自主讨论和探究问题，自主归纳知识要点和规律，自主学习能力将不断得到提升。

下面是王学东老师执教《陋室铭》所设计的"问题群"：

第一组提问：

1. 粗读课文后，同学们对陋室总的印象如何？（陋室不陋）

2. "陋室"为什么"不陋"？（斯是陋室，惟吾德馨）

3. 这八个字中哪两个字最为关键？（德馨）

第二组提问：

4. 作者的"德馨"表现在何处？（"苔痕上阶绿"至"无案牍之劳形"五句）

5. （讲析"苔痕"两句的环境、两个用得好的动词、写景的顺序之后）到这里来的人多吗？（不多。从"苔痕上阶绿"可以看出）

6. 到陋室来的人不多，到底是些什么人呢？（鸿儒）

7. 作者为什么要写自己的朋友是些什么人呢？（写自己的朋友是博学之士、高雅之士，以显现自己"德馨"）

8. 朋友走了之后做些什么呢？（调素琴、阅金经）

9. 可以看出室主人的志趣如何？（高雅）

（教学中顺势板书：景、友、趣）

第三组提问：

---

① 陈敏．"问题群"设计的创新实践：以曹勇军老师的探索为例［J］．中学语文教学，2013（1）：35.

10. 作者明明在颂自己的陋室，为什么又写"诸葛庐""子云亭"？（以"庐""亭"比"陋室"，以"诸葛""子云"自比）

11. 作者自比"诸葛""子云"的目的何在？（表明作者想从政治上和文学上都干出一番事业）

12. 那么，可以看出作者是个什么样的人？（有远大抱负）

13. 由此看来，这一句在表意上是"蛇足"还是更进一层？（更进一层，是"德馨"的深化）

14. 全文结局照应了文中哪一句？（惟吾德馨）

（讲析中穿插诵读、背诵训练）

第四组提问：

15. 同学们能交流一下自己的座右铭吗？

16. 同学们愿意欣赏仿铭新作吗？①

评点：这个"问题群"中的第一组的提问意在"切入"，直指课文主旨；第二组提问意在"顺承"；第三组提问意在"深化"。第四组提问意在"引伸"。四组提问"起承转合"，一气呵成。十六个问题就像"成语接龙"似的一个衔着一个，有的铺垫，有的过渡，有的引思，有的活跃气氛，其中的"曲问""逆问"和"追问"形成一环套一环的逻辑链条，引领着学生深入课文后再走出课文，通过"欣赏仿铭"形成审美和表达能力，契合新课程倡导的自主、合作、探究的理念，让学生在解决一个个问题中绽放出思维的火花。

提问技艺是一种创造性的劳动，没有固定的模式。随着教材的变化，教学目标的要求不同，教学过程的深入发展，学生思维的发展，教师素质的不断提高，问题设计会更加丰富多彩，但万变不离其"宗"，这个"宗"就是设计问题要从学生认识事物的规律出发，即以善于提出问题—巧妙分析问题—科学解决问题为线索，掌握一定的方法和原则，与别的教学方法有机地结合起来，科学地服务于语文教学。

第三节　文献选读

君子之教，喻也。道而弗牵，强而弗抑，开而弗达，道而弗牵则和，强而

---

① 余映潮. 连环问 顶针问：《陋室铭》教例评析［J］. 中学语文：大语文论坛（下旬），1996（1）：20.

弗抑则易，开而弗达则思，和易以思，可谓善喻也。①

——节选自陈澔注《礼记·学记》

善问者如攻坚木：先其易者，后其节目；及其久也，相说以解。不善问者反此。善待问者如撞钟：叩之以小者则小鸣，叩之以大者则大鸣；待其从容，然后尽其声。不善答问者反此。此皆进学之道也。②

——节选自陈澔注《礼记·学记》

读书无疑者，需教有疑，有疑者，却要无疑，到这里方是长进。③

——节选自黎靖德《朱子语类》

在教一篇新课文之前，我一般总要问一问自己：我教的是一门什么课？为什么要教这门课？怎样教这门课？这样教对促进学生的发展有什么意义等。后来渐渐养成习惯，"课前自问"变成了一种自觉的意识，这大概就是所谓的课程意识。这种课程意识，看似很"虚"，其实关系到整个教学活动的走向，决定着教学的成败。走向不明，必然迷茫；走向错了，一切努力都是无用功。常听到已有多年教学经验的语文教师感慨：语文课越上越不会上了！为什么会有此反常现象？究其原因，多半是因为缺少课程意识。语文作为一门具体的课程，它在中小学设置的目的是什么？它自身的任务是什么？答案其实很简单，就是对学生进行本民族语的教育；具体些说，就是通过读、写、听、说的训练，培养学生正确理解和运用祖国语言文字的能力。这样为语文课程定向，就可以减除多年来强加给语文课程的许多"非语文"的额外负担，使语文课的教学目标变得比较单纯，不再"乱花迷眼"。或问：把语文课程的目标定位在民族共同语教育，是不是把语文课程的"教育功能"狭隘化了？是不是意味着语文课可以放弃思想教育和人文教育？回答是否定的。语文课不仅要进行思想、人文教育，而且必须比别的学科进行得更好、更有效；而且语文课只能通过"语文的"方式而不是说教、注入以及所谓"德育渗透"这类外加的方式对学生进行思想、人文教育。所谓"语文的"方式，就是学习语言（言语）的方式，也就是学生运用本民族语进行读、写、听、说实践活动的方式。以阅读为例，它是学生学习民族共同语的必由之路。在阅读过程中，学生通过对范文语言的诵读、品味、赏析，生成语感，积累语料，学习民族语丰富的表现力；与此同时，必然也受到范文语言所蕴含的思想、情感、情操的熏陶感染。文质兼美的范文的语言是

---

① 陈澔注．礼记·学记［M］．上海：上海古籍出版社，1987：201.
② 陈澔注．礼记·学记［M］．上海：上海古籍出版社，1987：202.
③ 黎靖德．朱子语类［M］．北京：中华书局，1985：186.

作家思想情感的载体，理解、品味范文的语言，从而进入文本深处，就是直接和作家对话，这比任何道德说教和思想灌输更能影响学生的心灵。因此，正是对民族共同语的学习，充分体现了语文课程熏陶感染、潜移默化、润物无声的教育功能。①

——节选自钱梦龙《我这样上语文课》

当学生提出了没有思考价值的幼稚问题，我当时想：如果轻易否定学生的问题，告诫他"以后不要提这种幼稚的问题"，肯定会打击这位提问的学生思考、质疑的积极性，并可能对其他学生造成一种心理暗示：不要随便提问。这对学生的主体意识是一种伤害。②

——节选自钱梦龙《我这样上语文课》

母语教育，工具和文学紧密结合在一起，文化有根，语言才有表现力。语言文字的生命力充分发挥的时候，一定是它的内涵、气质，它的"魂"在起作用。打动学生的不仅是形式，一定是形式与内容的结合体。一课一练最大的弊病就是魂脱离了体，失魂落魄。我不断在否定自己，如何能把问题一提出来就直指孩子的心灵呢？我教王愿坚的《七根火柴》，一开始设计了这样的问题：阐述作者是怎么进行语言描写和行动描写的？我用的是语文术语，对孩子不起作用，被我否定了。后来改变问题：这些语言描写反映了怎样的思想？这仍然在名词术语中游荡。我又改成：无名战士留在人间最后的话语和动作是什么？这些话语和动作显示了他怎样的性格？远边的天，远边的树，战友的手沉了下去。在一个句子里，又清晰又模糊，看上去是矛盾的，实际上，模糊是为战友的牺牲而流泪，清晰是指向了远方。它创造了这样一个场景，就像舞台灯光打在无名战士的身上，铸就了一个丰碑，这个丰碑不仅屹立在茫茫草原上，而且屹立在孩子心灵里。语言文字是有灵性的，文字不躺在纸上，它站起来与读者对话，为什么用这个词，为什么用这个结构，读者与作者交心。③

——节选自于漪《新时代语文教师的使命》

西方启发式教学的起源是古希腊哲学家和思想家苏格拉底（公元前469—前399年）推行的"产婆术"。苏格拉底本人没有留下任何文化著作，有关他的教育思想和活动的记录是从他的弟子柏拉图的记录中得到的。据载他喜欢与学生辩论，但从不给学生现成的答案，而是用反问和反驳的方法使学生在不知不觉中

① 钱梦龙. 我这样上语文课［J］. 课程·教材·教法，2016（3）：11.
② 钱梦龙. 我这样上语文课［J］. 课程·教材·教法，2016（3）：17.
③ 于漪. 新时代语文教师的使命［J］. 语文建设，2019（9）：79.

接受他的思想，在《理想国》中有大量关于苏格拉底与学生一问一答的记录，在对话中充分体现了他的教育方法，即"苏格拉底法"，又称"产婆术"。苏格拉底提出，人的知识和智慧存在于头脑中，教育者只能如助产士帮助产妇生子那样去启发和引导学生发现真理与获得知识，绝不能代替学生思考和学习。他曾说："我的母亲是个助产婆，我要追随她的脚步，我是个精神上的助产士，帮助别人产生他们自己的思想。"苏格拉底在研究哲学和教学的过程中，提出了著名的"苏格拉底问答法"，他把它称为"产婆术"。这种方法包括以下四个步骤：（1）讥讽：针对对方的发言不断追问，使对方认识到自己的无知。（2）助产术：帮助对方得出问题的答案。（3）归纳：将各种具体事物进行比较，找出具体事物中的一般共性。（4）定义：把具体事物重新归入一般概念，得出关于事物的一般定义。①

——节选自柏拉图《理想国》

"产婆术"作为苏格拉底首创的一种教学方法，深受他母亲职业的影响。苏格拉底将知识之获得比为婴儿之降生，在二者相互对应的情境里，产妇就是学生，助产士就是教师，产房就是教室，而婴孩就是观念。这种方法的产生还建立在他的"先天观念"说的基础之上。他认为，人一出生，就禀有观念，这些观念是天生的，并非后天才拥有。教师的教学，类似产婆将胎儿"引出"而已，产婆绝对无法"由外往内"地赐予产妇婴儿，却只能"由内往外"将婴儿接生下来。所以，苏格拉底认为教师的任务就是帮助学生"自己"重新"发现"早已存在的观念，或者"回忆"遗忘但未曾消失的记忆。②

——节选自林玉体《西方教育思想史》

获取知识——这就意味着发现真理、解答疑问。你要尽量使你的学生看到、感觉到、触摸到他们不懂的东西，使他们面前出现疑问。如果你能做到这一点，事情就成功了一半。

但要做到这一点并不那么简单。在备课的时候，你要从这样的角度对教材进行深思熟虑：找出因果联系正好在那里挂钩的、初看起来不易觉察的那些交接点，因为正是在这些地方会出现疑问。而疑问则能够激发求知的愿望。

怎样才能引导学生产生疑问呢？

要做到这一点，就必须知道哪些东西要讲，而哪些东西则留着不要讲完。没有讲完的东西，就好比是给学生的思维埋下一段"引火线"。在这里，没有任

---

① ［希腊］柏拉图. 理想国［M］. 郭斌，张竹明，译. 北京：商务印书馆，2002：13.

② 林玉体. 西方教育思想史［M］. 北京：九州出版社，2006：30.

何适用于一切场合的现成方案。一切都取决于具体教材的内容和学生现有的实际知识。同样的教材，在这个班里在这一点上不要讲完，而在另一个班里，却要在另一点上有所保留。

现在，譬如说，学生的思想里产生了疑问。于是我就进一步努力做到，从学生以前在生物课上、在阅读书籍的过程中以及在劳动过程中所掌握的知识的全部储备里，把解决面临的疑问所需要的那些知识都抽取出来。这种抽取已有的知识来解决疑问的办法，就是获取知识。在这里，不一定要把学生一个接一个地喊起来回答问题，听他们说些什么，然后从他们的零散的回答里凑成一个总的答案。这样的做法只能造成表面上的积极性，而不一定能调动每一个学生的真正的思维积极性；有些学生在回想和回答问题，而另一些只是在旁听。而我需要的是要使所有的学生都进行思考，进行紧张的脑力活动。因此我常常用这样的做法：一旦引起学生的疑问之后，我就自己来讲解教材，而不喊学生起来回答一些个别的、零碎的小问题。

为了使学生从思考中获取知识，教师必须对学生的知识有充分的了解。可能一个学生记住了所学的东西，而另一个学生却有所遗忘。在这种情况下，我就得充当学生脑力劳动的指导员，使每一个学生在听我的讲解时，都能按照他自己的路子，从意识的仓库里把所储存的东西抽取出来；而如果在意识的仓库里的某个地方正好是个空白，如果有些人的思路在某处断了线，那我就得补充讲解，填补这个空白，克服思路脱节的现象。但这一点也是需要有高度的技巧和艺术的。我努力寻找重复讲解已经学过的教材的最恰当的形式，以便使学得最好的学生也能从中发现某些新东西。凡是学生的知识并没有什么空白和脱节的地方，我就只加以简短的讲解。这里没有那种表面上的积极性，学生们虽然没有开口，没有回答问题，没有相互补充，但这是真正的获取知识。我想，这种获取知识的形式，可以称之为学生对自己思想的"回顾"，对自己的知识仓库的"清点"。①

——节选自（苏）苏霍姆林斯基《给教师的建议》

认识本身就是一个激发生动的、不可熄灭的兴趣的最令人赞叹、惊奇的奇异过程。自然界的万物，它们的关系和相互联系，运动和变化，人的思想，以及人所创造的一切——这些都是兴趣的取之不竭的源泉。但是，在一些情况下，这个源泉像潺潺的小溪，就在我们的眼前，你只要走近去看，在你面前就

---

① ［苏］B. A. 苏霍姆林斯基. 给教师的建议［M］. 杜殿坤，译. 北京：教育科学出版社，1984：25－27.

会展示一幅令人惊异的大自然的秘密的图画；而在另一些情况下，兴趣的源泉则藏在深处，你得去攀登、挖掘，才能发现它；而很常见的情况是，这个"攀登""挖掘"自然万物的实质及其因果联系的过程本身，就是兴趣的重要源泉。

如果你所追求的只是那种表面的、显而易见的刺激，以引起学生对学习和上课的兴趣，那你就永远不能培养起学生对脑力劳动的真正的热爱。你应当努力使学生自己去发现兴趣的源泉，让他们在这个发现过程中体验到自己的劳动和成就——这件事本身就是兴趣的最重要的源泉之一。离开了脑力劳动，就既谈不上学生的兴趣，也谈不上他们的注意力。

对知识的兴趣的第一个源泉、第一颗火星，就在于教师对上课时要讲的教材和要分析的事实所抱的态度。真理的知识在学生意识中的产生，来源于学生认识到各种事实和现象之间的那些接合点，认识到把各种事实和现象串联起来的那些线索。我在备课的时候，总是努力思考和理解那些接合点和线索，因为只有抓住这些思想的交接点，才能在认识周围世界的真理和规律性中揭示出某种新颖的、出人意料的东西。①

——节选自（苏）苏霍姆林斯基《给教师的建议》

请你努力去唤醒那些无动于衷的、态度冷淡的学生们的意识吧。一个人不可能对任何事物都不感兴趣。接近那种无动于衷的头脑的最可靠的途径就是思考。只有靠思考来唤醒思考。对于那些对知识和脑力劳动无动于衷、漠不关心的学生，每一位教师都应当把自己所有的"智力工具"拿出来试验一番。这里谈的已经不是竞赛，而是把一些人从智力的惰性里挽救出来的问题了。我们学校里有这样一条规矩：关于每一个对知识无动于衷、漠不关心的学生，我们都要在心理学研究会的会议上进行讨论。我们在思考，怎样才能找到人与自然界、人与知识相互作用的那个领域，以便在这个领域里用认识来鼓舞起他的精神。这里最主要的是，要使一个人终于有一天发现自己是知识的主宰者，使他体验到一种驾驭真理和规律性的心情。用认识来鼓舞起人的精神——这就是说，要使思想跟人的自尊感融合起来。通向这样一种精神状态的途径，就是知识要有现实性和积极性。我们认为，要唤醒那种无动于衷的学生，把他从智力的惰性状态中挽救出来，就是要使这个学生在某一件事情上把自己的知识显示出来，

---

① ［苏］B. A. 苏霍姆林斯基. 给教师的建议［M］. 杜殿坤，译. 北京：教育科学出版社，1984：57－58.

在智力活动中表现出自己和自己的人格。①

——节选自（苏）苏霍姆林斯基《给教师的建议》

爱因斯坦说过，我们体验到的一种最美好、最深刻的情感，就是探索奥秘的感觉；谁缺乏这种情感，他就丧失了在心灵的神圣的战栗中如痴如醉的能力，他就可以被人们认为是个死人。但是，我们还常常会看到那些被无力胜任的死扣功课的苦役折磨着的活死人。新闻记者在报道一个学校时，往往主要地是把教师的工作形式和工作方法描述一番。但是，关于学生的阅读这样一个对学校、家庭和学生本人来说都如此重要的问题，我却从未看到有谁提起过。对一个善于思考的学生来说，他在脑力劳动上所花费的时间，大约有三分之一是用在阅读教科书上，而三分之二是用在阅读非必修的书籍上面的，因为，说实在的，思考习惯的形成，在决定性的程度上是取决于非必修的阅读的。如果一个学生只读教科书，把全部时间都花费在准备必修课上去，那么学习对他来说就会变成不堪忍受的负担，并由此而产生许许多多的灾难……

让学生生活在思考的世界里——这才是应当在学生面前展示的生活中最美好的事物！也应当向教师指明这个方向。那么，怎样才能使思考的活动在学校里占据统治地位，怎样才能使思考、认识、发现、理解和求知的需要，成为一个人的最主要的精神需要呢？

这里就需要使用教师的智慧。在每一个年轻的心灵里，都存放着求知好学、渴望知识的火药，只有教师的思想才有可能去点燃它。学生生活在思考的世界里——这就是教师点燃起来的勤学好问、渴求知识的火焰。只有教师才有可能向儿童揭示出：思考，这是多么美好、诱人而富有趣味的事。只有当教师给学生带来思考，在思考中表现自己，用思考来指挥学生，用思考来使学生折服和钦佩的时候，他才能成为年轻的心灵的征服者、教育者和指导者。那种热爱自己的事业而又善于思考的教师，才有力量使教室里保持肃静，使儿童特别是少年和青年用心地倾听他的每一句话，才有力量激发学生的良心和羞耻心，这种力量才是一种无可争议的威信。而那些没有什么东西好讲，学生也感觉出他没有什么丰富的思想宝藏的教师，确实是很可怜的。我们依靠思考，也只有依靠思考，才能驾驭年轻的心灵。我们的思考能点燃学生的学习愿望。我们的思考能激发学生对书籍的不可遏止的向往。

必须使学习有明确的目的性。我在学校里工作了三十五年，而直到二十年

---

① ［苏］B. A. 苏霍姆林斯基. 给教师的建议［M］. 杜殿坤，译. 北京：教育科学出版社，1984：65.

前我才明白，在课堂上要做两件事：

第一，要教给学生一定范围的知识；第二，要使学生变得越来越聪明。

如果达不到这两件事的和谐，就会使学生的学习变成一种苦役。必须进行一些专门的工作来使儿童变得更聪明。不能认为：既然学生在掌握知识，他自然就变得更聪明了。这一切远不是这么简单的。只有在这样的条件下，就是你首先要把自己培养成思考者，你才能体会和认识到学习是一种幸福，是一种智力活动。多年的教育工作经验使我深信，一个年幼的人到学校里来上学，为的是走出校门时成为一个有教养的、受过教育的人，而他只有在这样的情况下才能成为一个好奇的、爱钻研的和勤奋的学生，就是他要善于思考，他的生活和思想要在某种程度上脱离开他在课堂上所学的那些东西——这种独立性是相对而言的，事实上，只有开展与课堂上所学的东西没有直接联系的丰富的思维活动，才能为在课堂上的顺利学习打好基础。

正因为这样，我们学校里才非常注意，不要把学习局限在教室的四堵墙壁里，不要机械地把事实和规则从教师的头脑里搬运到学生的头脑里。用形象的话来比喻：在教室的旁边，还应当有一块田地，让学生在那里从事智慧的、被某种思考所鼓舞的劳动。这块田地可以是很小的，哪怕是装着泥土的一个小箱子也行。最主要的是：要让学生能够同时看见、观察和动手。哪里能做到这三点，哪里就有生动的思考，使智慧得到磨炼。

在人的智力发展中，以现成的形式装入头脑的东西跟借助独立思考而获得和确立的东西之间的相互关系，起着极其重要的作用。在课堂上所要记住的东西（这一点是无论如何无法取消的）越多，那么思考的"实验室"就应当越加积极地开动工作，而这个"实验室"里的主要创造者和劳动者就是你自己。①

——节选自（苏）苏霍姆林斯基《给教师的建议》

附录：能力练习与课后思考题

1. 什么是课堂提问技艺？"雨课堂"的"弹幕"功能赋予了提问技艺什么新的使命？

2. 从钱梦龙老师执教的《愚公移山》教学实录中摘录出其所提问题，从提问题的角度、各问题间的关系、主问题的设计及与其他问题的衔接等进行全方位的思考，在小组或班上交流。

---

① ［苏］B. A. 苏霍姆林斯基. 给教师的建议［M］. 杜殿坤，译. 北京：教育科学出版社，1984：215－217.

3. 从部编本教材中任选一篇经典课文,搜集其在不同年代、不同名师的教学设计,分析归纳其提问技艺的"变"与"不变"的规律和艺术所在。

4. 从部编本教材中各选一篇文体不同的课文进行"主问题以及群问题"设计练习。

拓展阅读

[1] 杨伯峻. 论语译注·述而 [M]. 北京:中华书局,1980.

[2] 陈澔注. 礼记·学记 [M]. 上海:上海古籍出版社,1987.

[3] 刘显国. 课堂提问艺术 [M]. 北京:中国林业出版社,2000.

[4] 钱梦龙. 钱梦龙与导读艺术 [M]. 北京:北京师范大学出版社,2016.

[5] 语文学习编辑部. 活的语文教育学 [M]. 上海:上海教育出版社,1993.

[6] [美] 丹东尼奥,贝森赫兹. 教师怎样提问才有效:课堂提问的艺术 [M]. 宋玲,译. 北京:中国轻工业出版社,2005.

[7] [希腊] 柏拉图. 理想国 [M]. 郭斌,张竹明,译. 北京:商务印书馆,2002.

[8] [苏] B.A. 苏霍姆林斯基. 给教师的建议 [M]. 杜殿坤,译. 北京:教育科学出版社,1984.

第五讲

语文名师教学机智技艺

第一节　技艺概述

学校是传播和创造知识的专门场所，而在学校里负责教育工作的教师，通过课堂教学的基本途径，全面了解学生的思想、学业以及身体，促进学生的发展。这种课堂教学的基本途径在学校教育活动中占据着最多的时间，传递给学生最多的知识与技能，对学生持续发展的影响是最深刻的。因此，课堂教学过程中如何将知识更全面而简洁地传递给学生，如何使学生迅速而有效地掌握必要的理论知识，教师需要不断地提高教学质量，才能进一步提高教育质量。课堂教学中，教学机智的使用是提高教师教学质量的一个关键部分。

语文课程以其特有的人文性与工具性相统一的特点，在学生知、情、意教育中起到独特的作用。课堂教学中渗透思想感情教育、对学生进行审美教育，可以起到教育学生思想与情感的功能。这种教育功能的充分发挥就要求教师在语文学科教学中合理地使用教学机智。

一、教学机智的定义

著名教育家乌申斯基曾经指出："不论教育者怎样研究了教学理念，如果他没有教学机智，他就不可能成为一个优秀的教育实践者。"在传统教学意识中，教学机智就是应对教学过程中发生的随机情况的一种"技艺"。在语文教学过程中，教师根据各种情况随机应变，从而机智地解决问题。但在新课程理念的指导之下，语文教师需要有这样一种使用教学机智的教学意识，机智灵动地感悟、引领课堂，采用这种教学机智使原本的"逆境"转变为"顺境"。师生之间的互动贯穿于整个语文教学过程之中，这是一个不断进行发展和富有活力的教育过程。随着教育情境的不断变化，教师不可避免地会在教学活动中遇到随机情况。教师如果不能根据情况即时并且有效、灵活地处理问题，就会导致教学工作的挫折和学生信任感的缺失。因此在语文学科教学中，教学机智是语文教师需要掌握的教育高层境界的教学智慧。总而言之，它是语文教师成熟掌握语文教学的关键条件。

国外学者关于教学机智定义的观点总结起来大概有以下几个方面："一是将教育机智理解为'引起学生心弦的共鸣力'，二是理解为'教师的表现力和说服力'，三是'教师在教学中的应变力和组织力'。"① "前两者关于教育机智的理解过于抽象，第三种观点经过演化而形成一种在我国较有代表性的观点，即教育机智是教师对突发性教育情境做出迅速、恰当处理的随机应变的能力。"② 以上对教学机智的解释，都涵盖了教师对学生行为和心理的敏捷的判断。多数教育家认为教育机智是教师对突发性教育情况做出即时并且合理解决的随机应变的能力。这个定义，简洁扼要地说明了教育机智的本质。在《辞海》的释义中将机智分开来阐述，"机"是"灵巧""细微"和"时机"的意思，"智"就代表着"智慧"，而机智就是急中生智。从词语的构成方面来研究，机智这个词语由"机敏"和"智慧"两个词语组合而成，它指的是行为的操作者在努力使自己的行为适应当时随机的情况，为达到操作者目的而做出灵活分辨与决定的一种能力。而教学机智就是教师在教学过程中应对教学活动中随机出现的突发情况，根据即时情境灵活且敏捷处理问题的能力。"《教育大辞典》对教学机智的解释是：教师面临复杂教学情况时所展现出的一种敏感、迅速、准确的判断能力。怎样解决事先难以预料，又必须特殊面对的问题时，及其对待处于一时激情状态的学生时，教师所展现的能力。"③

从教学机智的定义中可以看出，教学机智的发生一定处于教育教学的过程中。教学机智的产生与出现有着几点重要的条件。一是教学事件的突发性。只有在教学过程中突然出现的偶然事件才能体现出教师的教学机智，这种教学机智的体现是教师教学经验的总结，是不加修饰与"排练"的。二是问题解决的迅速性。在教学过程中，一旦出现突发事件，教师如果置之不理或者敷衍了事，很有可能造成教学氛围的混乱，如果处理问题时间过长则会耽误问题的解决。所以在出现突发情况时，教师应该即时采取措施，因地制宜、随机应变。三是问题解决的创造性。突发情况的处理，不仅在于教师解决问题采取有效的措施，

① 董小玉．教育机智浅谈［J］．中国教育学刊，1995（1）：36.
② 查啸虎．教育概论［M］．北京：中国科学技术大学出版社，1995：220.
③ 顾明远．教育大辞典［M］．上海：上海教育出版社，1998：716.

还在于教师对突发情况的创造性解决。既要解决得好，又要保证解决得巧，这对教师教学机智能力提出很高的要求。

因为词语意思的相近，有很多人会将"教学技巧"与教学机智混为一谈。教学技巧注重的是一种技巧、技能，是教师在教学过程中采用的一些教学方法及手段。而教学机智更注重的是教师教学过程所表现的创造性活动，它更体现问题解决的迅速性及完整性特征。教学技巧与教学机智既有不同，又有相同之处，教学技巧是教学机智的基础，是教学机智实现其教学目的的手段和方面。教学技巧的不断积累与总结有可能会转变为教学机智。教学机智是教师教学实践中的一种创造性的智慧，教育者知识理解的引导，不仅需要教育者有着极强的教学感知力、理解力、洞察力以及正确行动的直觉，还需要教育者在教学过程中善于观察、敏捷果断和富有教学的经验，更需要教育者保持深厚的责任感、良好的职业道德修养和对学生的理解与关心。这种创造性的教学机智能把一些"不可能"变为"可能"。教学机智是建立在教师教育理论基础上的教育实践，是具有创造可能性的教学行为。

二、教学机智在语文课堂教学中的必要性

语文课堂教学中，教学情境不断地发生变化，教师面临挑战，运用教育机智，就会变"逆境"为"顺境"，取得更为理想的教育效果。教师不仅传递给学生知识，更要通过教学机智灵活地解决教学过程中出现的种种问题。教师教学机智的运用，有利于学生对知识内容的理解、学习方法的掌握。语文学科中的教学机智是教师对语文教学的思考和创造，所以语文教学呼唤着教学机智的产生。

（一）教学情境的复杂性

教学情境就是教师在教学过程中根据所授教学内容而设定的一种教学氛围，这是一种具体的教学氛围，以氛围渲染情感，有利于教学活动的展开。教学情境影响着师生双方的课堂心境及情感，而师生的课堂反应也影响着教学情境的展开。教学情境受多种因素的影响，它是复杂的。随着教育情境不断发生变化，教师不可避免地会在教学活动中遇到随机情况。这种随机情况是突然发生，不经过预设的，与教师原本设定的教学情境发生冲突。教师如果不能根据突发情况即时并且有效、灵活地处理问题，就会导致教学工作的挫折和学生信任感的缺失。因此在语文学科教学中，教学机智是语文教师需要掌握的教育高层境界的教学智慧。

（二）学生发展的多样性

学生在语文教学活动中占据着主体地位，教师需要根据学生的发展采取不同的促进其发展的措施。而学生这一主体由于个体心理和生理的发展程度不同，认知思维发展的潜力也不同，均属不断上升的阶段，有着发展的多样性。这种多样性表现在教学活动中学生学习行为的多样性，有着其自身的特点。在教学活动进行时，学生的注意力也会受多方面的影响，一旦学生做出异常举动或者提出出乎教师意料的问题时，教师需要立即做出有效的回应，不仅要保护学生的自尊心，还要使课堂高效地进展。教育的根本目的在于育人，教师教学机智的使用也是为了更好地育人。教学机智把语文学科内容与语文学科的价值功能更好地结合在了一起，达到了促进学生发展的最大化。

（三）教师专业发展的必要性

从"教书育人"到"教师专业发展"，强调的是教师发展过程的内在化，建立在主体本身持续不断的认识学习和自主的生涯发展基础上。教师职业有其导向性、示范性的特点，教师专业发展具有自主性。时代的发展对教师的要求越来越高，除了"教人者"这一角色之外，教师还应成为学习者、研究者。教学机智的创造同样是促进教师专业发展的重要方式，要求教师在优化教学的同时，还应形成教学机智的行为，夯实专业知识，发展专业能力，坚定专业信念。波斯纳的教师成长公式中表明：经验加上反思等于成长。反思是建构个人实践理论的过程，除了教师自身在实践体验中获取的经验之外，自我反思、自我审视及自我理解的过程也是教师专业发展的重要途径，不断地反思可以促进教师自身水平的提高。另外，提高专业水平还应认真做课题研究，在研究过程中学习，精研自身的专业，不断发现问题并解决问题，积累经验。

三、教学机智的影响因素

（一）内部因素——从教师自身出发

语文教学机智的产生关键在于教师随机应变的教学能力，与教师自身素质有着很大关系。教学需要得到创新，语文创新教育呼唤创新型语文教师，因此，建构创新型语文教师素质、提高语文教师教学智慧非常重要。在教学的同一学段中，教学内容相同，教师教学的不同除了体现在教师教学风格之外，还体现在教学机智的运用。语文教学机智是语文教师在教学活动中突然迸发的创造性灵感，是教师创造性思维的表现，是对教师教学经验的提炼。教学机智的合理有效发生与教师有着很大关系，而教师自身的知识储备、教育理念能力和创造性思维这几种因素影响着教师教学机智的产生。

1. 深厚的知识储备

课堂中具有复杂的教学情境，一个教师面对的是几十个特征各不相同的孩子，课堂上极有可能出现各种各样复杂的突发情况。只有一个具有深厚知识储备的教师，他才能够镇定自若地应付教学中发生的各种突发情况。无论是突发的尴尬情况、教学内容的疑难面还是学生产生的任何突发情况，都需要教师教学机智的作用。而教师自身深厚的知识储备也给问题的解决提供了坚定的基础。在突发、复杂的教学活动中，教师深厚的知识储备有助于发现、理解教学中存在的问题和学生表现出的困难，并即时机智灵活地应对。

2. 科学的教育理念

教学工作的顺利开展离不开科学教育理念对教师的指导，教师需要对教育事业保持深厚的热情，对教育理念、经验做出总结，取其精华、去其糟粕，并且不断主动研究先进的教育理念，吸取其中的可取之处，实践于教学活动中。科学的教育理念对教师教学机智能力也提供了基础，当课堂出现了突发情况时，教师掌握的科学教育理念就会发挥作用，指引教师做出正确的教学行为。

3. 创造性思维

教学机智的这种教学智慧本身就与创造性思维离不开关系，教师的专业发展也离不开创造性思维的运用，因此，创造性思维影响着教师教学机智的发挥。教学机智一般是在突发性情况产生时教师做出的应对行为，如果教师缺少创造性思维，可能会变得非常忙乱，不知所措，从而使教学氛围陷入不可控的境地。

（二）外部因素

教师教学机智的产生除了教师自身的因素影响之外，外部因素的影响也是不容小觑的。从学生角度来说，师生关系是影响教学机智的一项重要因素。良好的师生关系对于教学氛围的创设有着关键性作用，而教学机智的产生与教学氛围有很大的关系，师生关系影响着教学机智的出现。教师应该将学生放置于平等的位置，教学中采用师生平等对话的方式，师生关系处于和谐的状态之中，这样教学活动就不会出现"一言堂"现象，良好的教学互动给教学机智的产生提供了机会。从学校的角度来说，学校教育制度的制定也对教师教学机智的产生有着影响。学校是实现教师专业发展的最重要平台，应大力鼓励教师进行创造性研究，创造良好的氛围。一方面，学校应鼓励教师展示个人优秀经验、开展课后反思活动，让教师们在学习和讨论中得到进步，改善学校教育实践。另一方面，校报、校园微信公众号等可以成为教师之间学术交流的途径，促进教师教学机智的产生。

四、教学机智的生成与操作策略

教师教学机智作为教师的一种教学行为、教学能力和教学智慧，是可以通过理论建构与实践去培养的。奥克肖特说过："教学机智是一种不能完全用规则的形式表述出来，而只存在于使用过程中的知识。"从一方面来说，教师的教学机智来自教师本身的教学天赋，是自身就存在的能力；另一方面，教学机智也是教师在不断积累教学工作经验之后总结提炼而成的，是经过实践检验的。"它是教师在精神上成熟的结果，是教师为掌握专门知识和养成与儿童交往的技能而做了大量工作的结果。"① 从教师教学机智的产生来源的两方面可以看到，教师教育离不开理论指导与实践操作，也就是说除了教师教育理念的不断学习、加强之外，教师也要经过教学实践加以锻炼。怎样在一个具体的情境中进行教育活动，处理好教师与学生所存在的特殊教育关系，涉及教师的经验知识、价值观、道德规范、伦理价值和教学技巧方法等，但无法具体确切告诉教师究竟应该怎样去做。教学机智永远发生在教师与学生的交往过程中，发生在教学过程中，在教师与学生相处、交流时，教育机智得以不断的培养和生成。

（一）拓宽知识层面、建构知识结构

教学机智的出现，成为教师的一项教学艺术与能力，在掌握并有效运用教学机智之后，教师才有可能处理教学中的突发情况，使"逆境"转变为"顺境"。这种教学中出现的突发情况，可以说是教学中的一项宝贵教学资源，需要教师理解并且运用。教学机智是灵感迸发的产物，而灵感的迸发来源于教师知识的积累，只有知识层面深厚，才能够回应教学所出现的一切情况。知识的大量吸收，教师需要建构科学的知识结构，才能保证知识的实际运用，促进教师教学机智能力的提高。有了丰富知识的建构，敏锐的观察力使得教师在普通的事件、意外发生的情况之中寻找合适的教育契机，对教学中突发的情况，即时进行教学行为的正确判断，知道自己该做什么以及什么时候做，机智地转变教学氛围。因为有着丰富知识的积累、知识结构的建构，教师可以从容不迫地面对教学中的突发情况，运用教学机智解决问题，就很有可能将一个混乱的、偶然的、不利于课堂进行的突发情况转换成一个有着积极的教育意义的教学资源。

（二）加强思维训练、锻炼心理品质

教学中，除了强调锻炼学生的思维以外，教师也应加强思维训练，才能与学生思想同步提高，了解学生所想，创设和谐的教学氛围。教师的创新意识也

---

① 贾雄. 教学教育技艺原理 ［M］. 诸惠芳，等译. 北京：人民教育出版社，1993：43.

是十分重要的，不可以故步自封，而是需要大胆创新，并且在实践中丰富自己的教学经验，并要积极地完成课后反思，归根结底，就是要促进学生的成长。教师运用教学艺术和手段意味着教师要仔细思考，分辨什么行为对学生能产生益处，什么样的教学行为产生消极作用。而正因为如此，教育学上的研究和实践从某一种意义上来说永远也不可能是"客观的"。教育学从根本上讲既不是一门科学，也不是一门技术。因为教育的本质更主要是一项规范性活动，而不是一种技术或生产活动。教育是一项爱的艺术。教学的过程错综复杂、瞬息万变，经常可能发生一些突发事件，教师必须立即判断情况，保持镇定，灵活地确定自己接下来的教学行为，采取有效、合理的应对措施，否则会使问题的事态扩大，课堂氛围不受控制，甚至使自己或者学生陷入尴尬的境地。教师一定要适时根据情况，灵活果断地处理突发情况，及时调节，解决课堂中的种种问题。

（三）巩固创新意识、丰富实践经验

在教学过程中，每一分每一秒都极其珍贵，每一个时刻都有可能成为教师的教学资源。课堂呼唤着智慧，教学寻觅着机智。教学机智的生成离不开教师的创新意识，一个故步自封的教师无法形成教学机智的能力。教学过程中教师发挥教育机智的关键与否在于对学生的了解，教育机智并不是随心所欲的"灵机一动"，对学生的深刻了解是形成教育机智的前提。教育对象是千差万别的，教师只有对学生的各方面，包括年龄个性、知识容量、行为习惯和学习态度等的每个生活与学习细节都了解得十分透彻，才有可能充分估计到学生接受教育的可能性。对于不同的学生，采取不同的教育方法，施行不同的教学机智。教学不只是课程内容的执行和传递，更是课程的创新与开发。它是一种持续不断的转化与生发的过程。教学过程中，充满了创造性活动，其中既包括教师的创造，也包括学生的创造，更包括其他事物的创造。教师的创造不仅在教学的授课内容中有所体现，还体现在教师教学实践的过程中，教师的教学艺术、教学机智等。作为教师，职业价值就是在这教学中的创造中所体现的，需要具有创新意识，且主动在课堂中进行创造，把握这些可能的创造，扩充自己的教学资源，丰富实践经验。

第二节 案例分析

【案例一】①

在徐志摩的诗歌作品《再别康桥》的课堂教学中，我看到同学们很是被那优美的诗句所感染，便开始伺机引导同学们鉴赏这首诗歌。

我由诗歌的朗读开始引入问题，先是动情地读出诗句：

"轻轻的我走了，正如我轻轻的来，我轻轻的招手，……"

然后我便"轻轻的"问：

"同学们，你们说作者为什么要'轻轻的'呢?"

同学们陷入了思考中，可是却没有出现我在备课时所预想到的那种"一石激起千层浪"的场面。在我再次动情的阅读和提示下，课堂上依旧是鸦雀无声。

这时我突然发现坐在班级最后一排的一个同学正在睡觉，就立刻朝他走去。同学们的目光跟随着我的脚步。

与此同时，我也没有忘记重复着我那个"轻轻的"问题。

即将走到睡觉的同学身边时，我的脚步也放得"轻轻的"，并"轻轻的"站到他的身边，"轻轻的"拍他起来。

这时，我看着同学们，"轻轻的"张口而出：

"'轻轻的'我向他走来，我'轻轻的'站到了他的身旁，我'轻轻的'叫醒了他，……"

同学们笑着，有几个同学同时露出了疑惑的表情，不知道我这葫芦里卖的是什么药。

忽然，我停下来，然后提出问题：

"我为什么要'轻轻的'呢?"

同学们立刻若有所思。

为了对同学们及时加以引导，我马上又问：

"作者为什么要'轻轻的'告别康桥呢?"

这时，几个同学恍然大悟似的，纷纷争着说：

"怕惊动了康桥。"

---

① 孙妮妮. 运用教学机智引思维深入 [J]. 新课程，2010 (8)：45.

"怕打搅康桥。"

"怕打破了康桥的宁静。"

其他同学即刻也有所悟，便开口应和道：

"对，老师你轻轻地叫他起来是怕惊吓着了他，徐志摩是怕惊动了康桥。"

"对！对!"

……

同学们脸上都洋溢着胜利、满足的微笑。

【点评】这是孙妮妮老师在教学过程中发生的一个"突发情况"，学习《再别康桥》这一课时教师提出"作者为什么要'轻轻的'呢"这一问题，学生在思考中却没有应答，在教师再一次深情朗读之后，依然无人应答，这与教师原先所创设的教学情境相违背，课堂陷入"沉默"的尴尬境地。但是经验丰富的教师不会允许这样的情况发生，于是教师通过观察全班同学，发现坐在班级最后一排的一个同学正在睡觉，于是灵机一动，向那个同学走去。学生们的注意力全部被教师所调动，教师的脚步也是轻轻的，通过这样实际的动作模仿，学生们理解了教师'轻轻的'用意，加以引申思考，学生们进而理解了《再别康桥》作者'轻轻的'用意。教学过程是一个充满变化、复杂的过程。在教学之初，教师会预设多种教学情境，并且根据教学内容创设教学氛围，但在实际教学过程中，随着教学内容的推进，由于每一个学生的特殊性，极有可能达不到教师所创设的教学情境。在这种时候，教师如果强行按照原先创设的教学情境继续下去，而不关心学生的实际学情，教学就会得不到效果，学生也不会真正学到知识。这些课堂出现的突发情况，都可以转化为教师的教学资源，教师需要运用自己的教学能力，随机应变去应对这些"突发情况"，转"逆境"为"顺境"。在这堂课中出现"突发情况"——无人应答之时，孙老师及时地抓住了有同学课堂睡觉的这个时机，并根据教学内容做了有趣的演示，吸引学生的注意力，并且使知识的掌握更加简洁明了，学生学得也十分容易。

【案例二】①

一位老师在给同学们讲授沈从文的《边城》时，遇到这样一个课堂情况：

全班同学都在认真听老师讲课，却有一位同学趴在课桌上，虽然那位同学刻意地去掩饰自己的行为，但是这位老师还是发现了他戴着耳塞，正在听音乐。

这位老师当时很气愤，很想一个箭步冲上去缴了那位同学的MP3。但是很

①　刘敏. 语文课堂教学机智的运用［J］. 内江科技, 2006（2）: 55.

快他还是冷静了下来，一边讲着课一边很自然地走到那位同学的身边，笑着说道："翠翠寂寞地在渡口痴痴地等她的心上人傩送的归来，如果她当时也有一部MP3该多好啊，也可以听听音乐，打发打发无聊的时间，安慰安慰寂寞的心哪！"

同学们知道这位老师的幽默所指，都不约而同地转向那位听音乐的同学，笑着看他。那位学生见老师走下讲台后向着自己的方向走来，早已急忙地摘下了MP3。

本来这位老师以为，自己已经将这个上课不听讲的课堂情况巧妙地处理完了，可是当他的话音刚刚一落下，那位同学却突然回应了这位老师一句："我听的《等等等等》说的就是翠翠的故事，我这也是学习嘛！"

"哈哈哈哈！"很多同学听了那位同学的话，大声地笑了出来。

大家再次把目光投向了这位同学，有的脸上表现出厌恶的神情，大概是觉得那位同学是存心捣乱，不应该；有的不怀好意地笑了起来，或许是觉得又有好戏看了。

这时这位老师倒是反应过来了，黄磊有一张唱片收集的歌曲都是取材于著名的文学作品的，比如《背影》《再别康桥》，其中就有《边城》。于是，这位老师趁势给同学们介绍了这张唱片并许诺说："《边城》和《再别康桥》这两篇课文都是我们高中语文课程所选择的作品，下一次上课时，我们就把取材于这两篇作品的《等等等等》和《再别康桥》这两支曲子引进课堂，希望大家能够通过音乐旋律和歌词进行对比，来对这两篇已经学过的名作做一下比较分析。"

这位老师的话立即激发起了同学们的兴趣。同学们齐声叫好，那位同学也自觉地投入到了学习中来。

【点评】"教育机智，就是在教学过程中，教师通过敏锐地观察学生的细微变化，根据学生的身心特点，在学生'心理基地'上引起的心理效应中所表现出的智慧与才干，它包括教师在教学中的表现力与说服力、应变力与组织力，以及教师用自己的人格力量去感染学生，去引起学生的共鸣。"① 教师教学工作的对象是学生，学生具有极强的个性和复杂的心理，在成长的过程中，学生也容易出现叛逆的心理及行为，如果教师不加以正确的引导，就会酿成大祸。在这堂课中，有一位学生不认真听课，而是趴在桌子上听音乐，但授课教师并没有当堂给予学生难堪，而是以一番幽默的话语调节课堂的气氛，并且使不认真听讲的学生意识到自己的错误。但这位学生却又说出："我听的《等等等等》说

---

① 董小玉，巫正鸿. 教育机智浅谈［J］. 中国教育学刊，1995（1）：37.

的就是翠翠的故事，我这也是学习嘛！"这样的举动恰恰说明了学生心理的不成熟，在教学中引起了小范围的异动，其余学生的注意力转移。此时，教师如果不采取有效的活动，教学可能很难进行下去。而授课教师根据学生的话想到其他唱片也有与所讲内容相关的音乐，并提出下节课将播放这些音乐来进行比较分析，既回应了那位不认真听课学生的话语，又将整个课堂的氛围拉回到学习环境中。教师教学机智的生成与教师自身的知识储备息息相关，这则案例中的教师，就是从自己深厚的知识层面中搜寻到了相关信息，并将其运用于课堂之中，虽然是教师昙花一现的灵感迸发，却是教师日积月累的知识发挥出来的作用。另外，课堂教学中无论出现怎样的突发状况，教师都需要保持冷静的状态，因为教师是课堂学习的主导者。而此案例中的教师在突发情况之下，依旧保持着冷静状态，并且合理地回应学生，做到有问有答，既小小地惩戒了上课不认真听讲的学生，又保护了学生的自尊心，同时维持了教学的秩序。

【案例三】①

有位教师在古代散文《烛之武退秦师》的课堂教学中，遇到了这样的情况：文中为了说退秦师，烛之武虽然时时刻刻想的是郑国的利益，却口口声声对秦伯说为秦国着想，最后终于保全了郑国，但有学生小声地在下面说："好假哟！"

老师灵机一动这样阐释道："对于真与假的问题，我们应该辩证地来看待事物，我们也应该看到事物的本质。比如，同学们在初中时都学过《触龙说赵太后》一文，在这篇课文中，讲到触龙见到赵太后时并不直接谈长安君做人质之事，而是问及饮食住行、求舒祺之事、论王位承袭，最后才谈到人质。触龙没有开门见山地提出人质的问题，而是采用高超的进谏艺术去说服赵太后，最后换来了齐国的救兵，保全了赵国。你能说触龙对赵国的耿耿忠心是假的吗？"

初中时，我们同学还学过《邹忌讽齐王纳谏》一文，我们知道在这篇课文中，邹忌也没有直接谈及兴矛除弊之事，而是从闺房小事说起，让齐王采纳了他的建议，最后换来了齐国的强盛。你能说邹忌对齐国的热爱之情也是假的吗？

所以，在《烛之武退秦师》这篇课文中，你能说烛之武对郑国的赤诚之心是假的吗？如果说坦言相告而让郑国灭亡成真，那么我想郑国的百姓宁可要保全郑国的假，也不要带来灭亡之灾的真吧！

看到同学们没有任何反驳，老师及时加以总结："从这些经典的古代散文中，我们可以领悟到进谏艺术的魅力，也可以说是说话艺术的重要性。正如我

---

① 袁发金，葛维春. 课堂教学机智案例欣赏［J］. 语文教学通讯（高中刊），2007（9）.

国古代著名学者刘勰在《文心雕龙》中所说的那样'一言之辩，重于九鼎之宝；三寸之舌，强于百万之师'。在现实生活中，希望同学们多多学习触龙、邹忌和烛之武的说话艺术。与人相处时，希望同学们认真讲究说话的艺术；和人沟通时，希望同学们尽量做到'忠言也动听，良药不苦口'。"

【点评】由于学生心智发展的阶段不同，学生的心理发展也不相同，有的学生容易对教学的内容引起理解的偏差，有时候将正的理解为反的，带有自己主观情感理解，会出现错误。教师需要正确地施以指导，给予科学的价值观教育，使学生具有明辨是非的能力，学会判断正误。在这堂课上，学生学习《烛之武退秦师》一文时产生理解的偏差，认为烛之武是一位非常虚伪的人，在理解烛之武劝退艺术之时，认为烛之武虚伪地为秦国着想，实际上想的全是郑国的利益。此时，如果教师不加以干预指导，就会产生学生对文章情感理解的偏差，教学任务就不会良好完成。而在这堂课中的教师，听到学生的话之后，立即从学生的话语关键词"真与假"出发，和学生共同探讨起"辩证看待事物"的问题。并且教师借以往学过的课文《触龙说赵太后》《邹忌讽齐王纳谏》的内容谈论触龙对赵国的耿耿忠心以及邹忌对齐国的热爱之情，让学生借助以往学过的知识理解、迁移，最后引导学生回到"烛之武对郑国的赤诚之心是假的吗？"这一问题。学生通过一连串的提问思考得出烛之武对郑国是一片赤诚之心，这份心是真实的结论。关于真假的问题讨论完之后，教师又"趁热打铁"，即时地做出总结，并且告诫学生也要在日常生活中讲究说话的艺术。此时，学生通过文章的学习，不仅了解到古人的进谏艺术，从教师的总结中，更是加强了对说话艺术的理解，情感升华。不仅使学生学习了文章内容，而且通过课堂气氛的渲染、文章内容的小结，学生的情感教育又上了一个台阶。

【案例四】①

薛法根老师在教学《卧薪尝胆》时，是这样运用教学机智的：

师：现在谁能根据自己的理解说说"卧薪尝胆"的意思？

生：晚上睡在柴草上；每顿饭前，先尝尝苦胆的滋味，提醒自己要报仇雪恨。

生：为了报仇雪恨，勾践晚上睡在柴草上；每顿饭前，先尝尝苦胆的滋味。

师：如果勾践仅仅"晚上睡在柴草上；每顿饭前，先尝尝苦胆的滋味"，算不算真正的"卧薪尝胆"？

---

① 雷玲. 名师教学机智例谈（语文卷）［M］. 上海：华东师范大学出版社，2007：251.

生：不算。因为勾践还亲自下田耕种，使自己的国家富裕起来。

生：他还要练兵，建设一支强大的军队。

生：勾践还会找那些有本事的人，为国家的强大出谋划策。

……

师：这就叫"发愤图强"！如果勾践仅仅坚持了几天，或者几个月，算不算真正的"卧薪尝胆"？

生：不算，因为"卧薪尝胆"需要很长的时间。

生：课文中讲勾践"卧薪尝胆"了二十多年，才取得了最后的胜利。

师：这叫"坚持不懈"！现在你理解"卧薪尝胆"的含义了吗？

生："卧薪尝胆"表示为实现一个目标而忍辱负重，发愤图强，坚持不懈！

师：同学们，勾践需要卧薪尝胆，我们要不要卧薪尝胆？

生：不需要。

师：为什么？

生：因为我们不需要报仇雪恨。

生：我们的生活很幸福，不需要这么苦。

师：请同学们认真听老师的这句话：为了中国的航天事业，中国科学家卧薪尝胆几十年，终于将中国的第一颗人造地球卫星送入了太空。你说，中国科学家有仇恨吗？他们是否需要每天都睡在柴草上，每顿饭前都要尝一下苦胆？

生：老师，我觉得我们也需要卧薪尝胆。比如，中国足球队要成为世界冠军，就必须卧薪尝胆。

师：中国足球队需要的是卧薪尝胆的精神！

生：我也要卧薪尝胆。

师：你又没有仇恨要报，怎么也要卧薪尝胆？

生：我将来要成为一个大富豪，现在就要卧薪尝胆，刻苦学习。

师：为了实现自己远大的理想，也需要有卧薪尝胆的精神！

生：我们学校正在创建实验小学，也需要卧薪尝胆。

师：我们的学校要发展，也需要这种精神！

【点评】这是特级教师薛法根老师的一次课堂教学实录，薛老师在教学《卧薪尝胆》这一课时，在"卧薪尝胆"成语意思理解问题上与学生们展开了激烈的讨论。薛老师首先请学生谈一谈对"卧薪尝胆"的理解，由于课文已经初步了解过，学生解释这一词语时多从课文内容出发，形容"卧薪尝胆"是"晚上睡在柴草上；每顿饭前，先尝尝苦胆的滋味，提醒自己要报仇雪恨"的意思。老师在听到学生的回答之后，没有立即给出正误的判断，而是灵机一动，通过反问的方式使学生认识到自己的理解有所欠缺。接着，薛老师引导学生从实际出发，理解"坚持不懈""发愤图强"等词语，循循善诱，使学生从对词语的字面意思理解发展到对词语内涵的深入理解，不但理解了词语本身的含义，而且理解了与它相关词语的意思。在这一过程中，薛老师抓住了学生对词语了解不够深入的时机，逐步引导学生对词语做深入了解，这种方式的教学比直接告诉学生词语含义的教学方式更能使学生理解得透彻、思考得深入，还能够调动学生的学习积极性。

【案例五】①

名师于永正上《惊弓之鸟》一课，讲到"孤单失群"这个词语时，学生的理解遇到了困难，于老师引导学生联系上下文来解决问题。这时，一个男生突然推门而入。面对这突如其来的情景，余老师放下手中的课本，走到他跟前，摸了摸他的头，笑眯眯地问他为什么迟到了，刚才到什么地方去了。

生：(胆怯地) 我刚才坐在楼梯口休息，没有听到上课铃声。

师：当时你是什么心情？

生：有些紧张，我发现周围没有人了，想到可能上课了，所以赶紧跑了过来。

师：当你发现只剩下自己一个人时，你有什么感受呢？

生：既孤单又害怕，还有点紧张。

生：(略加思索) 孤单失群。

师：很好。你一个人离开同伴能不孤单、紧张吗？当然，这紧张还有怕迟到挨批评的成分，对不对？请你读读课文中描写受伤的大雁"孤单失群"的句子，然后演一演受伤的大雁在空中飞行，好吗？

(这位迟到的学生边读课文边表演，富有创意的表演赢得了同学们热烈的掌声)

师：(再次摸着他的头，微笑着) 这是你起初的感受，只有艺术家才能表演得这样好。虽然你一时失群，迟到了，但你帮助大家理解了"孤单失群"，你也是功臣啊！

(听了于老师幽默的评价，该生有点难为情，但却乐滋滋地跑回了座位上)

【点评】教学过程是复杂、多变的，但有智慧的教师会利用教学机智把波折变为助力，更好地进行教学，"教学智慧就是在教学过程中，教师锐敏地观察学

---

① 雷玲. 名师教学机智例谈（语文卷）[M]. 上海：华东师范大学出版社，2007：248.

生细微变化，对课堂教学的进行状态有准确、敏锐、强烈的感觉、感知和感悟能力，能创造性和灵活性地对突发性教学情境做出果断而有创意的处理"。① 于老师的这节课就为我们展现了他的教学智慧，一个语文名师的教学机智。在理解"孤单失群"词语遇到困难时，教学过程中的突发情况出现了：一个迟到的小男生突然推门进来。面对这突如其来的情况，于老师没有惊慌失措，而是安慰了学生，并仔细询问他为什么迟到了，到了什么地方去。小男孩的回答更是让教师抓住时机，原来小男孩是因为在楼梯口休息，没有听到铃声响。于老师进一步问道当时只剩小男孩一个人是什么感受，男孩的回答又应对上讲课的内容。教师顺势让这个迟到的学生以当时的心境来朗读文章并模仿动作，这位迟到的学生表演得十分精彩，于老师鼓励了他，并没有对他的迟到做出惩罚，这样鼓励学生的教育方法，有助于学生建立自信心。于老师把学生迟到作为教学资源，运用自己的教学机智和高超的教学艺术，将课堂进行得有声有色，这种应对"意外"的方式堪称是一次优秀的教学艺术。

【案例六】②

下面是乾军老师教授艾青的诗歌《大堰河——我的保姆》时的教学片段：

一个同学忽然说道："我有个问题，那个'黄土下紫色的灵魂'，为什么是'紫色的灵魂'呢?"

乾老师问道："好，看谁帮助她回答一下。'呈给你黄土下紫色的灵魂'，这个'紫色'到底指什么?"

乾老师的话一停，学生们即刻议论纷纷，开始发表起自己的看法：

"我认为紫色是一种痛苦的、压抑的颜色，紫色给人的感觉非常压抑、不痛快。"

"我认为紫色是一种高贵的颜色，比如有的足球队穿的球衣就是紫色的。"

"我记得古代的官服也是紫色的，也是高贵。"

"是指苦涩。我曾看过诗人的访谈录，他在谈到这首诗时说过'紫色'是一种冷色调，引起人的心理反应是苦涩的。"

"我认为紫色是红色和蓝色的混合色，红色表示大堰河活着时非常有热情，像火一样，温暖世界，是尊贵的，而蓝色表示她死后非常安详。"

听到这个同学的发言，乾老师说："看来你对颜色非常有研究啊。你能说说

① 雷玲. 名师教学机智例谈（语文卷）[M]. 上海：华东师范大学出版社，2007：200.

② 周寒. 机智是智慧的外显 [J]. 四川教育，2005（11）：25.

各种颜色的含义吗？比如白色象征什么，绿色象征什么，蓝色象征什么，等等。"

"白色象征纯洁，绿色象征生命，蓝色象征海洋，也表示安静。"

"有道理，你的思路非常独特，并且真正抓住了问题的关键，也就是说，不能单纯强调紫色只代表一方面，紫色实际上是两种意义的综合。"乾老师对这名学生的看法给予了肯定。

"老师，你的意见呢？"这时，一名学生向乾老师发问。

乾老师说道："下面老师来补充一点学术界的'观点'。艾青诗中用了大量的颜色，艾青用颜色的规律一般是，用暖色调代表光明、温暖、信念；用冷色调代表苦难、大地、忧郁等。紫色是一种冷色调，所以不能仅仅理解为高贵。"

【点评】在这堂课程中，面对学生提出的问题"如何理解紫色的灵魂"，乾老师没有直接做出回答，而是从教学艺术出发，使用自己的教学机智、教学智慧将学生提出的问题反问于全部的同学，让大家积极开动脑筋尽情地参与讨论，并在恰当的时候引导，启发同学们深入思考，实现了真正的合作探究。通过这种师生共同合作的教学方式，学生们畅所欲言，每个人都发表了精彩的言论。至此，个性的语言和独特的见解实现了思维和智慧的完美结合。而在适当之处，乾老师做出总结，用学术界的观点拓宽学生们的知识受面，真正学习到知识。《基础教育课程改革纲要（试行）》中这样表述道："改变课程实施过于强调接受学习、死记硬背、机械训练的现状，倡导学生主动参与、乐于探究、勤于动手，培养学生搜集和处理信息的能力、获取新知识的能力、分析和解决问题的能力以及交流与合作的能力。"教师与学生必须合作完成课堂，否则就会变成死气沉沉的"一言堂"，这对教学效果是不利的。

【案例七】①

学生在课堂上的回答不可能每次都完全正确，这时，大多数老师便以"错了！请坐""不对！谁再来"这些语言来否定学生的回答，并期盼其他学生正确地回答。而贾志敏老师则运用自己巧妙、机智的语言来纠正、鼓励学生的回答，注意情绪导向，做到引而不发。有个学生给"姆"组词时说："养母"的"母"。学生哗然。可贾老师却微笑着示意学生安静下来："你们别急，他没说错，只是没说完！"接着又转向那位学生："你说得对，是'养母'的'母'……"学生在贾老师的点拨下顿悟了，连忙说："是'养母'的'母'加

---

① 雷玲.名师教学机智例谈（语文卷）[M].上海：华东师范大学出版社，2007：258.

上一个女字旁，就是'保姆'的'姆'了。"贾老师不动声色地巧妙引导，避免了学生出洋相，这样的老师任何一个学生都会打心眼里佩服的。有时，学生说错了，贾老师会说："说错是正常的，老师最喜欢说错的孩子。没关系，再说一下！"有时，学生重复了前几个同学的回答，贾老师也不会指责学生没认真听课，而是笑笑说："噢！你认为这很重要，再强调了一下，对吗？"

【点评】学生处于生理、心理发展的高速时期，自尊心很强，教师需要用适当的教学手段保护学生的自尊心，只有学生没有任何心理负担地去学习，学习才能收到成效，教学过程才能顺利地进行下去。而在贾老师的课堂之中，说错了话也不会得到惩罚，反而老师会巧妙引导使学生的错误转变为正确的理解。在给"姆"组词时，有一位同学的回答出现了错误，剩下的学生出现一片哗然的状态。为了避免使这位回答错误的学生尴尬，贾老师用另外一种方式——加上偏旁，既让同学们支持那一位学生的回答，又使回答问题的学生立刻理解到自己的问题所在，并及时做出了纠正。贾老师在学生出现问题时，利用自己的教学机智使学生不再陷入尴尬的气氛，保护每一位学生的自尊心，并且用鼓励的方式激起学生学习的兴趣，小心翼翼地保护了学生们的心灵。在这样温暖的课堂中，有这样机智的教师无微不至地指导学生、纠正学生学习中出现的错误，并且用特别的方式引导学生理解，这样和谐的氛围造就出活泼的课堂环境，这与贾老师的教学机智是离不开的。

第三节　文献选读

随着信息化时代的到来，教育的重要性越来越凸显出来，学生在教育教学活动中的主体地位也越来越得到人们的认可，教师"传道授业解惑"的角色要求也越来越丰富。教师不仅要教出知识，更要传授给学生学习的能力，还要促进和指导学生学习，这对教师教学艺术和教学机智的考验也越来越大。马卡连柯说过："随机应变是教学机智必备的要素之一。"斯宾塞在《教育论》中说道："正确地进行教育不是一件简单容易的事，而是一个复杂和困难的任务……要点钻研，要点机智，要点忍耐，要点自制。"① 教学机智指导下的教育实践是指向学生的实践，教师的出发点在于学生，要对学生保持关心和理解的态度，学生是教学中的主体，教师处于主导地位。教育者在机智地解决偶发性问题时，

---

① 斯宾塞. 教育论［M］. 北京：人民教育出版社，1962：133.

要判断情况是否可以先耐心地等待，保护学生的自尊心，留给学生成长和学习的时间与空间。在教学的过程中，任何突发情况都有可能发生，教师需要合理应对，除了具有深厚的教学技能和知识，还要掌握处理问题的能力。下面将摘录几位教育家对教育机智的看法和观点。

一、[加] 马克斯·范梅南《教学机智——教育智慧的意蕴》①
普通机智和教育机智的关系

一般来说，机智包含着敏感性，一种全身心的、审美的感知能力。《韦氏大学词典》（Webster's Collegiate Dictionary）将机智（tact）定义为：一种对言行的敏锐感，以与他人保持良好的关系或者避免触犯别人。但是，就像我将要说明的，机智的本质不在于与他人良好相处或与他们建立良好的社会关系的简单愿望或能力。机智具有人际间的和规范性的特点，这特别适合我们与孩子的教育互动，我们把机智说成是瞬间知道该怎么做，一种与他人相处的临场智慧和才艺。展现机智的人似乎都具有在复杂而微妙的情境中迅速地、十分有把握地和恰当地行动的能力。在谈机智的一开始就说明机智并不一定是指一种温柔、服从、默许的敏感性，这一点很重要。一个富有机智的人可以是敏感而坚强的人。一个富有机智的人必须坚强，因为机智可能要求直率、坦诚和公正，如果情境需要这样的话，机智总是真诚的和真实的，决不能欺骗和误导。

机智由一系列的品质和能力构成。首先，一个富有机智的人具有敏感的能力，而从间接的线索如手势、神态、表情和体态语来理解他人内心的思想、感情和愿望。机智也能迅速地看穿动机或因果关系。一个富有机智的人，可以说，能够读懂他人的内心生活。其次，机智还在于具有理解这种内心生活的心理和社会意义的能力。因此，机智知道如何理解在具体的情况下具体的人的诸如害羞、敌意、气馁、鲁莽、高兴、愤怒、温柔、悲痛等情感。再次，一个富有机智的人表现得具有良好的分寸和尺度感，因而能够本能地知道应该进入情境多深和在具体的情境中保持多大的距离。最后，机智还有道德直觉（moral intuitiveness）的特点。一个富有机智的人似乎能感受到什么才是最恰当的行动。

tact 一词，像 tactile 一样，指的是 "touch"（触摸）。touch，按照《韦氏大学词典》里的说法，其意思是"轻柔地握住和感受"，其目的是不仅仅以理智的方式"欣赏和理解它"。我们注意到 touch 也可意味着侵犯或伤害，如在这样的

---

① ［加］马克斯·范梅南. 教学机智：教育智慧的意蕴 [M]. 北京：教育科学出版社，2001：119-124.

表达里，"I never touched the child"（我从未碰过这个小孩）；我们还说"a touchy subject"（一个棘手的或敏感的话题）。至于"a touching scene"指的是某个场景触动了我，它唤起了我的温柔的情感。

我们需要区分 tact 和 tactic。tactic 指的是一个达到目的的方法。tactic 有一种计算、计划的含义，而 tact 则根本是不能计划的。事实上，tactic 和 tact 从词源上说是毫不相干的。tactic 源自古希腊，它原来指的是军事科学，一个将军在战场上调动军队的战略才干。运用 tactics 来进行教学的人考虑的是如何对一个指导性和目标性的课程计划进行调兵遣将、出谋划策。擅长策略是指一个人善于组织执行计划的活动。因此，策略也包含了监督、指导的意味。教学的策略是人制订的计划、方法、方案、途径和手段。如一个精心策划的计划、剧本、大纲、蓝图、进程表、时间表或设计方案。

相反，act 一词从同源学上看，来自拉丁词 tactus，意为触摸、产生效果，而 tactus 又来自 tangere，意为触动。另有一个相关的词是 intact，表示未曾摸碰，完好无损。tactful 意思是完全接触，它也表示能够起到作用。与 tact（机智）相关的一些同义词都与做一个好的父母或教育者紧密相联："to be tactful"就是有思想的、敏感的、有感知力的、谨慎小心的、全神贯注的、有判断力的、精明能干的、目光敏锐的、优雅得体的、关心体贴的。上面这些词汇哪个不是指好的教育者呢？相反，一位 tactless 的人被认为是鲁莽冲动、粗心大意、愚恶无知、麻木不仁、不关心他人、笨拙别扭的。一般来说，tactless 就是不尊敬他人、不怀好意、不考虑他人、粗心大意、愚蠢不恭。

最后，还有 contact 一词，源自 contingere，按照《克莱因词源词典》(Klein's Etymological Dictionary) 的解释，意为"亲密地接触"，联系起来，保持接触。拉丁介词 con 常常对它所附着的词有加强的作用。换句话说，con - tact 与 tact 的含义一样，但意义加强了。它指的是一种亲密的人际关系，亲密无间、互相连接。一个"保持接触"、与学生保持紧密接触的教师，意味着其行动受到了机智的支配。

我们大多数人都对社会生活中的机智的价值非常欣赏。tact 一词经常用于我们困窘的时候。于是，有人会对我们说："唔，是的，我想这样的情形需要机智了。"可是，这样说就等于你对这个情境拿不出什么好的建议来。在这种情况下，机智就像某种神奇的词一样，虽然对解决问题说不出个所以然来，却能解决问题。

机智的行动是充满智慧的、全身心投入的。它也能帮助我们区别充满智慧和富有机智的行动。我们应该看到这两者是同时进行的。它们相互补充。没有智慧就没有机智，而没有了机智，智慧最多也只是一种内部的状态而已。从某种意义上说，机智与其说是一种知识的形式，还不如说是一种行动。它是全身心投入的敏感的实践。机智是一种对他人的作用，即使机智经常就是停顿、等待。

机智作为人际间的特殊互动的意义与教育或教育学非常相关。尽管如此，我们还需要对成人间互动的一般社会机智与成人和孩子间互动的教育机智这一更加具体的形式加以区分，这一区分又让我们重新回到教育关系的结构和性质的问题上来。成人生活中的一般机智是对称性的，而教育的机智则是不对称性的，在成人之间，我们期望机智的行为是交互性的，并与情境的性质和情况保持一致。我们教孩子对其他的孩子和成人运用这种一般的社会机智。富有机智从一般意义上说意味着我们尊敬对方的尊严和主体性，而且我们试图对他人的智力和情感生活保持开放和敏感，不论对方是年轻人还是老人。

但是，作为成人，我们没有权利期望孩子的教育机智。教育机智是一种我们拥有责任的表达方式，我们以此来保护、教育和帮助孩子成长。孩子们并没有被赋予这种教育责任来保护和帮助他们的父母或教师成长。当然，这并不是说孩子们没有教育我们，没有向我们显示在这个世界上体验生活和生存的新途径和可能性。但是，孩子主要不是为了我们才来到这世上的，我们的生活才主要是为了他们的。

也许非常令人吃惊的是，机智的概念在英语国家一直未能引起教育思想家系统的兴趣和对之进行系统的研究。将机智和充满机智的概念引入教育的议题中来的学者是德国的教育者约翰·弗雷德里希·赫尔巴特（Johann Friedrich Herbart）。1802 年，在他的首次关于教育的讲演中，他对听众说，"关于你究竟是一名优秀的教育者还是拙劣的教育者的问题非常简单：你是否发展了一种机智感（a sense of tact）呢"？赫尔巴特断定机智在实践的教育行动中占据着特殊的地位。他关于机智的演讲的主要内容是：（a）"机智介乎理论和实践之间"；（b）在日常生活里我们"作瞬间的判断和迅速的决定"的过程中机智自然地展现出来；（c）机智是一种行动方式，它"首先依赖于人的情感或敏感性，仅仅从遥远的意义上依赖于由理论和信念形成的判断"；（d）机智对情境的独特性非常敏感；（e）机智是"实践的直接统治者"。

可是，尽管赫尔巴特早期对机智有这样的概念，他后期的论文，特别是他的追随者的论文对教育知识和实践行动的关系都持有一种工具主义的态度。甚至在赫尔巴特的这些语汇中，也有一种有关机智在理论和实践中的调和角色的机械性的概念。然而，我们不应将机智看做是将理论转换成实践的工具，而应该将其看作是一个帮助我们克服理论与实战分离问题的概念。我们不应将机智理解成做瞬间的"决定"的过程，而应将机智重新看作是一种深切的关注，它使我们能够在与孩子和年轻人生活时充满智慧地行动。

在德国，机智的概念偶尔出现在教育实践的性质的探讨当中。但是，在讲英语的国家，统治着各种教育理论和教育能力的是一种更加技术化的和实用主义的理性思维。机智的概念从未被系统地研究过，而机智在关于教学的英语文献中的参考资料极为罕见。

有一篇论文，是由威廉·詹姆斯（William James）在 1892 年所写的讲稿。当他论及赫尔巴特时，他几乎以同样的内涵意义提到了"机智"。詹姆斯探讨了心理学和教育学的关系。在赫尔巴特这位伟大的体系建筑师看来，心理学和教育学两者是并驾齐驱的。可是，无论如何，赫尔巴特的教育学都不是来自心理学的，詹姆斯说。教育学不可能来自心理学。掌握心理学绝对不能保证我们成为优秀的教师，詹姆斯这样论述说：

> 为了达到这一结果，我们必须具有额外的天赋，一种愉悦的机智和天赋，来告诉我们在孩子面前说什么样的话、做什么样的事。那种面对学生、追逐学生的天赋、那种针对具体的情境而出现的机智是心理学一点也帮不上忙的。尽管它们是教师艺术的最基本的知识。

詹姆斯提供一个他对机智的理解的简洁的例子。他指出，一个富有机智的教师是如何通过将几乎每一个孩子都具有的特点融入学校教育的方式，使年轻人养成一种早期的学问感的：收集东西的愿望。"几乎所有的孩子都收集某种东西，"詹姆斯说，"一个富有机智的教师可能会使他们从收集书籍，从保持一份整洁而有条理的笔记，并在足够成熟时开始用卡片分类，从保存他们自己做的每一张图表等当中得到快乐。"詹姆斯的例子说明教师应该对孩子的天性冲动十分敏感，并将这些倾向与学校的课程连接起来。

我们应该注意到，比起更为普通的、大家更为认同的教师激发学生的动机，让所学的东西与学生联系起来，这里涉及的还要更多一些。但是，詹姆斯所谈到的机智究竟涉及什么呢？他声称这个根本的问题存在于心理学领域之外。詹姆斯在指出心理学对于教育学没有什么可以说的之后，在他的《与教师的谈话》的余下部分便不再进一步提及机智这个问题了。

对于我们来说，这里最重要的一点是詹姆斯提醒了我们，正是机智这一实践性的概念才确定了教师在教育时机的所作所为。机智是一种教育学上的机智和天赋，它使教育者有可能将一个没有成效的、没有希望的甚至有危害的情境转换成一个从教育意义上说积极的事件。

　　教育的智慧和机智当然并不能描述教师（教育者或父母）所知道和所做的一切事情。教学和抚养后代还有许多日常的和更加技术性的方面。教师必须知道怎样备课，怎样填成绩报告单，怎样有效地利用媒体；父母必须要会换尿片，管理家务，准备营养食品。但是，教学和抚养后代真正的东西是发生在生活本身当中的，你必须信心十足地知道在具体的情境中什么时候该说什么、做什么，或者不该说什么、不做什么。因此，教育的智慧和机智可以看作是教育学的本质和优秀性，我们不妨说智慧构成了教育学的内在方面，而机智则构成了教育学的外在方面。教育学的结构就像机智的结构。

二、[英] 约翰·洛克《教育漫话》①

　　但是，假如你找不到这样一位既会说一口漂亮的拉丁文、又能在这种种知识上教导你的儿子、从而愿意采用这种教学方法的教师，那么，次优的选择就是尽可能地用相近的方法去教他。可以找一本容易而又有趣的书，如《伊索寓言》之类，将英文译文（要尽量直译）写成一行，并在英文译文的正上方——对应地写上相应的拉丁文，让他每天反复诵读，直到他完全理解拉丁文的意思；然后再读下一则寓言，也要到他完全掌握为止，诵读的时候，已经掌握的部分也不可放过，要不时复习一下，以免遗忘。当他练习书写的时候，可以把这些材料用作抄写的范本，这样，他便可以在练字的同时又提高拉丁文的水平。这种方法不如直接用拉丁文与他进行交谈的方法好；学的时候首先要背熟动词的构造，然后再背熟名词与代词的变格，以便熟悉拉丁文的精髓和风格，因为拉丁文与现代语言不同，它的动词和名词的意义变化，不是通过在词前加前缀，而是通过改变词尾的音节。超出了这个范围的文法知识，我觉得不需要去掌握，除非他自己就能阅读西奥皮和佩里佐尼注释的《桑克蒂拉丁文原理》。

　　在儿童教育中，还有一点我认为也是值得注意的，那就是，在大多数情况下当他们遇到困难时，不应当让他们自己去寻找问题的答案，以免他们更加困惑不解。例如，当他们不理解句子的意思时，有的教师会向他们提出"主格是什么"之类的问题，又如，当他们一下子说不出 abstulere 的意思时，为了引导他们明白它的意思，有的教师会要他们回答 aufero 是什么意思，这么做只能让他们感到困扰，白白浪费时间。因为当儿童专心学习的时候，应该心情舒畅、进展顺利、尽可能地感到快乐。因此，每当他们遇到障碍，同时又想前进的时

---

　　① [英] 约翰·洛克. 教育漫话 [M]. 北京：商务印书馆，2018：218-223.

候，就应立刻帮助他们克服困难，而不是加以非难和斥责。要记住，如果教师采用了严厉的手段，那一定是骄傲和急躁的性格所致，他以为自己所知道的东西，儿童也应该马上明白；其实教师应该考虑到，自己的责任是让儿童养成习惯，而不是怒气冲冲地向儿童灌输规则，规则对人生的指导是没有多大用处的，至少对儿童没有用处，因为儿童根本就记不住规则。

我并不否认，在需要儿童运用理性的科学上，这种方法有时候可以有所变化，可以故意出一些难题，激发他们去努力，让他们的心智习惯于竭尽全力的推理。不过我觉得，在儿童年纪还很小的时候，或在他们刚刚接触一种知识的时候，是不能这样做的，因为在那种时候，儿童所学的东西本身都很困难，教师的重大作用和技巧就在于尽可能让一切事情变得容易，而尤其是在语言的学习上，最没有理由为难儿童。语言是靠死记硬背、形成习惯和保持记忆学会的，所以只有在完全忘掉一切文法规则之后，才能说得最流畅。我承认，一种语言的文法有时候是需要非常仔细的研究的，但是这种研究只能由那些专门考察评论语言的成人去做，很少是专业学者之外的其他人的工作。我觉得大家都会同意，一个绅士即便要研究语言，也应当研究本国的语言，以便能够最准确地理解自己经常使用的语言。

此外，做教师的人之所以不应当为难学生，相反地应当为他们扫清障碍，一旦发现他们停止不前时就立刻帮助他们前进，还有一个理由：儿童的心智是狭窄与脆弱的，通常一次只能容纳一种思想。儿童的头脑里一旦有了什么想法，马上就会被这种想法填满，尤其是在带有情绪的时候。因此，儿童进行学习时，教师的技巧和艺术便在于清除他们头脑中的一切杂念，最好能让他们的头脑腾出空间，以便专心致志地接受所要学的东西，否则所学的东西便不会在头脑中留下印象。儿童的心智天生就是散漫不定的，只要是新奇的东西都会吸引他们；无论看到什么新奇的东西，他们都急于要去尝试，过后却很快就腻了。由于他们对同样的东西很快就会感到厌倦，所以他们的快乐几乎全都是建立在变化和变换上面的。要让儿童瞬息万变的思想固定不变，那不合儿童的天性。不论这种情形是由于他们大脑的特性，还是由于他们的血气太旺和不稳定，不能完全服从心智的支配。显而易见的是，要儿童长时间地把思想用在一件事情上，对他们来说是一种痛苦。持续不断地保持专注是儿童难以承受的最苦的差事之一。因此，凡是想要儿童专心用功的人，就应该竭力使自己的要求变得令人愉快和可以接受；至少也要小心从事，不让儿童对之感到不快和恐惧，如果他们拿起书本时毫无喜爱和有趣的感觉，他们的思想自然就会永远离开自己厌恶的事情，转而去寻求更加令自己快乐的东西，不可避免地围绕这些事物游荡了。

我知道，导师们通常采用的方法是一旦发现学生有一点走神，就加以斥责与惩罚，借此让学生集中注意力，把心思用在当时所学的东西上面。但这种办法却必定会产生适得其反的效果。导师的严厉训斥或鞭挞会使儿童感到恐惧，随即迅速充满他的整个内心，使它再也没有空间来容纳其他印象。我相信，凡读了这段话的人都一定会回忆起，以前受到父母或教师粗暴专横的训斥时，自己的思想是怎样的失措，脑子是怎样的混乱，以致都不知道当时究竟听到了什么，自己又说了什么。他立刻不知道自己在干什么了，心里充满了惊慌和混乱，在那种状态下再也不能注意别的东西了。

的确，父亲和导师应该让受教育的儿童敬畏自己，借以树立自己的权威，并以此去管束他们。但是他们一旦获得了对儿童的支配权，就应当非常谨慎地使用这种权力，而不应使自己成为惊吓鸟雀的稻草人，让学生一看到他们便会战栗。这种严苛的办法也许能够使管教工作变得容易，可是对学生却没有什么益处。当儿童的思想受到某种情绪，尤其是恐惧情绪的支配和扰乱时，这种情绪就会给他们稚嫩脆弱的精神留下最强烈的印象，这时儿童是不可能学会任何东西的。要想让儿童的心灵接受你的教导，增长知识，就应该使之保持安逸平静。你不可能在一个战栗的心灵上写上美观平正的文字，正如你不可能在一张震动的纸上写上美观平正的文字。

教师的重大技巧便在于集中并且保持学生的注意力，只要做到了这一点，他就一定能在学生力所能及的范围内，使学生取得最大的进步。如果他不能集中并保持学生的注意力，那么他的一切忙碌纷扰就会收效甚少，甚至毫无效果。为了达到这个目的，教师应该让儿童（尽可能地）理解所教的东西的用处；要让儿童明白，借助于所学的知识，他便能够做自己以前不会做的一些事情，从而获得某种力量和实在的优势，使他胜过那些不懂得这些知识的人。此外，教师在整个教学活动中都要和蔼可亲，通过温和的举止让儿童感受到，教师是爱他的，所做的一切都是为了他好，唯有如此，才能激发儿童的爱好，使他愿意听讲，并从所教的东西中找到乐趣。

除了顽梗之外，任何事情都不应该用专横粗暴的办法去对待。儿童的其他一切过失，都应当用温和的办法去改正。和蔼的劝勉不仅能够更好地、更加有效地影响积极开放的心灵，甚至能在很大程度上克服那种由于粗暴专横的做法而常常在原本通情达理的人身上造成的刚愎任性。当然，顽梗和故意的玩忽是必须要加以控制的，即使要用棍棒也在所不惜。但是我觉得，学生的刚愎任性常常是导师刚愎任性的结果；而且，如果儿童没有受到不必要的滥用的粗暴对待，以致养成了恶劣的性情，憎恶他们的教师乃至由教师而来的一切，那么，大多数儿童是很少应当受到体罚的。

不在意、不经心、不稳定、易走神，那都是儿童本身固有的缺陷，因此，只要没有发现他们是故意所为，便应温和地予以提醒，假以时日逐渐地克服，如果这样的缺点每一次都要引发恼怒与斥责，那么训斥和惩罚的机会就必然频繁不断，以致导师会在学生的心目中变成一个永远可怕的、令人不安的对象。仅仅这一点就足以妨碍学生从导师的授课中获益，足以使他的一切教学方法都归于失败。

儿童对导师具有的敬畏心理应该经常通过导师对儿童表现出来的慈爱与善意来得到缓和，这种关爱之情能够激发他们去尽自己的责任，使他们乐于服从导师的指令，这样，会让导师对他们感到满意，也会让他们把导师看作一位爱护自己，为自己操心费力的朋友，去听导师的话。于是，他们在与导师相处的时候才会感到轻松自在，而唯有在这样的心态之下，心灵才能接收新的信息，接纳那些印象；否则，这些信息和印象便不会被接收并保留下来，他们和教师在一起所做的一切就都是白费力气，如此留存下来的东西便大多是不快的感受，而学习的成分则所剩无几了。

马卡连柯说过："随机应变是教学机智必备的要素之一。"教师需要灵活的变通、有效地处理和解决课堂中发生的各种各样复杂的问题。教学机智是教学过程中充满灵活性和创造性的"点睛之笔"。这对教师提出了更高的要求，语文教师在上课时要注意对全局的把握，运筹帷幄，要时刻掌握教学动态，确保教学任务圆满完成。运用课堂教学机智本身有一定的难度，时机的把握和处理的行为都具有难度，要求既合理又适当。在应对突发事件时，教师要做到因材施教、谆谆教导，根据具体情况灵活采取有效的策略，以达到学而不厌、诲人不倦的融洽无间的情境。语文教师要培养学生善于发现问题、提出问题，能够对文本做出自己的分析判断，从不同的角度和层面进行阐发、评价和质疑的独自阅读的能力。当有学生提出评价和质疑时，教师要发挥教学机智积极引导同学们对此评价和质疑进行探讨，并且表达出自己的观点与同学们共同合作探究。教师的教学机智处于不断的成长过程，需要教师不断地去创新、不断地发现。总而言之，教师教学机智的培养与开发，都要不断地学习知识、建构合理的知识结构，要尽力考虑学生的主体性与自主性，活跃地培养、激发和谐的教学氛围。我们应该始终在脑海中铭记俄国教育家乌申斯基的这句话："不管教育者是怎样研究教育理论的，如果他没有教学机智，也就不可能成为一个优秀的教育实践者。"

附录：能力练习与课后思考题

1. 什么是教学机智？

2. 教师教学机智的影响因素是什么？

3. 如何培养教师的教育机智？

4. 请根据你对教学机智的理解举一相关案例并分析评述案例中教师的做法。

参考文献

[1] 筑波大学教育学研究会. 现代教育学基础 [M]. 钟启泉, 译. 上海：教育出版社, 1996.

[2] 董小玉. 教育机智浅谈 [J]. 中国教育学刊, 1995 (1).

[3] 贾婧超. 中学语文教学机智研究 [D]. 渤海：渤海大学硕士毕业论文, 2008.

[4] 贾雄. 教学教育技艺原理 [M]. 诸惠芳, 等译. 北京：人民教育出版社, 1993.

[5] 雷玲. 名师教学机智例谈（语文卷）[M]. 上海：华东师范大学出版社, 2007.

[6] 斯宾塞. 教育论 [M]. 北京：人民教育出版社, 1962.

[7] 卢晓华. 迈向智慧的教育学——读范梅南《教学机智：教育智慧的意蕴有感》[J]. 浙江教育科学, 2018 (1).

[8] 马克斯·范梅南. 教育机智：教育智慧的意蕴 [M]. 北京：教育科学出版社, 2001.

第六讲

语文名师教学方法运用技艺

第一节　技艺概述

教学方法与语文教学方法是一般与特殊的关系。讨论"语文教学方法"，就要明确界定"教学方法"的概念，进而考察教育理论界的不同界说。时代的不同、社会背景或是文化氛围的不同、研究者研究问题的角度和侧面的差异，使得"教学方法"的概念不尽相同，迄今为止并没有形成一个明确的"共识性"定义。通过对教学方法的本质、构成要素、特性及分类等做了一类的研究，也形成了多样的认识，有其共性之处。

从目前已有文献来看，可以认为"语文教学方法既包括师生在教学过程中为了达成教学目标，根据特定教学内容而采用的某种具体的手段、技巧、策略等，也包括一套教学方式的组合及其操作程序，甚至也包括黏附在方法之中某些特定的教学观念和价值取向；从语文教学方法的实践状况来看，人们对教学方法的运用也是十分复杂且多样的，既有教的方法，也有学的方法以及二者的不同组合"。① 可将教学方法大致分为四个层面：一为教学方法的原理层面，即"教学方法观"，如启发式教学方法、接受式教学方法、无指导教学方法等；二为教学方法的技术层面，即"教学策略"，如练习法、读书指导法等；三为教学方法的操作层面，即"学科具体教学法"，如语文教学中的意象解读诗歌法、通过形声字教汉字等方法；四为教学方法的技巧层面，即"教学技巧"，它融合了教学方法的技术层面与操作层面，② 因而体现出较浓的教师个人色彩，形成教

---

① 张永祥.30 年来语文教学方法变革的历程、经验及趋势［J］.《河北师范大学学报》（教育科学版），2016（18）：95－102.

② 王荣生.听王荣生教授评课［M］.上海：华东师范大学出版社，2017：6.

学风格，或创立某个教学流派。教学方法服务于教学目的和教学任务的要求，是师生双方共同完成教学内容的一个手段。可以说，恰当选用教学方法对教学效果起着事半功倍的作用。

一、四十年来语文教学方法变革的经验与反思

梳理和考察这四十年来我国语文教学方法的变革历程、演变趋势及主要经验，既有助于语文教育工作者深入认识语文教学方法变革的逻辑和实质，又有助于我们更理性地去看待语文教学方法变革在语文课程改革中的地位和价值。

回顾、梳理改革开放后至今语文教学方法的变革，依据语文教学改革的阶段性特征，可以看出，语文教学方法改革分为如下几个阶段。

（一）语文教学方法改革的意识觉醒期（20 世纪 70 年代末）

1978 年，吕叔湘先生在《人民日报》发表《当前语文教学中的两个迫切问题》，痛切地指出语文教学中存在"少、慢、差、费"问题，呼吁人们"研究如何提高语文教学的效率"。[①] 同年，叶圣陶先生也发表了《大力研究语文教学 尽快改进语文教学》的讲话，主要回应了语文教学效率低下的问题，并对语文教学的若干问题提出了精辟的见解。[②] 这两篇文章，可以说是新时期语文教学改革的纲领性文献，标志着语文教学开始走上反思、改革、探索的觉醒之路。随后，1979 年 2 月，全国中学语文教学研究会在上海成立，全国小语会也于1980 年 7 月在大连成立。与此同时，《语文教学通讯》《中学语文教学》《语文学习》等语文教育专业性刊物也相继创刊。全国性的学术组织、学术刊物和学术团体的出现，加快了语文教学改革探索的步伐。

呼应"语文教学效率低下"这一历史性难题，人们纷纷将目光转向教学方法的改革，切实提高语文教学质量。整体来说，这一时期，人们对教学方法的探索开始由"自发"走向"自觉"，由"无序"走向"有序"，且陆续提出一些具有影响的语文教学方法，典型的如上海育才中学提出的以"读读、议议、讲讲、练练"为核心的"八字教学法"，著名特级教师潘凤湘提出的"八步教读法"等。

（二）语文教学方法的多元探索时期（20 世纪 80 年代初至 90 年代中期）

我国语文教学方法变革的"黄金期"。众多语文教学实践者与研究者探索语文教改的热情空前高涨，各类语文教学改革实验进行得如火如荼，各种形式、

---

① 吕叔湘. 语文教学中两个迫切问题［N］. 人民日报，1978 – 03 – 16.

② 叶圣陶. 大力研究语文教学 尽快改进语文教学［J］. 中国语文，1978（2）：8.

各种内容的教学研讨不绝如缕。注重教学方法的改革在"加强基础、培养能力、发展智力"的理念引领下，呈现出"百花齐放、百家争鸣"的态势和格局，产生了许多富有教学价值和创新意义的成果，大力推进了语文教学改革的步伐，且形成了一些具有影响力、有特点的语文教学方法流派。总体呈现出多向、多维的取向，具体体现为以下四个方面。

1. 引入多学科教学方法，丰富语文教学方法

20 世纪 80 年代初，我国人文社科领域兴起了一股多学科话语相互借鉴和融合的思潮。于是典型的如颜振遥老师把实验近十年的数学"自学辅导教学方法"引进语文教学，探索了"语文自学辅导教学"的实践①；如魏书生老师的"自学六步法"借鉴了以知、情、意、行为基本要素的德育心理理论；如李吉林老师的"情境教学法"在借鉴了外语的"情景教学"的基础上，又广泛吸纳了中国古代的意境理论以及哲学、心理学、美学、艺术学、脑科学等诸多新成果发展而成②；李敬尧则把理科教学的"导学式教学方法"引进语文教学。这些"嫁接"改良后的语文教学方法对教学效果起到有效提升作用。

2. 引进国外先进教学思想，优化语文教学方法

20 世纪 80 年代初始，国外一些先进教育思想进入国人视野，对语文教育产生了不同程度的影响。如 80 年代初，苏联巴班斯基提出教学过程的最优化理论，强调以完整、动态、联系的观点来看教学方法。这一新颖观点有助于人们克服对教学方法的片面认识。该理论引进国内之后，语文教育工作者尝试将其运用到语文教学中，并根据教学目标、教材特点、学生实际、教师特长等方面优选教学方法，以求实现语文教学过程和方法的最优化。如 1985 年，美国著名教育心理学家布卢姆的教育目标分类学传入国内，一些语文教育研究者将其运用到教学实践中，并完成目标教学法的实践。此外，引进的代表性国外教学方法还有洛扎诺夫的"暗示教学法"、沙塔洛夫的"纲要信号教学法"及合作学习法、问题教学法、单元教学法、自学辅导法、掌握学习法、图例讲解法等。整体而言，虽然在具体实践中存在着或盲目引进，或机械照搬，或不加以改良便生吞活剥的弊病，但是已不再局限于自身狭小的一方天地，而是力图实现借"他山之石"来有力改变语文教学当前质量低下的落后现实，且更是形成了语文教学方法改革的本土实践，掀起了语文教学变革的高潮。

---

① 颜振遥 . 语文自学辅导教学及其实验 ［J］. 成都大学学报（社会科学版），1984（2）：81 – 88.

② 李吉林 . 为儿童快乐学习的情境教学 ［J］. 课程・教材・教法，2013（2）：3 – 8.

3. 积极开展教学方法实验，改进语文教学方法

20世纪80年代中期以来，关于语文教学方法的实验层出不穷，且有了新发展、新内涵和新动向。其中不乏有影响的教学方法，如钟德赣老师进行的"中学语文五步三课型反刍式单元教学法"实验，颜振遥老师的"语文自学辅导实验"，宁鸿彬老师的"卡片辅助教学法"实验，李吉林老师"小学语文情境教学法"实验，张富老师的"跳摘教学法"实验，李敬尧老师的"导学式教学法"实验，丁有宽老师的"读写结合"实验，蔡澄清老师的"点拨教学法"实验，等等。进入90年代以后，关于语文教学方法的实验在理论和实践两方面都渐趋成熟，且有很多实验被列入省、国家级课题，并对实验成果进行了总结、评审和验收，其影响力也不断扩大。

4. 进行本土语文教学实践，创新语文教学方法。20世纪80年代初至90年代以来的语文教改浪潮催生了一批有本土特色的语文教学方法。这些教学方法的提出者或倡导者以语文特级教师居多。他们立足自身丰富的教学实践，大胆探索并勇于创新，最终形成了富有个性化的特色教学方法。典型的如钱梦龙的"三主四式语文导读法"，于漪倡导的"情感教学法"，蔡澄清的"点拨教学法"，张富的"跳摘教学法"，宁鸿彬的"卡片教学法"，魏书生的"自学六步法"，赵谦翔的"绿色语文教学法"，高原、刘胐胐提出的"观察—分析—表达"三级作文整体改革，等等。

（三）世纪之交语文教学方法的反思期（20世纪90年代末）

20世纪末，一场声势浩大的语文教育大讨论引发了人们对百年语文教育的深刻反思。1977年《北京文学》发表了三篇尖锐批评语文教育进行的文章，分别是邹静之的《女儿的作业》、王丽的《中学语文教学手记》、薛毅的《文学教育的悲哀——一次演讲》，由此引发了空前规模的关于语文教育改革的讨论。随后，《光明日报》《中国教育报》《中国青年报》等报纸也热情加入讨论，并吸引了社会各界人士纷纷参与。这次大讨论中关于语文教学方法的问题讨论主要集中于人们大都认为大多数学校依然普遍存在教学方法陈旧、呆板、灌输式的现象。大家认为要想彻底改变这种陈旧落后面貌，就必须发挥学生的主体性作用，提倡尽可能多地运用启发式、讨论式、点拨式、合作式等教学方法，以培养学生的创新意识和实践能力。

（四）新课改背景下语文教学方法的新一轮调适与新探索（21世纪初至今）

世纪之交，我国启动了新一轮基础教育课程改革。新课程改革有着深刻的国际国内背景，对我国基础教育在课程设置、课程内容、课程实施、课程结构、考试评价等诸多方面提出了一系列改革举措。在2001年国家颁布的《九年义务

教育语文课程标准（实验稿）》中明确提出"积极倡导自主、合作、探究的学习方式"的课程理念。在此理念的倡导下，一些适应新课程理念的教学方法应运而生并得到重视和倡导，如合作学习（教学）法、对话式教学法、参与式教学法、活动式教学法、探究式教学法、体验感悟式教学法等。且有不少名师都形成了自己系统化而有个性的教学流派，如余映潮老师的"板块化"阅读教学、黄厚江老师的"本色语文"、赵谦翔老师的"绿色语文"、董一菲老师的"诗意语文"、窦桂梅老师的主题教学法等。这都充分表明语文教育工作者不再不假思索地全盘运用和接受所谓的"新"的方法，而是在自身实践和积累经验的基础上，对课程实施进行了一系列的理性审视和反思。

　　但在实际的语文教学中仍然存在着学生对语文学习兴趣不浓、课堂效果平平、学生不爱读书的弊端，在科技高度发达、知识激增的今天，尤其是新课改的背景之下，这就对教师及时更新自己的教学理念，丰富、创造自己的教学方法也提出了更高要求。

二、语文教学方法选用的依据与原则

　　自现代语文学科建立以来的一百多年间，语文教育工作者对语文教学方法进行了广泛、全面而深刻的探讨。在语文教学设计中，不论是教学目标的确定、教学内容的选择，还是教学过程的安排等环节都非常重要。但同时我们也应该认识到，教学方法的正确且恰当的运用可以对语文教学的效果起到举足轻重的作用。教学方法的确定主要由教学目标、教学内容、学情等几方面决定，而教学方法也会反过来对教学目标和教学内容起到制约性作用。美国教育学家、心理学家布鲁姆教授主编的《教育评价》中这样阐述："当人们把教学法应用于数学、科学、哲学、社会科学以及其他（学科）范围中十分复杂的新概念时，才会瞥见它的巨大力量，爱因斯坦的相对论，DNA 遗传编码以及集合理论都是重要新见解的例子。当这些新见解最初出现时，只能被相应学科范围中为数不多的学者所理解。现在，数以百万计的中学生都理解了这些见解，因为课程编制者与教师已经找到了向各种学习者解释这些见解的方式。"① 由此可见恰当的教学方法在教学效果中的重要作用。通过运用正确的教学方法，教师可以有效引导学生感知知识、内化知识、提升思维和开发智力，从而真正形成技能或技巧，并能够在引导学生发展情感、道德、价值观及审美意识方面获得更全面、更深层的发展。

---

① ［美］布鲁姆．教育评价［M］．邱渊，译．上海：华东师范大学出版社，1987：14.

（一）教学方法的分类

苏联教育家巴班斯基从人的活动的认识这一角度出发，认为教学活动包括了以下三种成分：知识信息活动的组织、个人活动的调整、活动过程的随机检查。与这三种成分相对应的教学方法可以分为以下三类：第一大类"组织和自我组织学习认识活动的方法"、第二大类"激发学习和形成学习动机的方法"、第三大类"检查和自我检查教学效果的方法"。威斯顿和格兰顿依据教师与学生交流的媒介和手段，将教学方法分为四大类：一是教师中心的方法，主要包括讲授、论证提问等方法；二是相互作用的方法，以讨论法为主，主要包括全班讨论、小组讨论、同伴教学、小组设计等方法；三是个体化的方法，如程序教学、单元教学、独立设计、计算机教学等；四是实践的方法，包括现场教学和临床教学、实验室学习、角色扮演、模拟和游戏、练习等方法。拉斯卡依据新行为主义刺激—反应联结的学习理论，并依据在实现预期学习结果中的作用，归类为四种基本的或普通的教学方法，即呈现方法、实践方法、发现方法和强化方法。

国内教学方法的分类主要以李秉德教授和皇甫全教授提出的分类方法为主。

李秉德教授按照教学方法的外部形态，及相对应的这种形态下学生认识活动的特点，将中国的中小学教学活动中常用的教学方法分为五类。第一类方法："以语言传递信息为主的方法"，包括讲授法、谈话法、讨论法、读书指导法等；第二类方法："以直接感知为主的方法"，包括演示法、参观法等；第三类方法："以实际训练为主的方法"，包括练习法、实验法和实习作业法；第四类方法："以欣赏活动为主的教学方法"，如陶冶法等；第五类方法："以引导探究为主的方法"，如发现法、探究法等。黄甫全教授则认为教学方法从具体到抽象是由三个层次构成的。第一，原理性教学方法。解决教学规律、教学思想、新教学理论观念与学校教学实践直接的联系问题，如：启发式、发现式、设计教学法、注入式方法等。第二，技术性教学方法。向上接受原理性教学方法的指导，向下与不同学科的教学内容相结合构成操作性教学方法，在教学方法体系中发挥着中介性作用。如：讲授法、谈话法、演示法、参观法、实验法、练习法、讨论法、读书指导法、实习作业法等。第三，操作性教学方法。指学校不同学科教学中具有特殊性的具体的方法。如语文课的分散识字法、外语课的听说法、美术课的写生法、音乐课的视唱法、劳动技术课的工序法等。

（二）教学方法选用的依据

科学、合理地选择和有效地运用教学方法，能够使语文教师教授学生语文知识，培养和提升学生语文自学能力及开发学生智力。教师能够在现代教学理论的指导下，考虑到教学目标、教学内容、学生特性等因素，熟练地把握各种教学方法的特性，综合地考虑各种教学方法的要素。教师在选用教学方法时，不仅要注意运用合适的技术手段去刺激、引导和鼓励学生的学习，也需考虑学生的学习兴趣、学习需要、学习能力等。这对教师的教学机智与全局把控能力提出了要求。教学方法有着历史的继承性和时代的特征，教师需要全面综合而具体地考虑各种因素加以权衡和取舍。教学方法的选用应把握好以下几个原则：

1. 根据语文课程目标和教学目标

2017 年颁布的语文课程标准在语文课程目标方面有了新的体现：确定新的学生观，突出学生在语文学习中的主体地位；确立新的知识观，突出现代社会对语文能力的新要求；确立课程与社会生活的联系，突出语文课程的实践性的本质。根据新课程目标精神选择的教学方法应当立足于努力提高学生的语言理解能力和语言表达能力，全面提高学生的语文素质，为终身学习和有个性的发展奠定基础。[①]

语文课程目标的实现依赖于每一堂高质量的语文课堂。每堂语文课的教学目标，都应该是语文课程目标的具体化，恰当合理的教学方法是实现新课程目标的必要手段。

2. 依据教材内容

语文教材是语文课程内容的体现，不同的学科和不同的教材内容，都有其不同的教学方法。如语文和外语常采用讲读法；物理、化学常采用讲授与演示相结合的方法，有时则采用实验法；而地理、历史就要经常使用地图、景观图、幻灯片等直观的教学方法。例如同样是语文课，教诗歌就要重视学生的诗歌朗诵训练，教古文可用讲读、串讲、点评的方法，教小说体裁的文章则常用谈话法，着重人物分析和写作特点的分析。

3. 依据学生的实际情况

任何教学方法的有效性都必须通过学生的学习效果来验证。德国教育家第斯多惠说："教学必须符合人的天性及其发展的规律，这是任何教学的首要的、最高的规律。"[②] 其中，"人的天性及其发展规律"也就是学生的实际情况，这主要包括学生的年龄特征、生活经验、家庭环境、知识基础、思维感知基础及

---

① 中华人民共和国教育部. 普通高中语文课程标准（2017 年版）［M］. 北京：人民教育出版社，2018：4.

② ［德］第斯多惠. 德国教师培养指南［M］. 袁一安，译. 北京：人民教育出版社，2005：6.

其智力发展水平。如对某事物如果学生有丰富的感性认识，只要在讲解中有些语言描述，学生就可以理解；有些问题，学生缺乏感性认识，就要多用些演示法。在低层次班级，学生抽象思维能力较差，宜多用直观教学法；高层次班级可以多用讲解法或谈话法。教学方法的灵活运用都要真正做到对学生的实际情况进行掌握，这体现着语文教学的张力和生命力。

4. 依据教学本身的条件

教学本身的条件，包括教师自身的素质、气质、特征和教学环境、教学时间、设备条件等因素。教学方法要由教师来运用，因此选用什么方法，还要考虑教师自身的条件。每个教师的自身个性素质和风格都不同，因此会有各个流派的名师，如情感派于漪老师、管理派魏书生老师、思维派宁鸿彬老师等。这些都影响着教师对教材的处理和教法的选用。因此教师在执教前，有必要挖掘和发现自身的个性特色，不可强行套用不适合自己的教学方法。当然，教师的条件不是固定不变，一些先进的教学方法，教师可能一时不掌握，如有掌握的必要，要积极地学习，及时掌握新方法。

三、常用的语文教学方法

（一）单项语文教学方法

1. 讲授法

讲授法是教师通过简明、生动的口头语言向学生传授知识、发展学生智力的方法。依据教学内容不同可分为描述法和论证法；依据逻辑性质可分为归纳法与演绎法；依据学习的侧重点不同可分为分析法与综合法；依据讲授形式不同可分为讲述、讲解、讲评、讲演、复述、讲读、讲练等。在语文教学中使用讲授法时要注意以下几点：一是讲授时要注意时机的把握，在学生求而未得时恰当的讲授会使学生茅塞顿开，这会激发学生进一步深层次学习的兴趣；二是讲述的语言要力求生动、准确、有趣、简练，既能用语言调动课堂气氛又给学生联想和想象的空间。

2. 谈话法

谈话法是教师通过师生有效问答进行教学的教学方法，是一种最古老的教学方法。中国古代教育家孔子就常用富有启发性的谈话法进行教学，他主张教学要"循循善诱"，"叩其两端"，从事物的正反两个方面去寻求知识。古希腊哲学家苏格拉底也善于运用谈话问答的方法。他并不直接传授知识和经验，而是提出问题，激发学生本人寻求正确的答案；当学生提出问题或做了错误的回答之后，他也不直接进行纠正，而是提出补充问题，把学生进一步引向谬误，然后促使他认识与改正错误。在语文教学中，教师应注意以下几点：一是恰当把握问题的难度，过易导致学生疏于思考，过难会削弱学生探索的动机；二是提问问题应面对全体学生，不可先指明特定的学生；三要注意正确评价学生的回答，宜以表扬为主，采取民主态度。

3. 讨论法

讨论法是在教师的指导下，学生以全班或小组为单位，围绕教材的中心问题，各抒己见，通过讨论或辩论活动，获得知识或巩固知识的教学方法。主要包括议论法、辩论法、研讨法和座谈法。在实际的语文教学中，教师应注意以下几点：一是讨论前设置的问题要具有吸引力。讨论前教师应提出讨论题和讨论的具体要求，指导学生收集阅读有关资料或进行调查研究。二是讨论时，要善于启发引导学生围绕中心，联系实际，让每个学生都有发言机会。三是讨论结束时，教师应进行小结，概括讨论的情况，以便使学生获得正确的观点和系统的知识。

4. 练习法

练习法是学生在教师的指导下巩固知识、运用知识、形成技能技巧的方法。在语文教学中，练习方法主要有朗读、背诵、默写、填空、作文等。教师在采用练习法时应注意以下几点：一为事先将做练习的目的和时间告知学生以便学生可以充分复习；二为多些使学生思考的问题，少一些死记硬背的机械类练习；三为尽快评定学生的练习成绩以便学生了解掌握自身的学习情况，及时调整。

（三）综合语文教学方法

1. 导读教学法

"导读"即指教师运用教学手段来引导学生自己去阅读文本、深入思考并发现问题，逐步提升阅读能力，主要包括教读法、点拨法、探讨法、发现法、自读法等。[①] 导读教学法是钱梦龙老师在语文教育思想方面最突出的贡献，是他那个时代的标志性语文教育思想之一。他在长期的语文教学实践中逐步形成了"三主""四式"教学方法。

"三主"，一是以学生为主体，把学习的主动权交给学生，让学生在教师的指导下自己阅读，自求理解，自致其知，从而根本改变教学中单纯由教师灌输知识、越俎代庖的教法；二是以教师为主导，在确认学生的主体地位的同时，教师在教学过程中的作用和活动方式主要是"导"，"导"指引导、指导或辅导、因势利导，根据学生的认识规律和学习心理，正确地引导学生获取知识；

---

① 何更生．新编语文教学论［M］．芜湖：安徽师范大学出版社，2018：122.

三是以训练为主线，主要是指"教学过程中学生主动获取知识、应用知识、培养能力、发展智力的各项学习活动"。这里说的训练，是指语文教学过程中以语言训练和思维训练为核心的读、听、说、写训练，不仅仅指做习题。

钱梦龙老师"三主"教育思想主要体现在"自读、教读、作业、复读"这四种基本课型之中。所谓"四式"，是一个相对来说比较完整的阅读教学体系。"自读式"具有"六步自读法"，给学生的自读提供了一个完整的阅读程序："认读—辩体—审题—发问—质疑—评析"。"教读式"即教师教学生如何阅读。往往在课堂教学中，钱梦龙老师是将自读式与教读式同时运用。"复读式"是针对课堂所学习的内容的一种复习性的阅读训练。组成"复读"单元，采用"读读、想想、议议、练练"的方式。"练习式"即合理化的课后作业，目的是为了强化学生对知识的理解和记忆。

2. 情感教学法

情感是组成人类心理活动的重要部分，是人们对于事物的直接态度和体验，是一种复杂的心理现象，具有动力功能、调节功能、信号功能、感染功能和迁移功能。《情感教育心理学》一书认为："情感教学从最根本的含义上说，就是指教师在教学过程中，在充分考虑认知因素的同时，充分发挥情感因素的积极作用，以完善教学目标、增强教学效果的教学。"① 言而总之，情感教学即指在教学过程中，将情感作为人的发展的重要方面，依据情感的规律，力求发挥情感的功能，实现教学目标。情感教学法在长期教学实践中逐渐形成了一个流派：以于漪老师、欧阳代娜老师、程翔老师为代表。其教师观强调教师要有激情，对语文教育要"倾情"。

（1）以境生情法。语文教师以饱满的教学激情，创设语文教学情境。以简介背景入境，联系生活。如《周总理，你在哪里》一文，可以在讲课前介绍周总理鞠躬尽瘁、死而后已为人民服务的光辉事迹，描述十里长街送总理的感人场景，让学生在教师满含感情的讲述当中，产生对总理的爱戴和敬仰之情，进入缅怀总理的情境。

（2）以美育情法。苏霍姆林斯基说："美是一种心灵的体操——它使我们精神正直，良心纯洁，情感和信念端正。"以美育情指语文教师通过自己不断提升的审美和情感的素养，深入挖掘、创造、传授语文教学中美的因素，来激发学生的情感，形成审美体验，唤起学生与作者的情感共鸣。这对教师的备课功底提出要求：不仅要在备课中吃透教材，准确把握重难点；还要从美育的角度去

---

① 韩雪屏.语文教育的心理学原理［M］.上海：上海教育出版社，2001：22.

研究教材，发现美育因素，并加以提炼。在《岳阳楼记》一文的备课环节，教师备课时不仅要挖掘课文所表现的语言美、景物美等，还要品味作者"先天下之忧而忧，后天下之乐而乐"的政治抱负以及"先人后己，吃苦在前享乐在后"的人生哲理。

（3）以情创情法。学生在语文学习中不断积累丰厚的情意，通过情感创新和再造，进一步丰富和深化情感积累，实现学生情感的良性循环。以情创情广泛体现于语文教学各个环节，尤以阅读和写作两个方面教学最为突出。如阅读教学《孔乙己》，教师引导学生把人物放进社会背景中去分析，使学生清醒认识到是封建科举制度荼毒了孔乙己，使其落得被嘲笑、被侮辱、被损害的下场，感知鲁迅先生对孔乙己"哀其不幸，怒其不争"的复杂情感。学习课文后，教师可进行适当的口头或书面的表达训练，让学生升华文情，使他们对所获情感体验进行迁移内化。训练中尽量联系学生生活实际，以便他们能够从生活中的高尚情感或丑恶情感中得以启发、鼓舞或反省，完善自身情感发展。

3. 情境教学法

通过运用具体生动的场景，来激起学生主动学习的兴趣、提高学习效率的一种教学方法。情境教学的概念，首次出现在 1989 年布朗·柯林、杜吉德（Brown Collin，Duguid）发表的名为《情境认知与学习文化》（Situated Cognition and the Culture of Learning）的论文中。他们认为"知识只有在它们产生及应用的情境中才能产生意义。知识绝不能从它本身所处的环境中孤立出来，学习知识的最好方法就是在情境中进行"。中国情境教学法的引领者是李吉林老师，她在长期的教学实践中探索、反思，总结出一套新情境教学模式，并将情境教学定义为："以生动形象的场景，激起学生的学习情绪为手段，连同教师的语言、情感，教学内容以至课堂气氛成为一个广阔的心理场，作用于儿童的心理，从而促使他们主动积极地投入整个学习活动，达到儿童整体和谐发展的目的。"[1]

在语文教学中，情境的创设可通过以下几个途径：

（1）生活展现情境。"将学生带入到社会和大自然中，从生活中选取某一典型场景作为儿童观察的客体，并以教师语言的描绘，鲜明地展现在学生眼前，成为他们创作和思考取之不尽的源泉。"[2] 在李吉林的情境课堂上，学生跟随着

[1] 李吉林. 李吉林文集（卷一）：情境教学实验与研究［M］. 北京：人民教育出版社，2007：23.
[2] 李吉林. 小学语文情境教学：李吉林与青年教师的谈话［M］. 北京：人民教育出版社，2003：33.

老师一起欣赏婀娜的荷花，一起认识小音乐家扬科，一起探秘神秘的海底世界，一起聆听贝多芬的月光曲……这一切的实现都得益于创设了生动形象的情境。如李吉林老师结合"植物单元"教学，补充阅读散文《多美呀，野花》，她亲自带学生一同在野外观察蒲公英，进入美丽的野花世界。

（2）实物演示情境。以实物为中心，略设必要的背景，构成一个整体，演示某一特定的情境。① 在教学《珊瑚》一课时，李吉林寻找一些像"鹿角"、像"菊花"和像"小树枝"的珊瑚，并为珊瑚铺设"大海"背景，在黑板上贴蓝色的纸张模拟大海，用粉笔画上波浪，让学生"身临其境"般直观地感知课文中描述的珊瑚的状貌。

（3）音乐渲染情境。音乐是抒情功能强大同时又具有微妙语言的艺术表现形式，以其丰富的美感音乐激起人的联想和想象，产生情感体验。在语文教学中，并不一定局限于现成的歌曲，甚至教师、学生自己的轻哼、弹奏都是行而有效的音乐情境。实现语文和音乐的美妙结合，学生易产生身临其境之感，通过音乐融入情境空间。

（4）表演体会入境。"教学过程中学生在老师的指导下，把课文中某些词句的意思或者是故事情节，依据自己的理解，用动作和神情等手段表现出来的活动。"②在课堂上以"假设你是文中的×××"的形式进行表演，可以使学生在表演过程中自觉地用心去揣摩文中主人公的心理活动和情感，同时对于训练学生的口语表达能力也有很好的效果。

第二节　案例分析

名师教学案例研究在近些年来广受关注，为语文教学方法的研究提供了更多空间。作为案例是未经加工、在课堂自然状态下生成的教学事实，具有一定的综合性和原型性。一个完整的教学案例是教材、教学和教师等各个要素的全态体现，是语文教学研究的集合性样本，有重要的研究价值。名师教学案例具有一定的示范性和典型性，可以称之为"范本"，对此进行研究，对一线教师从

---

① 李吉林. 小学语文情境教学：李吉林与青年教师的谈话［M］. 北京：人民教育出版社，2003：38.

② 李吉林. 小学语文情境教学：李吉林与青年教师的谈话［M］. 北京：人民教育出版社，2003：53.

事教学实践的综合素质的启发和提升具有重大意义。

一、诗词类文本案例评析

特级教师肖培东《菩萨蛮》（其二）两则片段教学案例评析：

其一：

师：这节课一起来学习一首词——韦庄的《菩萨蛮》（其二）。大家说说看，学词最好的手段是什么？

生：读。

师：那我们就开始读这首词。第一遍，请同学们轻声地朗读。

（生轻声读）

师：很好。第二遍我们默读，读的时候可以看看文中的注解。

（生默读）

师：请一位同学来读一下。

（一女生读，语调平淡。）

师：听听看，她读的节奏对不对？

生：我觉得读得挺对的。

师：是吗？大家一起来看练习（一）的相关提示。诵读的时候要注意词的格律比诗更为严格，而且同一词牌还有变体。这首词每两句换一次韵，且韵、平韵重复回环，有复叠之美。下面一起来读这几句提示："诵读时，遇平声韵'天''眠''乡''肠'应拖长音，稍作停顿；遇声韵如'好''老''月''雪'等则应急促些。"这位同学，你再来说说自己读得对不对。

生：不对，读的时候长音和急促音都没读出来。

师：你的节奏完全是一样的，停顿节拍也都是一样的。诗词诵读时，节奏的停顿尤其重要，大家读的时候一定要注意。来，我们再试试看。

（生自由读）

师：有进步了。好，现在让另一位同学来读一下。

（另一女生读，整体读得快了。）

师：你看，语速快了。记住，古诗文诵读一定要处理好诵读的停顿、节奏、重音及语速，一起来试试看。

（生齐读）

师：这首词，给我们描绘了一个非常熟悉的地方，是——

生：江南。

师：我们会想到已经深深留在我们文学记忆库里的一句非常熟悉的词——

生：江南好，风景旧曾谙。

师：那就先一起读读白居易的《忆江南》。

（生有感情地诵读）

师：接下来，再把韦庄这首词中具体写江南好的句子读出来。

生：（齐读）春水碧于天，画船听雨眠。垆边人似月，皓腕凝霜雪。

师：这"好"的味道可以读得更浓些。

（生再读）

师：读出韵律美，还要读出画面美。韦庄也写到江南之好，这四句话分于上下两阕，但又自成一体。我们一起再来读读看，读慢一点。

（生齐读）

师：江南之好，好在哪里呢？轻轻地读一读，想一想。

……

评析：经典诗歌《菩萨蛮》的各种解读和教学案例汗牛充栋，而肖培东老师的课总是令人耳目一新，具有很大的感染力和辐射力。其原因在于肖老师的"浅读"中的真意却更让人回味无穷。朗读既是人认识外部世界的基本方式，又是语文教学的核心和课堂立足点，是肖培东老师的"浅中有真意"的独特语文教学方法。

一方面，他特别强调在课上反复读文本，直到学生们能够读出自己的味道来。古典诗歌多是精华之作，其中含有自我的生命体验与创造，自然是值得读出"味"来。在这个片段实录中可以显而易见，肖培东老师尤为重视学生的多层次朗读，有"朗读""默读""自由读""齐读""诵读"。不是象征性地为了背而读，而是与文本和诗人沟通的融合性朗读与建构性朗读，读出画面美、韵律美、表现美。也许别的老师会认为多次的朗读华而不实、浪费时间，使学生厌倦，但肖老师却做得那样极致、那样情深意笃。这实际上是为了学生后面体验诗歌情感蓄势，也是实现拔高学生审美的环节。正如钱梦龙老师称赞他的那样："把朗读放到了它应有的位置上，使其功能得到了酣畅淋漓的发挥。"

另一方面，更注重指导学生掌握朗读技巧后诵读。正如叶圣陶所说："唯有不忽略讨究，也不忽略吟诵，那才全而不偏。"在读中品，可唤醒学生沉睡的"诗"心；而品中读，可引导学生体察作品遣词造句技巧与思想神韵。肖老师在教学中注意到了音律的力量，"音律是'情感的形式''有意味的形式'，有时甚至就是情感、意味本身。因此，沿音律溯源，往往可以更好地感受极化情感的冲击力，获得意想不到的审美效果。"① 在品读中，完成了陈述性知识和程序性知识的渗透与建构，也悄然丰润了学生审美心灵。

其二：

师：注释说，"他生活在唐帝国由衰弱到灭亡、再到五代十国分裂割据的混乱时期"，避乱江南，思念无边。这写江南好的四句诗，其实每一句后面都暗藏着一种想念。面对江南之好想起家乡之景，那遥远的家乡此时会是怎样的一番光景呢？我们一起想象一下，我说前者，你们说后者，好吗？

（学生默思）

师：江南"春水碧于天"。

生：家乡却血流成河、一片战乱、天地昏暗。

师：江南"画船听雨眠"。

生：家乡却是一片打打杀杀的声音。

生：家乡原本也有这样的悠闲，也可以和家人一起在船里听听雨声。可是，战乱改变了一切，家乡再也不见这样的情趣，人们流离失所，哭声连天。

师：江南"垆边人似月，皓腕凝霜雪"。

生：家乡的美人却在战火中蓬头垢面，生活困窘。唉，人身处战乱，哪里还有昔日容颜！可是，诗人是那么想念她。

师：同学们，打开诗歌之门，一个很重要的行为是想象。想象可以是正面的、直接的，也可以是侧面地、对比地去想，构成一幅不同的图景。

（生齐读全诗）

……

评析：肖培东老师运用畅想法，对位式启悟教学方法，为学生提供想象的空间，让学生思维与审美齐飞。肖老师设置对位式的体悟，似乎隔着案例呈现出一位"深思"的师者形象。通过空间对照让江南和故乡两种空间同时呈现，以体味词人的内心世界，这一教学设计堪称得力的审美支架，一下子支起了学生的想象，拓宽了他们的审美体验。现今语文教师特别是年轻教师，容易为一些新理念、新花样所蛊惑，把课堂带向"声光电、满堂问"的世界，而实际上，学生课后脑袋空空，比较缺乏文字积累和文化积淀，更易缺失读书兴趣。肖培东老师不玩高深理论，也不搞花样，而是"扎扎实实地教学，让学生老老实实

---

① 汲安庆.中学语文名师教例评析［M］.上海：华东师范大学出版社，2018：36.

读书"①，以语言文字的涵泳与表达作为教学主线，尊重学生主体地位，激活学生思维，进而落实学科核心素养。

二、散文类文本案例评析

特级教师余映潮《老王》的片段教学设计评析：

师：现在给大家四个话题。1. 课文第一段表达作用欣赏；2. 课文铺垫手法欣赏；3. 课文详写部分语言欣赏；4. 课文最后一段意蕴欣赏（课件形式出现）。

注意第一段的表达作用的欣赏，表达作用欣赏是高中生必须接受严格训练的能力训练项目。第二个话题是课文铺垫手法欣赏，也是重要的阅读能力。课文详写部分的欣赏指的是老王给我们家送来了好香油、大鸡蛋的那个片段的语言描写。课文最后一段的意蕴欣赏，确切地说是最后一句话的含义欣赏。每位同学自选一个话题，老师给你们的时间是8分钟，每位同学都享受8分钟的静思默想的时间，把你的发言，你的想法，多少要写成一点文字。开始。

8分钟后：

师：我们来进行话题欣赏，一个话题一个话题地来，第一个话题，什么是表达作用呢？就是这一段，他为什么要这样写，他的目的是什么，他这样写有什么好处？表达作用与表达效果这8个字总是连在一起的。

生：第一段，我常坐老王的三轮车，"常"表示经常，表现出了我对老王的关心，这一个字也为第二段埋下了伏笔。据老王自己讲，他是没有加入蹬三轮车的组织，所以他的经济条件比较苦，因此作者想从经济条件上支援他。"闲话"体现作者即使对陌生人也有无比的爱心，因为老王这时需要的不是经济上的帮助，而是情感上的帮助，他现在需要的是情感的寄托，同时也体现作者极具爱心与同情心。

师：他是从词句表达作用来分析的，还要把眼界拓宽一点，在全文中有必要这样吗？它在全文中的作用还需要再分析。

生："他蹬，我坐，一路上，我们说着闲话。""闲话"二字，在二、四段都有表现，他通过闲话的方式，告诉读者老王身为社会底层的三轮车夫的处境，生活和性格为下文的高潮埋下伏笔。

师：第一段和第三段的关系非常微妙，极有匠心。一路上我们说着闲话，于是，就有了据老王自己讲这一个大的片段，所以从近距离而言，文章的开头

① 李燚鑫. 精巧自在浅浅中：跟肖培东学教语文［J］. 中学语文教学参考，2019（11）：16-18.

很顺利引出老王，介绍老王，而且是引用老王自己讲的内容，多精致呀。这样的开头和《背影》的开头有异曲同工之妙。"背影，我最不能忘记得是他的背影。"然后马上回扣背影，解释这句话。这个第二段就是同样的作用，还需要阐述它在全文中的作用。

生：第一节首先点出老王是一名三轮车夫，反映出他的社会地位。"常"字表现我和老王关系十分密切，引出下文我们和老王之间的故事。一路说闲话，表现出作者和老王虽是社会底层的人，但作者并不因为身份差别而排斥老王，表现出作者对老王的关心。

师：这一段话很明显地介绍了人物的关系，这就是一个极其重要的作用，好，我给大家细细讲来。这一段，在整篇文章的人物介绍、人物关系、时空拓展、事件安排、气氛营造等方面，都有不可忽视的作用。我们能够从"他蹬，我坐，一路上我们说着闲话"看出，两个不同身份、不同地位的人的友好的关系。

师：这就是这一段在全文中的表达作用，你们将来还会遇到很多关于表达作用欣赏的训练项目，如果说某一段的作用，一定要欣赏到在全文中的表达作用的高度上来。

评析：杨绛先生的叙事性散文《老王》一向是教学名篇，而余映潮老师在《老王》教学中采取的教学方法却格外精思巧妙。他创造性地采用话题式教学法。首先，余老师在出示四个话题之后给每个学生 8 分钟思考实践，让其自选话题，且让他们把自己的所思所想描绘为文字。这种做法其实是一次微型写作，实现了读写结合，培养了学生思想上的独立自主性，也锻炼了学生的写作能力。

另一方面，话题式教学不同于大多数的问题式教学。相比问题式教学而言，少了一些针对性，普适性提高了，更适用于不同层次的学生，让更多学生自主地加入课堂。在教学实录中可以发现，不同的学生对于同一话题的表达角度有很大不同。如有的学生抓关键词，有的学生分析与其他段落的联系，有的学生抓句子。这正是话题式教学法的精妙所在，教师是引领学生站在全文的高度去赏析第一段的表达作用，既具有开放性又具有导向性，为学生的思考提供了更多的空间。余老师以《老王》为例子，运用话题式教学法使学生明白什么是表达作用，应该如何赏析。话题赏析是一种较高层次的能力训练，无论是对课文内容的理解，还是课堂知识的积累，还是对学生核心素养的培养，都可以说是有力度、有广度、有深度的，且具有一定的技巧性，这对于语文教育工作者来说是有学习价值的。

三、小说类文本案例评析

特级教师宁鸿彬《皇帝的新装》的片段教学实录评析：

其一：

师：打开书！

（板书：皇帝的新装）

《皇帝的新装》是一篇童话，作者安徒生。下面默读"提示"第一段，读后请同学们说说你认为介绍作者这部分内容，应该抓住几个要点？

生（1）：我认为应该抓住五点：名，安徒生；时，19 世纪；地，丹麦；评，世界著名童话作家；作，《卖火柴的小女孩》等。

师：下面我们读课文。①

……

评析：宁老师的课堂实录使人情不自禁想到"体知"二字，重"体知"而非"授知"从一个简简单单的开场白可窥知一二，宁老师在自觉地践行崭新的教师观与学生观。如此朴实、没有一丝花里胡哨的开场白着实令人眼前一亮。语文教学，最朴素的使命不就是引导学生读书吗？② 不就是引导学生学会去"抓住几个要点"来读吗？宁鸿彬老师在课堂伊始就暗示了学生将要做的"一件大事"是——"我们读课文"中所要注意的事项了。这体现了他的启发式教学法。

其二（提出主问题一）：

师：读完之后，请你们给这篇童话加个副标题，一个什么什么样的皇帝（板书：一个……的皇帝）。省略号什么意思？

生（齐）：要填出形容皇帝的词语。

师：对！你怎么认为就怎么填，所以在读课文时，要边读边思考。下面按座次朗读课文。

（8 名学生按座次朗读了课文，教师巡视，并不时在书上做记号。）

师：大家读得都比较好。有两个字的读音需要注意："对于自己职位不相____"什么？

生（齐）：不相 chèn。

师：正确！大家跟我读，不相 chèn。

---

① 宁鸿彬.《皇帝的新装》教学实录（上）［J］. 中学语文教学，1997（5）：23 – 26.

② 俞万所. 一堂好课的阅读历程：读宁鸿彬老师《皇帝的新装》教学实录［J］. 中学语文教学，2009（2）：15 – 18.

生（齐）：不相 chèn。

师：再读。

生（齐）：不相 chèn。

师："这可 hài 人听闻了"中的"骇"，念 h—ài—hài，第四声。在书上注一下。跟我读，hài 人听闻。

生（齐）：hài 人听闻。

师：再读。

生（齐）：hài 人听闻。

师：这两个字的读音今后要多加注意。下面再给大家两分钟准备时间，请你们给本文拟一个副标题——一个什么样的皇帝，最好能结合课文做些解释。

（众生翻书思考）

生（10）：我添加的副标题是"一个愚蠢的皇帝"。因为课文中那两个自称是织工的骗子，根本没织衣服，也没给皇帝穿衣服，只是做做样子而已。而皇帝为了炫耀自己，还穿着这件实际上并不存在的衣服去参加隆重的游行大典。这一切，作为常人都能分辨出来，他却上当受骗，所以我认为他是个愚蠢的皇帝。

生（11）：我拟的副标题是"一个爱美的皇帝"。因为文中的皇帝一天到晚考虑的总是如何穿换新衣服。

师：你说的"爱美"是他的优点还是缺点？

生（11）：当然是缺点。

师：如果是缺点，光说"爱美"是不行的。爱美之心人皆有之。我也爱美，你们看，我上课还穿西服系领带呢。我这 60 岁的老头儿，也爱美。但是，这是优点不是缺点。作为教师，应该服装整洁，落落大方。你能不能把刚才的说法稍加修改，使人一听，就知道说的是缺点。

（生稍停一会）

生（11）：爱美过度。

师：很好！过分讲究穿戴就是缺点了。这也就是我们常说的——什么词？

生（12）：臭美。

（众生笑）

师：就是这样说的。这显然是贬义。

……

评析：这是宁老师教学过程中提的第一个问题，也是第一个环节——给题目加一个副标题。宁老师恰当采用关键词法，注意将经典文本分析和关键词理解相结合，这是引导学生自己去阅读文本，教师从头至尾只起到引领、启发的作用。关键词归纳法，是语文学习阅读教学中一种有效的教学方法，有助于学生词语的运用与思维的发展，详略得当地组织教学并在教学过程中注意观察，这都有助于培养学生的学习兴趣和学习习惯，"把教学的侧重点放在把握语文学习结构规律与学习基本技能的培养上"。① 关键词归纳法是宁鸿彬创造的重要学习方法。

宁鸿彬老师的课堂上很明显的一个特点就是没有进行专门的字词学习环节。以往许多传统的语文教学都把字词学习专门作为一个环节，放在课堂的开头，而宁鸿彬的教学则做到了把字词学习贯穿至文章学习的始终，并巧妙地通过问答法，引导学生自己依据上下文来具体理解字词含义，使字词学习与文章领悟相辅相成。

其三（提出主问题二）：

师：大家从现象到本质阐明了自己的观点，这很好。刚才大家的发言绝大部分是对的，个别有点毛病的也纠正了。通过这个练习，我们对课文中的主要人物——皇帝有了一定的认识，下面我们再来研究一下这个故事的情节。谁能用一个字概括这篇童话的故事情节？或者说这个故事是围绕哪一个字展开的？给大家一分钟准备时间。

（生翻书、思考）

生（21）：我认为用"蠢"字来概括。因为皇帝和那些大臣的言谈举止都特别蠢。

生（22）：我认为用"骗"字概括。就是骗子的骗，因为开始是骗子骗皇帝，后来发展到皇帝、大臣、老百姓自己骗自己。

……

生（28）：我也用一个"心"字来概括，不过不是新装的"新"，而是心脏的"心"。我认为骗子骗人是居心不良，大臣、骑士们说假话是心怀鬼胎，皇帝不说真话也是心里有鬼。因此，我认为这个故事是围绕一个"心"字展开的。

师：大家发表了不同的见解。你们分别用蠢、骗、伪、假、傻、装、新、心八个字概括这篇课文。那么，这八个字哪个是正确的呢？

（众生纷纷举手要求发言）

师：首先，大家使用"排除法"，把不切题的答案排除掉。我们先回忆一下，刚才我是怎么提出问题的。刚才我说的是：谁能用一个字概括这篇童话的故事

---

① 何浏漪. 宁鸿彬经典课例研究：以《皇帝的新装》为例［J］. 现代语文（教学研究版），2015（9）：35 – 36.

情节？

……

师：完全正确。咱们就把这四个字排除掉。现在还剩下"骗、装、新、心"四个字，咱们使用"检验法"进一步解决。什么是"检验法"呢？就是把这四个字，一个一个地试用，进行检验，能够适合于文中所有人物的就留下，不能适合于文中所有人物的就去掉。

……

师：现在还剩下两个字了，咱们使用"比较法"来解决，做最后的筛选。怎样比较呢？就是把这两个字分别用于每个人物，比比看，看哪个字更准确，哪个字更能表现出这个故事的特点。

……

师：大家的看法是对的，本文是围绕一个"骗"字展开的。

（师板书：骗）

请大家回忆一下，开始你们提出了八个字，我们为什么能够在这样短的时间里就统一了认识呢？这是因为我们采用了恰当的筛选方法，这就是排除法、检验法和比较法。希望大家记住这三种方法，并在今后注意学习运用。

宁鸿彬老师的第二个主问题——用一个字概括这篇童话的故事情节。这也是运用了关键词归纳法、启发式、讨论法的教学方法。这些都体现了宁鸿彬老师以训练学生的自学能力为核心的教学设计的建构。他教给学生求知方法，只做引导而不代替学生思考，把求知的主动权交到学生手上，引导学生用排除法、检验法、比较法进行筛选。宁鸿彬认为在语文教学特别是阅读教学过程中，要学生自己读懂文字、提出疑问、分析解决问题、独自获取知识、自己概括掌握规律，教师则只要在指导学生完成这些任务上下功夫就好。①

第三节　文献选读

一、从教育学原理的角度论述教学方法的概念、原则及几种常用的教学方法

（一）教学方法的概念

教学方法是为完成教学任务而采用的方法，它包括教师教的方法和学生学

---

① 何浏漪．宁鸿彬经典课例研究：以《皇帝的新装》为例［J］．现代语文（教学研究版），2015（9）：35－36.

的方法，是教师引导学生掌握知识技能、获得身心发展而共同活动的来源。教学方法丰富多样、千变万化，仅凭简明的定义，很难深入理解和掌握其内涵，有必要对其特性做进一步的分析与认识。

1. 目的性

教学方法产生于实现教学目的、完成教学任务或解决教学问题的活动之中，是为目的、任务服务，并受其制约。历史上，为了解决不同的教学目的任务，产生了不同的教学方法。在没有文字的原始社会里，教学的方法主要是模仿和传说。在文字产生后的古代社会里，才可能提出诵读、讲解、问答等教学方法。在生产与科学比较发达的社会里，教学需要用演示、实验、练习、创作与设计等方法。在社会飞速发展的今天，教学必然要倡导探究、发现的方法，电脑、网络与多媒体等现代技术的采用有助于激发学生主动性、创造性。可见，由社会发展所引发的教学目的、任务及内容的不断更新，对教学方法提出了越来越高的需求，是推动教学方法改革、创新、与时俱进的巨大动力。提高师生对教学目的、任务的认识及其实现的积极性，对正确选择、构建与创新教学方法具有根本性的意义。

2. 双边性

教学是由教与学两方面统一组成的双边活动，因此，教学方法也具有双边性。它既包括教师的教，也包括学生的学，二者只有在共同的目的指引下相互作用，才能确保教学任务高质量地完成。若缺少了一方，势必造成教学的低效或无效。在一个相当长的时期里，教学重教而不重学，重教法的研究而忽视学法的探讨，重教师的主导作用而忽视学生的主体作用，均与这种错误的认识紧密相关。事实上，教学方法始终是组织教师与学生为传授知识、探索真知而共同进行的教与学双边活动，这乃是教学方法独有的重要特点。例如，教师讲授，要求学生聆听、思考；教师演示，要求学生观察、分析；教师示范，要求学生模仿、练习；学生探究、实验，需要教师引导与指点；学生讨论、练习、作业，需要教师辅导、检查、批改。运用一定的教学方法，看似只以一个方面的显性活动为主，但实际上另一方面的活动的配合也是必不可少的。特别是学生配合教师的活动，既包括显性的可操作的活动，也包括隐性的、内部的感知、思维、联想、记忆、情感与意志等活动；后者是社会文化知识向学生个体内化所需要的更为重要、更高层次的主体内部的心理活动。所以，从强调教学方法是教师的教法，发展到注重在教师引导下师生互动与合作进行的教学方法，这是教学方法在理论和实践的重大发展。

此外，教学方法繁多，具有不同的层次与种类且变化无穷，常用方法是构成其他教学方法组合或教学模式的要素，是教学方法创新的基础。我们所讲的教学方法，主要是指这些常用的基本教学方法。

（二）中小学常用的教学方法

目前，我国中小学常用的教学方法有讲授法、谈话法、读书指导法、练习法、演示法、实验法、实习作业法、讨论法、研究法。

1. 讲授法

讲授法是教师通过语言系统连贯地向学生传授科学文化知识、思想理念，并促进他们的智能与品德发展的方法。由于语言是传递经验和交流思想的主要媒介，故讲授是教学的一种主要方法。讲授法看似简单，其实很复杂，讲不好就会很容易出问题。在传统教学中，教师讲解的质量决定着学生学习的质量。所以，往往重教师讲授与分析的一面，忽视学生思考与领悟的一面，以为教师讲得越多、分析得越细则越好。热衷于教师唱"独角戏"，很少考虑与研究学生的感受，以致教师的主导作用压抑了学生的学习积极性。课堂沉闷单调，久而久之，便会使学生失去学习的兴趣，严重影响教学质量。

在现代教学理念的指导下，教师讲授的效果与质量主要决定于学生的理解、领悟与认同。因此，教师要提高讲授的质量。首先，要注意了解学生，要依据学生的年龄与个性特点，他们已有的知识与方法基础，结合教学的任务与内容，预构讲的内容、方法与活动；其次，还要在教学中注意启发引导，激活学生的兴趣与思考，使教师的讲解、分析能够紧紧引领学生的注意、思考、领悟，师生双方都处在主动积极状态，让教师的思想情趣与学生的思想情感有所交流、互动、共鸣与共享，这样才能使教学的质量达到较高的境界。当然，也要防止因片面强调激发学生的学习情趣，突出学生的积极活动，而贬低、排斥甚至否定教师讲授在教学中的重要地位，以致造成许多教师缩手缩脚，当讲之处不敢讲或尽量少讲的偏向。这样无疑也会削弱教师在教学中的主导作用，严重影响教学的质量。

讲授法可分讲读、讲述、讲解和讲演四种。讲读是读（教科书）与讲的结合，边读边讲，亦称申讲。讲述是教师向学生描绘学习的对象、介绍学习的材料、叙述事物产生变化的过程。讲解是教师向学生对概念、原理、规律、公式等进行解释、论证。讲演则是教师在中学高年级采用的一种教学方法，它要求教师不仅要系统全面地描述事实，而且要通过深入分析、推理、论证来归纳、概括科学的概念或结论。

讲授法的基本要求如下。

（1）讲授内容要有科学性、系统性、思想性、启发性、趣味性。对基本概念与原理的讲述、讲解要以实物、事实与事例作基础；讲授的内容要条理清楚、写成纲要；要使学生掌握准确的概念、原理和系统的知识与正确的技能。

（2）讲究讲授的策略与方式。除了要考虑是采用讲读、讲述，还是采用讲解、讲演的方法外，还需要对讲授策略与方式做更为深入的研究与决断。

（3）讲究语言艺术。力求语言清晰、准确、简练、形象、条理清楚、通俗易懂；讲授的音量、速度要适度，注意抑扬顿挫；以姿势助说话，提高语言的感染力。

2. 谈话法

教师按一定的教学要求向学生提出问题让学生回答，通过问答、对话的形式来引导学生思考、探究，获取或巩固知识，促进学生智能发展，亦叫问答法。谈话法。特别有助于激发学生的思维，调动学生的积极性，培养他们的独立思考、与人交往及语言表述的能力。初中，尤其是小学教学，常用谈话法。

在谈话教学上，容易出现偏差，其中一种是，教师居高临下，不自觉把学生当"对手"，对其回答要求苛刻，而不注意肯定其优点，往往压抑甚至伤害了学生的积极性。这是一种传统教学的痛疾，必须革除。在教学改革中，小学、初中教师注重采用谈话法来活跃课堂，改变"满堂灌"的弊病，这是一大进步。教师谈话教学如果按课前预定方案一问一答，只有教师的提问，没有学生的质疑与议论，本应是双向或多向的师生互动与对话，就变成了单向的问答。特别是有的教师热衷于指定优秀生回答，使教学成为教师与少数尖子生的对话与"表演"，不顾大多数学生是否参与，这是一种不良的倾向，需要改进。

谈话法可分为复习谈话和启发谈话两种。复习谈话是根据学生已学教材提出系列问题，通过师生问答以帮助学生复习、深化、系统化已学的知识。启发谈话则是学生提出未解决的问题，教师一步一步引导他们去思考和探取新知识。

谈话法的基本要求如下。

（1）准备好问题和谈话计划。在上课之前，教师要根据教学内容和学生已有经验、知识，准备好谈话的问题、顺序，如何从一个问题过渡到另一个问题。

（2）善问。向学生提出的问题要具体、明确，有趣味、有启发性，能引起、激活与深化学生的思考；要耐心等待学生的回答；若学生有困难，要注意启发；切忌学生一时答不出来便立刻换优秀生回答，这样伤害学生对话的积极性。

例如，在学习《将相和》一文时有这样一句话：在秦王面前，蔺相如理直气壮地说："我看您并没有交出十五个城的意思，所以把和氏璧拿了回来，您要强逼我，我的脑袋和宝玉就一块撞碎在这柱子上。"说着，举起宝玉就要往柱子上撞。在学习这一段时，可以对比着设计这样两个问题。①蔺相如为什么要这样做？学生从课文中可以理解为：蔺相如是为了吓唬秦王，保住和氏璧。于此，如果换上这样一个问题：②蔺相如会不会往柱子上撞？情况就不同了。

有同学说："蔺相如不会往柱子上撞，因为他深知秦王很爱这块玉，他正是抓住了这一心理，所以才这样说的，这是一种斗争策略。"

有的说："蔺相如会撞，因为他在离开赵国时，已做了赴死的准备，如果秦不守信用，他就会为了赵国的利益撞死在柱子上。"

还有的说："这时，蔺相如已做了两种准备，根据秦王的表现，他将决定撞或不撞。但他希望不撞，并争取这样做。说明他有勇有谋。"

第二种提问，激发了学生的兴趣，使其发展了想象，启发了思维，加深了对课文的理解，也提高了学生的语言表达能力。

（3）启发诱导。当问题提出后，要善于启发学生进行分析与思考，研究问题或矛盾的所在，因势利导，让学生一步一步地去获取新知识。

（4）要做好归纳、小结。当问题基本解决时，教师要及时归纳或小结，使学生的知识系统化、科学化，注意纠正一些不正确的认识，帮助他们准确地掌握知识。

3. 读书指导法

教师指导学生通过阅读教科书、参考书以获取或巩固知识的方法。学生掌握书本知识，固然有赖于教师的讲授，但还必须靠他们自己去阅读、领会才能消化、巩固和扩大知识。有经验的教师都十分重视指导学生阅读教科书，让学生学会读书。知识经济时代，终身教育已成为人生的头等要务，每个人必须从小学会学习，而读书又是学会学习的一个重要途径。因此，读书指导法具有重要的时代意义。

读书指导法包括指导学生预习、复习、阅读参考书、自学教材等。指导预习，要向学生提出要求，进行启发，扫除某些阅读障碍，使学生通过阅读能初步了解课文，为学新课做好准备。指导复习，要提出明确的任务、布置一定的作业，以便加深对课本知识的理解和巩固。指导阅读参考书，要精选适合的读物与内容，因人而异地提出要求，给予指导。指导学生自学教材，是在教师启发和辅导下，学生以自学的形式学习新课，它有助于调动学习的主动性和培养、提高学生的自学能力。

读书指导法基本要求如下。

（1）提出明确的目的、要求和思考题。让学生带着任务、问题学，才能自主地掌握学习的方向、要求和质量，自主地调节自己的行为去实现学习目的。

（2）教给学生读书的方法。引导他们学会朗读、默读和背诵的方法；学会浏览、通读与精读的方法；学会利用读物本身的序言、目录、注释、图表；学会做记号、提问题，做眉批、摘要、摘录，写提纲和读书心得等。

（3）善于在读书中发现问题与解决问题。读书要深入，关键在于对所学知识能否产生疑惑、提出问题，进而解决问题。宋代教育家朱熹对指导读书有精辟的论述："读书无疑者，须教有疑。有疑者却要无疑，到这里方是长进。"

（4）适当组织学生交流读书心得。在个人阅读基础上，适当组织学生开展讨论、办学习园地、交流心得，以巩固和增进读书的收获，培养读书的兴趣爱好。

4. 练习法

练习法是学生在教师指导下运用知识去反复完成一定的操作，或解决某类作业与习题，以加深理解和形成技能技巧的方法。练习的目的是为了学以致用，并在运用中加深理解，形成技能与技巧，培养解决实际问题的初步能力。练习在教学上有重要意义，是教学的一种基本方法。各年级、各学科都需进行一些不同的练习。练习必须通过一定数量的活动才能有成效，但绝非要求学生做机械训练，只重数量，不讲质量。即使是动作性技能的掌握，也需要引导学生善于对自己的行为做自我观察与评价，只有让他们意识到自己的缺陷才能有所改进与提高；至于掌握原理与公式的应用技能则更为复杂，必须经历解决不同条件的问题的锻炼才能达到自觉掌握的水平。技能的掌握是一个逐渐提高的过程，要逐步增加练习难度，引导学生依靠自己克服困难，能够在变化了的新情况下解决问题，具有活学活用的能力。

练习的种类很多。按培养学生不同的能力分，有各种口头练习、书面练习、实际操作练习；按学生掌握技能的进程分，有模仿性练习、独立性练习、创造性练习。

5. 演示法

演示法是教师通过展示实物、直观教具、实验或播放有关教学内容的软件、特制的课件，使学生认识事物、获得知识或巩固知识的方法。演示的特点在于加强教学的直观性。随着教学手段的现代化，电脑及多媒体在教学中的使用，演示的内容大大扩充，它的作用日益重要。教师可以根据教学的需要，自己制作课件，对教学内容进行多样化的演示。如在动与静、大与小、快与慢、虚与实、繁与简、显与隐之间互相转化，突破时间、空间、宏观、微观等种种限制，从而使教学内容中涉及的事物、现象、过程、结构、功能、关系均能清楚地再现于课堂。

6. 实验法

实验法是在教师指导下学生运用一定的仪器设备进行独立作业，观察事物和过程的发生和变化，探求事物的规律，以获得知识和技能的方法。实验法的优点在于它能按教学需要创造和控制一定的条件，引起事物的发生和变化，使学生看到事物的因果联系，不仅有助于学生理论联系实际，掌握实验操作技能，而且能培养学生对科学实验的兴趣和求实精神。

7. 实习作业法

实习作业法是学生在教师的指导下，进行一定的实际活动以培养学生实际操作能力的方法。这是自然学科教学不可或缺的方法。如数学的实地测量、地理的地形测绘、物理与化学的实习、生物的植物栽培和动物饲养，都是有价值的实习作业。它的实践性、独立性、创造性都很强，能使学生学到书本上学不到的知识。

8. 讨论法

讨论法是学生在教师指导下为解决某个问题而进行探讨，辨明其是非真伪以获取知识的方法。近年来，许多教师的实践经验证明，在中小学教学中，应对一些重要问题如基本概念和原理问题、人物形象与性格问题、复杂难解的作业问题做些探讨；特别是由于现代社会的迅猛发展，在社会生活和学生思想上都会产生一些令人关注的重要问题，亟待解决，结合教学开展一点讨论十分必要，通过讨论、争辩，能提高学生的思想认识和教育质量。

讨论法的种类很多，既可以是整节的课堂讨论，也可以是几分钟的短暂讨论；或是全班性的，或是小组讨论，还可以将小组讨论与全班讨论结合起来进行。

讨论法的基本要求如下：

（1）讨论的问题要有吸引力。抓好问题是搞好讨论的前提，问题要有吸引力，能激起他们的兴趣，有讨论、辨析的价值。

（2）要善于在讨论中对学生启发、引导。要启发他们独立思考，勇于发表自己的见解，把大家的注意力集中到讨论的主题和争论的焦点上，以引导讨论向纵深发展，研究关键问题，使问题逐步得到深化、解决，切忌暗示问题的结论。

（3）做好讨论小结。讨论结束前，教师要简要概括讨论情况，使学生获得正确的观点和系统的知识，并纠正错误、片面或模糊的认识。

9. 研究法

研究法是学生在教师的指导下通过独立的探索，创造性地解决问题，获取知识和发展能力的方法。一般来说，学生要解决的问题都是社会和科学上已解决了的问题，大部分问题所包含的原理都作为基础知识列入教材中。不过，这对学生来说尚是未知的。在教师不做讲解而只提供一定素材、情境的条件下，解决这些问题则需要学生进行创造性的研究活动，即需要通过分析研究所提供的资料、情境，提出问题，做出假设，进行实验和验证等活动，来获取科学知识。

——节选自王道俊、郭文安《教育学》

二、从教育心理学的角度论述教学方法应如何合理选择及常用教学方法的比较

（一）教学方法选择的影响因素

在教学设计中，当教学目标和内容确定下来之后，教学方法的设计成为决定教学成败的关键因素之一。需要指出的是，任何一种教学方法都是为促进学生学习和提高学生学习满意度服务的，其本身无所谓优劣、好坏。只有对特定教学目标、教学内容、教育对象以及教育情境适宜程度、教师在选用教学方法时，可综合考虑以下五个因素。

1. 教学目标的要求

现代教学理论表明，根据不同的教学目标选用不同的教学方法是走向教学最优化的重要一步。因此，围绕目标的实现来选择方法是一条重要的原则。根据教学目标来选择方法要考虑以下两方面。

（1）特定的目标要求特定的方法去实现

教学目标不同，所需采用的教学方法也不同。在选用教学方法时，教师首先要考虑它与教学目标的协调性。

（2）教学目标的多层次化要求教学方法的多样化

特定的方法只能有效地实现某一个或某几个方面的目标，完成某一个或某几个环节的任务。要保证教学目标的全面实现，教学中往往要求选用几种能互补的方法，并把它们有机结合起来。另外，每种方法都有优缺点，都有助于实现一定的教学目标，因此，我们在选用不同的教学方法时要尽可能地扬长避短。如选用发现法，要注意克服其费时、费力的缺点；若用讲授法，则要努力调动学生学习的积极性、主动性。

2. 教学内容的特点

除了教学目标，不同教学内容也制约着教学方法的选择。即便是同样的教学目标，学科性质不同，具体内容不同，所要求的教学方法也往往不一样。例

如，同样是为了培养操作能力，物理、化学多采用实验法、而音、体、美则常采用练习法。

3. 教师的素质与个性特点

不同个性的教师使用同一种方法的效果会有差别。这里的个性主要是指在教师个性心理特征基础上表现出来的教学风格、对不同课堂气氛的喜欢程度、与学生的亲疏程度等。例如，一位平时总是表情严肃的教师在使用游戏法、角色扮演法时，可能就不如一位平时和蔼可亲的教师采用这类方法的效果好。教师的素质差异也制约着教学方法的选择。如果一个教师善于根据自己素质的特点，选用某种教学方法来弥补自身素质的不足，会收到意想不到的效果。例如，一个口语较差的英语教师可采用视听法，利用电教设备，如录音机播课文、读单词，来弥补自身的缺陷，从而取得良好的教学效果。因此，作为教师，要正确地选择教学方法，不仅要正确地认识自身的素质、教学风格，而且要善于扬长避短，根据自己的特点选用恰当有效的教学方法。

4. 学生的年龄特征和学习特点

教学方法的选择还应考虑学生的年龄特征和学习特点。对处于不同年龄的学生及思维水平不同的学生要采取不同的教学方法。例如，发现法和讨论法对于小学低年级学生或思维水平低下的学生，往往不能达到预期的教学目标。角色扮演法对于低年级学生来说，更有利于激发他们的学习动机和兴趣。学生的思维类型差异和个性差异决定了他们的学习特点，影响着他们对不同方法的好恶和适应性。有的学生须在教师讲解后才能清晰地把握知识，有的学生要通过亲自动手操作后才印象深刻，还有的学生则对经过充分讨论或自己发现的知识才能消化吸收。

总之，教学方法的选用必须以教学目标为轴心，综合考虑学科特点、学生特点、学生类型、教师素质、教学环境、教学时间及技术条件等诸多因素，以反映学生的主体性要求、促成学生最有效学习为宗旨，充分发挥教学方法设计的整体效应。

（二）几种主要教学方法的比较

一个世纪以来，学者们根据教学方法的活动主体、实施条件、目标、形态、作用等因素的不同、提出了大量的教学方法，比如，克鲁克香克（D. R. Cruickshank）等人从优秀教师所需具备的复合技能角度出发，鉴别了29种教学方法。在实际教学中，最为熟悉和常用的教学方法主要有讲授法、讨论法、自习法、发现法、直接指导法、个别化教学法和合作学习法七种。下面着重介绍讲授法、讨论法和自习法。

1. 讲授法

讲授法属于接受性教学模式的范例，它是指教师对学生进行信息陈述和展示。讲授的形式可以多样化，可长可短，可中断，也可持续进行；可以是正式的，也可以是非正式的；可以是现场的，也可以是报告式的。精彩的讲授对讲授的准备、实施和结束环节都有一定的要求。在准备环节，教师应确定讲授的概述性和详细的教学目标，广泛收集与讲授课题有关的信息，并对信息传递的方式进行策划。在实施环节，教师应巧妙导入课题，吸引学生的注意，呈现、描述学习的类型和目标；其次，使用先行组织者、例证或图解，为学生提供清晰的、结构化的、渐进式呈现的信息；再次，在讲授过程中应加强对学生学习的监控，教师应要求学生做课堂笔记，促进学生之间的互动，要求他们提出从一般到具体的见解，对所学内容进行反思并学会运用；最后，要控制讲授的容量、时间和范围。讲授的内容既不要太多，也不能太少，对最重要部分的讲述应安排在头 15 分钟之内，讲授时应避免跑题。在结束讲授时，教师应对所讲内容进行复习和总结，检查学生对新知识的理解程度。

首先，从效能上看，教师通过精彩的讲授能够把教学涉及的大量新信息、新内容较快地向大多数学生传输。其次，"使用讲法可能也满足了教师与工作相关的需要，如控制需要、学生成功需要、时间管理需要"。最后，精彩的讲授还有助于发展学生的倾听、做笔记等学习技能，但讲授法也因其局限招致较多的批评。其一，讲授法对教师的素质和教学风格有较高要求；其二，它主要是一种单向的教学交流，学生间的相互作用较少，学生不容易渗入其中，教师也不能及时地获得学生的反馈信息，如教师运用不当，易导致填鸭式教学；其三，适合于传递信息，但不利于促进学生的思考；其四，对学生来说，听讲 15 分钟后注意力就会迅速下降，进行到 30~40 分钟时，学生所能接受的信息量就相当有限；其五，容易使部分缺乏良好的注意、记笔记技能或记忆技巧的学生遭遇学习挫折。

2. 讨论法

讨论法是通过为学生提供一种交谈情境，促成学生之间或师生之间分享信息、观念、见解的教学方法。在教学情境中，讨论法的实施方式比较灵活，既可在教师与学生之间进行，也可只发生在学生之间；既可以全班参与，也可以分组或举办小型座谈会。教师可以作为讨论的引导者或参与者，也可仅作为一个观察者。讨论法对教师和学生都有一定的要求，它不仅要求教师（引导者）能控制自己的讲述，而且需要其是一个富有技巧的促进者、人际关系学家、澄清者和总结者。它要求学生能有效地进行思考，说出对某信息、观点、主题或问题的想法，并通过思考和有效的互动获得心智和社会性的发展。教师在运用讨论法时，在准备阶段，应确定好讨论的目的和程序，在分析学生对讨论的准备程度的基础上确定讨论的实施方式、教师应扮演的角色以及讨论的时限。

在实施阶段，教师首先应确信学生已理解讨论的目的、任务和要求，提醒他们在讨论中要遵守的行为准则。其次，教师要加强对学生的组织，鼓励学生积极参与讨论并学会倾听和尊重他人的发言。最后，教师只有在完成讨论任务和相关信息发布以及组织发动任务之后，方可让学生自由讨论。在结束阶段，教师除应对学生经讨论所得的发现、结论、解决方案进行总结外，还要评价学生参与讨论的态度、表现及学习程度。

讨论法既可以发挥教师的主导作用，又能有效地凸显学生的学习主体地位。其优点主要有以下几点：首先，组织得当的讨论一般是带有动机激发性的，能激发和维持学生的学习兴趣；其次，学生在群体思考、人际互动的过程中相互启发，相互砥砺，既可以提高学生的交流能力，又可以发展其分析性和批判性思维，加深对所学知识的理解；最后，在转变学生的态度和促进道德判断上也是有效的，有助于促进学生社会性发展。但如果讨论没有得到好的引导，可能会导致时间浪费和学习低效。

3. 自习法

自习法是指教师要求学生独立地完成与课堂作业或实践性练习有关的自由学习方法，教师让学生自习的目的主要是为其提供复习、实践以及学会怎样学习的机会。自习法是相当有价值的教学方法，经常被运用。因为"教是为了不教"，学校教学的最终目标是教会学生学会学习，以逐步减少他们对学校和教师的依赖。需要指出的是，自习法不是完全放任学生，有赖于教师的引导和调控。在准备阶段，教师应该确定作业的性质和类型，确保所提出的作业目标符合学生的兴趣和能力水平。在实施阶段，教师应陈述作业的目的、要求、步骤和时间限制。在结束阶段、教师应及时收集作业，对其进行批改和评价，为学生提供详细的反馈，必要时进行补救教学。自习法的最大优点是可以提高学生对所学知识的理解和巩固程度，可以培养学生的学习自主性，缺点主要是它的实际教学效果受教师和学生对它的理解和运用程度的影响。如果学生对目的和要求不明白，或者认为它们不合理，就会消极应付或抵制作业任务。同时，如果教师引导、调控或评价不当，也会影响学生的学习成效。

——节选自张大均《教育心理学》

附录：能力练习与课后思考题

1. 教学方法有何特点与价值？为何教育理论家普遍重视教学方法的运用和改进？

2. 教学方法与方式、教学方法与手段、教学方法与模式、教学方法与策略，各有何区别与联系？

3. 讲授法在教学中有何重要价值与局限？如何进行优化？

4. 强调练习是否就意味着"题海战术"？怎样才能正确而高效地实施巩固练习？

5. "教学有法，但无定法"，联系实际谈谈你的认识。

拓展阅读

[1] [美] 克伯屈. 教育方法原理 [M]. 王建新，译. 北京：人民教育出版社，1991.

[2] 裴娣娜. 教育研究方法导论 [M]. 合肥：安徽教育出版社，1995.

[3] 闫承利. 教学最优化艺术 [M]. 北京：教育科学出版社，1995.

[4] 蒋宗尧. 学法指导艺术 [M]. 北京：中国林业出版社，2000.

[5] 孙绍振. 名作细读 [M]. 上海：上海教育出版社，2006.

[6] 倪文锦. 高中语文新课程教学法 [M]. 北京：高等教育出版社，2004.

[7] 倪文锦. 初中语文新课程教学法 [M]. 北京：高等教育出版社，2003.

第七讲

语文名师文本分析技艺

第一节　技艺概述

　　语文教学是一门具有大学问的艺术，它所涵盖范围之广、程度之深是其他学科所不能及的。语文教学的关键点又集中在对文本的分析与解读上，文本作为教学的载体能够将教学主体与学习主体连接起来形成教学的统一。教学者在进行教学时要借助文本的分析解读将课程所要求的技能传达给学习者，学习者通过文本的认知与理解逐渐加强对所学各项技能的掌握与提升，达到最终学习效果，完成既定学习目标。在中学语文教学中，教学者自身因为具有能够分析解读文本的基础能力和基本技巧才能承担起语文教学活动，然而由于教学者自身知识储备、教学能力、学习能力、认知理解能力的差异，文本分析解读技艺也各有不同。这种现象造成了语文教学中教学主体的层次化明显，掌握了文本分析技艺的教师们在不断的实践教学中加强对文本分析技巧的熟练运用，利用文本将自身、教学、学生有机统一，实现教学效益的最大化。未能掌握或只掌握了一小部分文本分析技艺的教师们一方面不能将这种技艺很好地运用到教学中，另一方面也不能有效地将自身、教学、学生三者统合，后果就是教学最终走进了"死胡同"，毫无回旋之地，而那些熟练掌握运用文本分析技艺的教师则大多成为具有教学特色的语文名师。

　　提及文本分析就不得不对先"文本"加以解释说明。对于"文本"一词过去更多地使用"作品"这一概念来指向，甚至将"作品"直接等同于"文本"。当结构主义兴起和发展之后便逐渐开始使用"文本"这一概念。"在拉丁文的词源学的意义上，'文本'一词有纺织物、交织物的含义，由于其与物质概念具有同一性，于是使用这一概念就具有一种隐喻义，具体指这种交织、编织特性在作品中的表现，形成语词符号背后的稳定意义。"① 可以看出，对"文本"术语的使用上，经历了从"作品"到"文本"的演变和转向，这种转变的过程是具有其特殊意义的。"作品"更注重强调一个整体的呈现，仅仅强调观念性和精神性特征，于是单看"作品"就只能呈现出一个或少数的几个点，而随着结构主义、后结构主义的盛行，"文本"也成为一个通行的概念，"文本"所强调的是那种编织背后特有的结构和意义特征。从文艺学角度看，王耀辉所著的《文学文本解读》中有对文本的具体阐释说明，"他指出文本的解读活动是一个汇聚了读者体验、审美判断等的认知和心理活动"。② 在曹明海所著的《文学解读学导论》中亦指出了解读活动的本体意义，"他认为读者对文本的解读和接受才是文学活动的最终完成，解读过程应该看作是与创作同等重要的本体构成"。③ 在当代文艺学理论看来，文本解读通过读者的接受来实现文本的意义的呈现，文本的意义除了作者意义、社会意义之外，更可能会衍生出读者接受的附加意义。以上理论对"文本"起源及其解读的含义做了阐述，有利于我们看清文本的本质特性。

文本在教学中占有重要的地位，语文教学活动的有效开展离不开对语文文本的分析与解读，那么何为语文文本的解读呢？简言之，语文文本解读除了从文艺学的角度理解外，实际上还有传统的文章学的解读以及语文教学中的文本解读等。关于这三种解读各自有不同的学理依据，它们也承担着不同的责任，具有不同的目的。虽是分开来看三者的地位，但这三种解读都统一在文本中，可谓同源归宗，相互有着密切联系。文学解读主要依据文艺学、美学的理念对文本进行高层次的"专家解读"，有较高的哲学深度；文章解读则主要依据文章学的观点和方法对文本进行深度解读，有较深的技术精细度；而在语文教学中语文教师既需要成为文学解读者、文章解读者，更核心的是成为教学解读者。由于其承担的是语文知识技能的传授责任，因此就决定了在语文教师身上教学解读必然占据主体。目前，大多数一线教师常常会面临这样的困惑，自己在读一些文艺家、专家关于文本解读方面的理论或著作时，感觉很有深度，但是就是不知道该如何将自己学到的理论和知识运用到教学实践中。从学生的认知层面来看，由于学生与专家在学识上存在一定的差异，学生在阅读中对于专家的

① 钱翰. 从作品到文本：对"文本"概念的梳理 [J]. 甘肃社会科学，2010 (1)：37 - 41.

② 王耀辉. 文学文本解读 [M]. 武汉：华中师范大学出版社，1999：56 - 57.

③ 曹明海. 文学解读学导论 [M]. 北京：人民文学出版社，1997：27 - 28.

解读很难产生共鸣，这就决定语文教师既要认识到几种解读之间存在的差异，又要运用这些联系，最终将专家解读转化为语文教学中的文本解读，这是一个艰巨的任务，也是一项不小的挑战，这种转化的成功与否直接影响语文教师能否掌握语文文本分析的技艺，影响语文教学的效果。

一、当下中学语文教学文本解读的弊端

（一）文本分析中抽象与具体的失衡

当下中学语文教学中对文本的分析或过于抽象或过于具体，造成文本分析抽象与具体关系的失衡。过于抽象的问题不是从具体的分析和研究中上升为抽象，而是直接用抽象的前置观点解构文本，无感情、无意义的符号必然导致对文学特性的消解，导致理解的神秘化。同时，用共性的抽象强制个性的具体，固守单一的抽象方法，分析解读变幻无穷的文本，必然导致思路的僵化。"比如用一些诸如'生态论''绿色论''天人合一论''语文味''全息论'等很时尚很宽泛的概念去分析语文文本，或者引用大段作者生平、评说、文化、答题公式或套路，去框定具体的文本分析等。"① 这些都会导致对语文文本分析与解读的虚化，浮于上层，流于表面。相较过于抽象的文本分析与解读，太过于具体的问题则是指停留于碎片化的具体，没有上升到具体的抽象。文学文本的形象、表现手法、修辞、结构等具体，如果离开了整个文本框架下的具体抽象，其文本分析力量将是微弱的。因此，语文文本的分析与解读必须是在文本的总体框架中去进行，在对文本抽象的总结中去认识具体，把握各个具体间的联系，并进一步明确其抽象意义。

（二）文本分析中局部与整体的失衡

对于中学语文文本分析，多数教师偏重于具体细节的感性把握，而没有从整体去看局部，"没有从一个作家作品体系或谱系去考察某一部作品"，② 这种只见树木不见森林的分析，会导致文本分析局部与整体关系的失衡。因此，我们只有从文本的整体与局部关系中去把握文本，分析文本，才能深刻理解文本的精神内涵。长期以来，语文教学的文本解读的研究以人文性思辨研究为主导，缺乏科学性的实证研究；质化研究以个案研究法为主，如对某种文体、某个文

---

① 陈发明. 多重语境下中学语文文本阐释的坚守［J］. 中国教育学刊, 2019（3）: 13 - 14.

② 陈发明. 多重语境下中学语文文本阐释的坚守［J］. 中国教育学刊, 2019（3）: 13 - 14.

本、某个地域学校等进行个案研究；但是量化的研究十分缺乏，关于语文教学研究方法的元思考也较少。

（三）强制解读导致感性体验的敏锐感丧失

文学是人类思想、情感、心理的曲折表达，而强行分析文本在中学语文教学中普遍存在。所谓强行分析，就是背离文本本身所具有的话语，消解掉文学的指向特征，强制对文本做自认为是符合作者主观意图和结论的解读。也就是说，分析者离开了文本，用一个固定模式，对文本进行符合要求的剪裁、解构、重置、论证等。在这种情况之下，分析者早已确立好要解读的方向和结论，文本仅仅成为分析者的一种工具。强行分析文本就是用切割的方法将文本进行移植、截取，再进行重组、拼凑，最终达到为结论服务的目的，这样造成的后果是导致感性体验中的敏锐感逐步丧失。语义教师必须更多地用感性的艺术体验去理解和分析艺术文本，以实践为准则，盲目移植与生搬硬套不仅伤害了文学，也伤害用以指导的理论。

二、文本解读的基本理论

实践与存在是文本分析的基础与前提。文本分析的思路与力量应来源于文学的实践，来源于对实践的深刻认知与总结，来源于对文本存在和作者实践的尊重。进一步理解将有三方面的体现：第一方面，文本实际包含了什么；第二方面，作者意欲表达什么，其表达的真实意图是否与文本呈现的一致；第三方面，文本的实际效应是什么，读者的理解是否与作品的最终表达及作者的意图一致。这是正确认识、分析文本的基本准则，也是进行文本分析前所要考虑到的。文本中实有的，我们应该承认和尊重，文本中没有的，我们在经过考量后也要承认和尊重。

新课标指出，语文文本解读要树立两种眼光，即历史的眼光和现代的眼光。首先，对历史语境下的文本原生话语理解，是一切理解的前提和意义生成的基础；其次，用现代的眼光在推动认识的更新和传播当下价值观念的同时，不能用今人的眼光否定甚至歪曲历史的传统批评。对于文本的阐释，我们必须尊重文本的存在，尊重作家的文学实践，它是文本阐释的基础与前提。第一，文本分析要坚持以文本的工具性为第一要义。中学语文强调语文工具性的基础价值，强调以语言文字建构与应用为基础的语文核心素养的培育。从语言阐释学角度来讲，语文核心素养，是指言语主体在语汇、语用、语义等方面体现出来的对文本核心知识的结构与解构能力。据此，对于中学语文文本分析，要坚持工具性的基础原则，解决好学生语汇、语用相关的知识与能力等问题，这是由基础学科的根本性质所决定的。第二，"人文性"原则，解决语文文本所负载的语义问题，包括思想情感、审美鉴赏、文化传承等理解与创造。过多的人文性探索，势必导致语文工具性价值的削弱，影响正处于语言形成期的青少年的语文素养的建构与应用。高中课文的文化性、研究性学习，重点在工具性阐释的基础上，适度扩宽文化探究的广度与深度。

新课程改革实施以来，受新的文艺思潮的影响，同时语文课程标准也鲜明地提出对文本阅读的具体要求。在最新的《普通高中语文课程标准》（2017 年版）中提到 18 个学习任务群，在这 18 个任务群里涉及"整本书阅读与研讨""跨媒介阅读与交流""文学阅读与写作""思辨性阅读与表达""实用性阅读与交流"5 个学习任务，在必修课程学习要求中还明确："发展独立阅读的能力，灵活运用精读、略读、浏览等阅读方法，从整体上把握文本内容，理清思路，概括要点，理解文本所表达的思想、观点和感情。"① 由于专家学者的介绍、课程标准的提倡，语文教学中的文本解读开始走向多元化、个性化、人文化，这些基本的提法都已经深入人心。

三、文本解读的实践路径

对于语文教学者而言，要提高自身的文本解读技艺就必须从以下几点去转变。

（一）加强语文教学中文本解读的范式研究

范式的概念由科学哲学家托马斯·库恩在《科学革命的结构》一书中提出，"库恩指出范式主要指的是共同体的价值、技术等的共同基础"。② 之后，在人文社科研究领域广泛借用"范式"这一术语，这种"范式"及范式转换的思想在人文社科领域也具有建构研究的共同基础的意义。文本解读研究有文艺学、文章学、语言学等多种范式，这些范式又相互交叉影响，将这些范式转化为语文教育语境的范式是语文教学文本解读研究的关键，但是在已有成果中很少有这样范式转化的研究。在这个范式之下还有"次位范式"的研究，如文艺学范式的文本解读，我们可以将"次位范式"分为作者中心论、文本中心论、读者中心论、关系中心论等。语文教学者应不断加强自身理论学习，从文艺学、文章学、语言学等多个学科出发，综合研究各种范式的特点及联系，结合各种范

---

① 中华人民共和国教育部. 普通高中语文课程标准（2017 年版）[S]. 北京：人民教育出版社，2017.

② 朱爱军. 论库恩的范式概念及其借用 [J]. 学习与探索，2007（5）：49 – 52.

式的优势实现范式之间的转化并将其运用到日常教学活动中。

（二）立"读"解"写"

语文教学中的文本解读指向学生的阅读能力，通过教学中的解读活动培养学生的基本阅读素养。因此，课文的解读既要考虑文学、语言学、文章学特征，更重要的是彰显其教育价值。以教育价值为出发点，从教育价值的基点来思考，学生是课文解读的真正主体，而教师是课文解读的"引导性主体"，在教师的指导下，学生通过课文文本的自我内在理解提出自己的观点。在这一过程中，可能有认知层次的区分，比如，同样一个文本安排在不同的学段，其要求是不一样的。文本解读不只是教师教学设计展开的学习行为，也是学生参与学习研究的重要责任。师生合力细读文本，这本身就是一种教与学的合作互动。教师细读文本，要理顺其基本内容，包括人物、情节、事件过程、描写对象、阐理说文等，还要对文本结构形式、结构特点展开研讨，为教学设计提供第一手的信息材料。学生细读文本，教师要给出清晰的操作路线，让学生在个性阅读中形成独特感知，包括扫除阅读障碍、文本情境、结构方式等内容。师生互动细读文本，其操作价值更为显著。诵读是解读文本的重要方法，正所谓"书读百遍其义自见"，教师要为学生进行示范朗读，学生更需要反复进行诵读训练，并在诵读感知中形成体悟。文本包含作者情感和作品人物情感，也包含文本立意方向，由此展开教学引导，不仅能够帮助学生快速抵达文本核心，还能够培养学生透过现象看本质的语文素质。立意是文本的灵魂和轴心，教师从主旨角度展开阅读引导，可以让学生获得深刻阅读认知。文本只是构建材料，是立意的载体，透过这些材料认识作者的根本意图，这才是阅读学习应把握的关键点。研读文本是一种更为全面而深刻的阅读学习方式，常规操作中，常常要借助集体的力量展开合作探究学习。文本内涵与外延各有不同探索范围，教师在教学设计和发动时，需要有不同策略。教师设计悬疑问题、争论话题、案例分析、数据分析、实地考察、社会调查、课堂演绎等，都属于研读文本的基本方式。厘清文本内涵，为外延训练探索形成支持。阅读教学有自身规律，教师要有文本探究意识，也要培养学生进行文本研读的自觉性，这样才能最大限度提升文本解读的有效性。在"细读""诵读""研读"的基础上去感知作品，体会作者写作的意图，厘清作品的内涵。

（三）充分发挥教师的引导作用

由于认知水平限制，学生的解读也可能存在误读，在这种情况下，教师的"引导性主体"就有了重要的意义和作用。即使提倡个性化的、创造性的课文解读，也一定是在教师的价值引领下进行的，基于文本进行多重交互对话形成合理性的课文解读，也只有这样，才能形成有教育价值的课文解读。专家解读是课文解读丰富的源泉，作为语文教学中的文本解读的"引导性主体"，语文教师需要汲取专家的文学解读、文章解读、语言学解读。不过这些专家解读必须要经过转化才能成为语文教育语境中的课文解读。转化的标准是阅读的核心教育价值。具体而言，首先是确定"教什么"，也就是要选择"教学内容"，作为教材的文本可能承载着诸多"教学内容"，如语言教学的字词句、文学的审美意蕴、文章学的结构章法、思想教育价值等，明确"教什么"是专家解读转化为课文解读的基本前提。对同一个文本，不同的语文教师在教学实施过程中不仅教学方法不同，很有可能教学内容也不同；同一个文本不同的课程教材设置，教学的内容可能也不同，其背后的核心是学生的认知基础和作为课文文本的课程价值问题。但要想长期让老师发挥引导的作用就要定期培训教师，不断更新教师的知识储备。首先，在理念上使其做到正确更新，一是不断学习丰盈自身知识涵养，符合高中语文课标中对教师的要求；二是理解课标要求，正确解读文本，选择知识。其次，落实在教学中，教师要合理转化课程知识为教学知识。再次，评价学生学习后知、情、意、行的变化，反观知识的选择。最后，于教学设计中变换知识的选取。

课文解读要面向学生，教师的文本分析具有中介性，教师引导性分析需要学生具有一定认知基础。① 促成学生自我的阅读成长，实现语文教学中课文解读的教育价值，最终还是要以学生为出发点，有必要分清学生的认知层次、文化背景、对相关知识掌握等学情。另外，课文在教材中所处的地位，其课程价值是什么，也是课文教学价值实现的一个考量维度。这就需要语文教师从学生的认知基础和课文的课程价值两个方面，具体把握好课文分析与解读转化的尺度，以学生认知为基础，坚持适度、精准的原则，不能过度，也不能肤浅；以课文课程教育价值的实现为目标，不能偏谬，也不能片面，在把握这些问题的基础之上不断提升教师解读文本的能力，练就娴熟的文本分析技艺，对教学形成推动作用。

---

① 路婷. 初中语文教师文本解读能力培养的策略研究［D］. 石家庄：河北师范大学硕士学位论文，2017.

第二节 案例分析

文本是作者写成有待于读者阅读的单个文学作品本身，文本的解读是指对具体文本进行深入分析与阐释，但是解读得如何就见仁见智了，就如同西方谚语所说的"一千个读者有一千个哈姆雷特"，这便是说阅读主体不同，关注角度不同，对文本的理解与感受也就各有不同。但是要明确一点，虽然一千个读者眼中有一千个哈姆雷特，但哈姆雷特终究是哈姆雷特，不是别人。这也从侧面表明文本主体对阅读主体是制约的。对文本的解读可以是多元的，我们可以从不同角度针对文本提出不同的看法和见解，但文本的解读又是一元的，它只立足于要解读的文本对象而非其他。我们在解读文本的同时要考虑到文本主体的制约性，切忌歪曲文本本意。语文课程的教学离不开文本分析与解读，随着新课程改革的不断发展，语文教学也日趋灵活多元化，对文本分析的要求也越来越高，语文教师想要教好这一门课程，就必须对教材中的文本有着深入的认知与理解，合理进行对教材的分析与设计，不断提升自己文本分析的水平，在不脱离文本主体的基础上，对课文内容形成自己的看法与见解。这也要求语文教师要不断拓宽自己的知识面，不能狭隘，仅仅停留于文本的浅层，抓不住重点。在实际教学的过程中，教师要引导学生敢于发表自己的看法，对学生的回答要予以评价，并且回归文本之中，回归教材之上。以下结合几位中学语文教学名师的具体案例来说明文本分析技艺在语文教学中的体现与运用：

余映潮《孔乙己》课堂实录片段

师：这节课是文学作品欣赏课，小说阅读欣赏课，我们先要了解《孔乙己》这篇小说的背景知识，大家要学会用摘取关键词的方法做好课中学习笔记。

师：最后一句话则是我们欣赏《孔乙己》的一个基本角度。《孔乙己》的叙事特点，四个字：儿童视角。这是小说的故事的技法。那么什么叫"儿童视角"呢？就是从儿童的观察出发来写故事、写人物。这篇小说中的小伙计就是一个少年，通过他的眼睛来观察社会、观察人物、编织故事，这就叫"儿童视角"。我把这四个字说出来，你们应该立刻想到《最后一课》，典型的儿童视角，还会想到《社戏》，也是儿童视角，等到你们阅读《我的叔叔于勒》，也能够感受到它的视角特点。所以，这四个字很重要。

（点评：小说作为中学语文教材中一类重要文本，由于其自身所涵盖知识面具有丰富性、广泛性和深刻性，因此对学生的要求很高，学生要想学好小说就得真正走到小说文本中去。但是在中学阶段由于学生的认知能力和水平有限，同时也缺乏阅读和分析小说的技巧，在面对小说时还是"如临大敌"一般，而余映潮老师在教授《孔乙己》这篇课文时一开始并没有让学生直接进入文本，而是通过原文中最关键的一句话来引导学生构建欣赏小说的角度，再通过同类型熟悉课文的对比深化学生对独特叙事手法的理解，从而为后面教学的展开做了铺垫。）

那么现在考考大家，《最后一课》的场景设置在哪里？

生：教室。

师：对，就是在我的教室。场景就是把所有任务都集中，然后展开故事。再考考大家，《社戏》的场景又是在哪里呢？

生：船上。

师：哎对，那一只大白船上。临死前的严监生呢？

生：屋子里。

师：对，一间屋里面，来展开故事情节。同学们这样读小说就比较内行了。

（点评：老师通过课文中场景的设置为问题，让学生联系之前学过的知识进行对比，一方面在课堂伊始能够有效掌握学生对本课的了解程度；另一方面能够有效调度学生已学过的知识，形成对旧知识的回顾，在"温故"的基础上"知新"，让学生对文本开始有所了解与认知，进而促进学生对文本的理解。）

好，下面来看"看客"，这一段要请同学们一起来读一下。开始——

师：这篇小说里面的酒客，包括掌柜的，包括"我"，都是看客。这些看客在鲁迅先生的小说里面是没有名字没有意识的"杀人团"，但却有一种欺侮人家、嘲笑人家的那种强大的力量在推动着他们。但有些文章当中，"看客"也具有侧面烘托的作用。你们可能还没有学到《泥人张》吧，在《泥人张》里面也有看客，他们就是为了烘托某种氛围。

师：下面我们来进行第一个特别的话题：品析一个句子。请大家看第四段中开头描写孔乙己的这句话，然后请大家把"伤痕"这个词圈出来。下面大家的任务是：

（PPT显示：话题一：品析"伤痕"一词的重要表达作用）

生：我认为有两种作用，第一种作用是为后文做铺垫，因为后文写到了"你脸上又添上新伤疤了"，还有孔乙己去别人家偷东西，所以这个伤痕应该是被打出来的；第二种作用我认为是暗示了当时所处封建社会的黑暗，像孔乙己这类人所受到的迫害，表达了对他们的同情。

师：嗯，那么这个伤痕是自己造成的呢还是其他人为的呢？很明显这里是人为的，是别人打的对吧。"皱纹间时常夹些伤痕"，"皱纹"说明他已经很老啦，"时常"又表现人们常常打他，所以这里很值得思考。

生：我觉得第一点是从表面上写出他脸上的伤痕，从他偷东西表现出来的，因为他常去偷东西就说明他很贫困，那个时候如果很贫困的话，也就说明封建社会对于底层文化人的蔑视；第二点我觉得它暗示出孔乙己悲惨的遭遇和坎坷的命运。

师：嗯，说得很好。当然，孔乙己这个人呢，也有他自身的弱点，偷啊，好吃懒做，偷就挨打。人们怎么打他呀？（生：吊着打）吊着打是后来的事，我们先来看"伤痕"，大家要考虑到伤痕是在什么地方。（生：脸上）对，这是非常关键的。孔乙己从来不承认偷啊，他说偷书是窃书，而且"窃书不能算偷……"他到死都不承认自己偷东西，这样一个爱面子的人，人们就要破他的面子，所以任何人打他都打他的脸，所以"时常夹些伤痕"是极有表现力的。因此当他出现在酒店的时候人们就经常喊叫道——（生："孔乙己，你脸上又添上新伤疤了！"）对，又添新伤疤了！我读到这里会觉得很沉重，太有表现力了！伤痕夹在皱纹间，打在脸上。人们对待一个弱者，对待一个小偷多残忍！孔乙己从来不偷人家的钱，仅仅偷一些东西去卖一卖，换一点酒喝，但是任何人都打他，什么何家，什么丁家。同学们思考一下，"何家"难道真的姓"何"吗？不是的，任何一家都打他，只要他偷就都打他，所以"伤痕"一词太有表现作用了。但是，刚才同学们对于"伤痕"一词在全文中的作用还没有透彻地解释清楚，希望同学们再联系全文看看，深入思考一下"伤痕"有什么作用。其实刚刚第一位同学所谈到的作用是很重要的，那你能不能再深入一些谈谈，你说它为后续的发展做铺垫——

生：后文偷豆子时，双喜和阿发是主要的人物，在前面先点明他们，这样在后文提起的时候就不会显得太突兀。

师：说得很好，这就叫"伏笔"。你们初步读到了它的作用，以后慢慢地就会更加熟悉起来。同学们，很多的学者在研究或老师在教学的时候都会说道，咸亨酒店的酒客们对孔乙己的嘲笑是致命的，但我不是这样认为，我觉得"挨打"才是最残酷的，孔乙己后来死去就是因为被打折了腿。表面是看客的嘲笑，暗线或者说虚线是挨打。受到人们的嘲笑是死不了的，但挨打是会死掉的。"打"比"笑"不知道要强到多少倍。

（点评：从"看客"入手，余老师为学生分析了"看客"形象在本文中的作用，并结合相关知识对"看客"一词进行了深析，为学生揭示作者借用"看客"形象的目的和意义。在前面工作的铺垫下开始让学生进入文本，通过分析一句重要的话让学生阅读课文的第四段再结合"伤痕"这个关键词具体谈谈自己的看法。通过学生阅读课文，结合课文形成对老师提出问题的相关思考与回答，与学生间相互交流与探究，在立足课文的基础上有效解决了问题，也加深了学生对课文的印象，提升了学生的课堂主动性，营造了良好的课堂氛围。通过"伤痕"一词在文中的变化，让学生从课文中找到其变化的原因，也进一步加深学生对小说人物形象的印象和认知。）

师：请大家把视线放到第十一段上面，孔乙己被打折了腿之后，最后离开这个世界的情境描写。给大家的话题是：这一段的妙笔。可以说，这一段的每一个细节都写得好，你们就盯住这一段，思考某一个细节或某一个句子为什么写得好。

生："'温一碗酒。'这声音虽然极低，却很耳熟。""极低"说明了孔乙己当时很疲弱。"穿一件破夹袄，盘着两腿……你还欠十九个钱呢！'"这里就有鲜明的对比，在孔乙己这么悲惨的时刻，掌柜的第一句话竟然是"你还欠十九个钱呢！"而不是像"你怎么了"这样问问他，关心他。

师：嗯，分析得很好！特别是掌柜，一丝一毫的同情都没有，而是只记得欠钱的事，这一比，多么冷酷呀！好的，就像这样品析，请你来——

生：我看到的是倒数第二句，"见他满手是泥，原来他便用这手走来的"。写出了他被打得很严重。

师：太让人觉得沉重了！而且同学们你们要注意到，"满手是泥"，孔乙己的手是在干什么呢？对，这个时候他的手成了走路的工具，那是一双大手啊，读过书的手，能写一笔好字的手，偷东西的手，挨打的手，最后终于成了走路的工具。这一幅肖像，这一个情景，是不是带给我们很沉重的感觉。这一笔描绘得太好了！

生："穿一件破夹袄。"我认为这里与前文的"孔乙己是站着喝酒而穿长衫的唯一的人"形成了鲜明的对比，体现了旧社会的残酷，对孔乙己的迫害。

师：对，这里我们还可以试想一下，孔乙己的长衫到哪里去了呢？被打的时候还能穿长衫吗？长衫的消失，夹袄的出现，也可以表现出孔乙己受到欺侮的程度。我们还可以看到，孔乙己原来是满口之乎者也的，但在第十一段里面，他也不再像以前一样了，而是有气无力地说，"温一碗酒""不要取笑"。好的，还有要说的是吗？好，你来，谢谢——

生：请大家看第十一段后面的部分，"此时已经聚集了几个人，便和掌柜都笑了"。前一句还说到孔乙己恳求掌柜不要再提的眼色，可这些人们还越是嘲笑他，体现了当时社会人们对于弱者的一种冷漠无情和残忍。

师：看客，永远在笑。这个作品里面不变的就是看客的笑，这是一种社会的氛围，来表现孔乙己的悲剧。所以说这一段写得很好啊！

（点评：具体进入到课文之中，锁定课文中具有代表性的段落，让学生重点感悟品读然后找出自己认为写得好的句子和细节，着重分析写得好的原因。这种抓关键句子和细节的方法能够避免学生对文本中心和重点忽视的问题，通过让学生自己探索加深学生对文本的印象与认知，形成对文本中关键句子和细节的独到见解，有效地锻炼了学生解读文本和分析问题的能力。教师在引导学生的过程中与学生形成对话，在师生间的对话中问题得到了明确和有效解决，最后由教师对学生作答情况进行总结，让文本的内涵和主题得到进一步的升华。）

师：好，我现在有一个重要的问题要你们来解决。有一个很难理解的地方——为什么鲁迅先生塑造孔乙己的时候只给孔乙己四文大钱呢？这才是这篇小说里最神秘最深奥的地方，也是最有表现力的一笔。

生：第一段说一碗酒四文钱，第十一段写他身上只摸出买一碗酒的钱，暗示着他身上没有多余的钱，没有生活的费用了，暗示了主人公悲惨的命运和结局。

师：这个观点就四文钱来讲是可以的，但是我问的是为什么鲁迅先生不给他多安排些钱呢？来，请你说一下——

生：因为他想表明封建社会的残酷。（笑）

师：你说的是大话。（笑）再想一想，为什么只给他四文钱呢？

生：孔乙己在死之前呢，只想好好地喝一碗酒然后结束自己的生命。（笑）

师：那给八文钱不行吗？八文钱就是两碗酒啦！（笑）但是就只有四文钱。你来——

生：之前提到孔乙己喝酒的时候是温两碗酒，还要一碟茴香豆，可是现在他只有四文钱，只剩一碗酒的钱了，也买不到以前的茴香豆了。（笑）

师：这才是正确的解答，说得我的眼泪都要出来了！（笑）这个可怜的人最后，临死之前的一碗酒是没有下酒菜的。你看，孔乙己有钱的时候买一碗茴香豆，还会分给孩子们吃，但是这个人在将要离开这个世界的时候，他连一粒下酒菜都没有。一个喝了一辈子酒的酒鬼，临终连一粒下酒菜都没有。鲁迅先生常常用极端的笔法来表现孔乙己命运的悲苦。我再给大家举一个例子，《祝福》这篇小说写的是祥林嫂，一个最底层的妇女，在这个女人的身上永远伴随着死亡，她的第一任丈夫死了，第二任丈夫死了，按说她的命运已经够悲苦了，但是她可爱的儿子阿毛也被狼吃了，最后她自己也死去了。《祝福》的故事其实是死亡的故事，作者用极端的笔法表现了人物极其悲苦的命运。同学们再看伏笔吧，《孔乙己》一开头就告诉我们了，四文大钱一碗酒，一文铜钱一碟茴香豆，这就是伏笔，它让我们知道，这个一文钱在后续的故事里面都是很自然的出现，同时也让我们知道，这一文钱在鲁迅先生的笔下是表现得多么的吝啬。

（总评：这是余映潮老师《孔乙己》的教学片段，通过这些教学片段我们可以看到余老师在教授这堂课时有效地抓住了课堂的主体——学生，由于小说文本自身复杂难懂，余映潮老师没有在课堂一开始就让学生去阅读文本而是通过类似小说中的写作角度和场景设置让学生感受独特叙事视角的魅力，让学生通过文本中的关键词结合问题进行思考与回答，接着在突破关键词的基础上让学生找出重点段落里的句子和细节，让学生走进文本，走近人物，在师生对话中实现对问题的解决和对文本重难点的突破。可以看出，在整堂课的构建中学生始终作为课堂主体参与到文本分析与解读中，通过对文本的解读既提升了学生分析文本的能力，又能够帮助学生在解读的过程中升华对课文主旨的理解，更有效地实现了课堂教学的目标。）

程翔《再别康桥》课堂教学实录片段

师：请同学们推荐一个同学来读一遍。

生：（读课文）

师：好。谢谢你。读得不错吧？

生：（全体鼓掌）

师：有读错的吗？

生：第五段"满载一船星辉"，她读成了"满载一城星辉"。

师：嗯。还有吗？

生："向青草更青处漫溯"，她读成"青枣"。

生：是"似（shì）的"。

师：对，彩虹似（shì）的。什么时候读"似"？

生：相似（sì）。①

（点评：由于《再别康桥》是一首现代诗，因此在课堂一开始程翔老师便让一位学生进行整首诗歌的朗诵，在学生朗诵的过程中全体学生一起进行一些重难点字词的纠正，一方面将学生的注意力集中在本堂课的学习上，另一方面也让学生对诗歌有一个大概的把握，对关键字词的正确读音有所明确，便于后续教学的开展。）

师：好，同学们都写了很多问题，有的同学写了三个问题。请同学们提

---

① 程翔. 做有灵魂的教育［M］. 北京：中国大百科全书出版社，2015：273.

问题。

生：在"星辉斑斓里放歌"的"星辉斑斓"是什么意思？有什么意境？

师：你是不理解"星辉斑斓"的意思，还是不理解这个意境？

生：意境。

师：这是怎样的意境？在这个意境里怎么想到要放歌呢？这个问题好，继续提。

生：为什么是再别康桥？

师：以前来过，离开了；这次又来了，又要离开了。

生："那河畔的金柳，是夕阳中的新娘，……"

师：你知道"金柳"是什么吗？

生：我知道。

师：诗人看到金柳，就想到了新娘，为什么？

生：应该是寄托思乡的感情。

师：你为什么会想到思乡？

生：因为我想家乡。

师：与你的情感有关吧，那诗人为什么想到新娘？与什么有关？

生：情感。

师：对，肯定有一段感情在里面。诗歌与一般的文章不同，要你去猜。"艳影"是什么意思？

生：美丽的影子。

师：谁的美丽的影子？

生：新娘的美丽的影子。

（点评：在整体感知诗歌的前提下让学生自己提出对诗歌的疑问，通过学生对诗歌的初步认知了解学生对课文的把握情况，教师对于学生提出的问题不做具体回答而是引导学生回到课文中去寻找与问题相关的线索，再结合课文给出答案，在此过程中很好地锻炼了学生分析文本的能力，也提升了学生的思维能力，同时兼顾了课文的重难点知识。）

师："在我的心头荡漾"，"荡漾"是什么意思？

生：水波动荡的意思。

师：在这里是什么意思？

生：在我心里面来回想，徘徊。

生：不停地在我心头出现。

师：就是在你心头萦绕。

生：不可以忘记。

师：对，不可以忘记，很好。能不能读出水波荡漾的感觉来？

生：学生读"在我的心头荡漾——"

师：好，一边读的时候，一边感受水波荡漾，新娘在他心里跳。齐读这段。

生：（读）

师："在我的心头"应该停一停，（老师范读最后一句）"在我的心头——荡——漾——"

生：（再读）

（点评：抓住"荡漾"这一文中关键词首先让学生分析它的意思，在分析词语本身含义之后引出"荡漾"一词在课文中的含义，在学生领悟到其要表达的意思之后具体让学生感悟，这种感悟通过让学生反复朗读得以实现，在学生朗读的过程中注意到段落的停顿，然后由教师示范读给学生，之后全体学生再读。这样反复朗读，在朗读的过程中让学生对课文的情感有更加深入的感悟和体会。）

师："那榆荫下的一潭，不是清泉，是天上虹"，明明就是"清泉"，怎么就不是清泉了呢？原来是天上虹。那虹揉碎了不是，为什么揉碎？请以小组为单位讨论。

生：我们这小组是这样理解的：天上虹是康桥在水中的倒影，因为水面反射出夕阳的光，柔波荡漾，那桥好像睡了一样，自己的梦想也像彩虹。

生：揉碎的应该是内心的思想，要离别，很悲伤。彩虹是内心的追求。

生：夕阳余光照射在湖面，湖面形成波光粼粼的样子。

师：理解这一小节很难吧。

师："那榆荫下的一潭，不是清泉"，那明明就是清泉，怎么不是清泉呢？那是什么呢？

生：应该代表他的梦。

师：天上的虹，怎么揉碎了呢？刚才说了是风吹，就不完整了，但这是表面的。破碎的是什么呢？

生：爱情。

生：希望，梦。

师：刚才想放歌，现在都沉默了，还高兴得起来吗？请你读这小节。

生：（读）

师：还没有沉默。你来读。

生：（读）

师：好。这说明我们的同学深入到诗歌的境界了。这样的意境不适合齐读，你们自己再读读。

生：（自由读。）

师：是消失了吗？

生：没有，埋在心里。

师：一起来读一下。

生：（齐读）

（点评：教师抓住重点知识向学生提出相应的问题，而由于学生个体思考问题的角度、能力、水平有限，因此采用小组合作探究的方式共同对课文进行探究，结合课文去回答问题，教师最后听取各小组的发言再结合提出的问题进行点拨。这种方式提高了课堂的教学效率，也深化了学生间的合作意识，通过小组之间个体的发言以及教师听取小组的发言让学生充分参与到课堂之中，回归到文本之中，既解决了课堂难题又促使学生对课文有了进一步的理解。）

师：同学们能不能体会到这一节诗人的感情达到了高潮。能体会的举手。

生：（举手）

师：你说，你通过哪几个字体会的？

生：放歌。

师：人在什么情况下会放歌？

生：愉快，特别高兴。

师：寻梦，诗人情不自禁地回忆这个情景，诗人想到这个场景，心都醉了。多好呀，这个场景。可是诗人放歌了吗？

生：没有。

师：为什么没有放歌？读下面一小节。

生：（读）

师：但我不能放歌，与上节相比，来了一个多大的转折呀。一个人想要放歌，而不能放歌，内心是很压抑的，读到这个地方的时候，内心还轻快吗？不能轻快了。悄悄是别离的笙箫，笙箫是什么？

生：乐器。

师：你会吗？笙箫是能够发出美妙声音的乐器，可"悄悄是别离的笙箫"，那么说，笙箫现在却沉默。下面一句是什么？

生：夏虫也为我沉默。

师：夏天的虫子，蝉、蟋蟀呀，它们怎么叫？现在它们好像也理解徐志摩的心情，也沉默了。最后一句是什么？

生：沉默是今晚的康桥。

师：整个康桥今晚都一片沉默，为谁沉默？

生：徐志摩。

（总评：程翔老师在教授《再别康桥》这堂课时充分抓住了现代诗歌解读的技巧，那就是在反复品读中形成对诗歌所蕴含的思想情感整体的认知，通过诗歌中的一些重点意象让学生进行探究，既对意象本身进行了阐释，又对意象在本文中所象征的意义做了深析，这一系列的品读和分析就有效促进了学生对诗歌的深入体会，使学生能够真正理解作者所要表达的思想情感。经过基础字词读音纠正—意象分析—问题探究对课文进行了清晰的解读，这种解读是在由学生为主体，教师为引导的前提下进行的，学生和教师都充分地发挥了自己在课堂上的作用，参与到课堂之中。）

宁鸿彬《石壕吏》教学实录片段①

师：请同学们看注解，这首诗选自《杜工部集》，作者杜甫。这首诗叙述了作者在战争时途经石壕村，遇夜里差役抓人当兵的事。下面请一位同学读完这首诗，其他同学认真看课文，做好准备，在他读完后，把诗歌的大意说出来。听清楚了吗？

生（齐）：听清楚了。（一名学生将全诗读完）

师：读得很好。有节奏，也有语气。下面大家看课文，不明白的地方读一下注解，将故事的大意叙述出来，准备三分钟时间。（学生准备）

师：刚才我们读了课文，又看了注解，谁能把课文的大意说出来，请举手。不要求逐字逐句翻译，说出大意就可以了。

生：一天夜里，石壕村的小吏半夜捉人，来到我临时住宿的人家，大声呵斥这家的老妇人，老头趁此机会翻墙跑了。老妇人便向小吏述说自家的不幸遭遇：我家共有三个儿子，其中一个儿子来信说，他的另外两个兄弟全部在战争中战死了。家里再也没有其他人了，只剩下小孙子和他衣不蔽体的母亲。我虽然老了，你们要是硬要人去，就把我带去好了，早点到了河阳，还可以给你们做早饭。夜深了，我怎么也睡不着，天亮了，这家人只剩下老翁跟我告别了。

师：说得不错。可不可以再做补充纠正，都他叙述得更完美一些？

生：是诗人跟老翁告别，而不是老翁跟诗人告别。

师：对。

生：应该说明是听见小官吏捉人，而不是看见。

---

①　宁鸿彬.《石壕吏》教学实录［J］.中学语文教学，1998（2）：31－33.

师：补充得比较清楚了，这表明你们有一定的文言文阅读能力。

（点评：在上课伊始，让学生先结合注解了解诗歌的出处及作者，然后由一个学生起来为全班朗读全诗，其他学生在听的同时用自己的话来组织诗歌的大意。通过学生对诗歌大意的表述与补充让学生对整首诗形成初步感知，了解学生对文言文阅读的相关情况。）

师：对。这首诗的大意我们知道了。下面我们再读一遍课文，看哪句话、哪个词语不懂，提出来。（生自读课文）

生："死者长已矣"是什么意思？

师：可以看注解，怎么理解怎么说。

生：死者与世长辞了。

师：（出示卡片：死者长已矣）下面你一个词一个词地解释一遍，然后再合起来解释一遍。

生：死者，死的人。长，长久。已，完结，这里理解为"死"。矣，了。合起来的意思是"死的人永远长眠了"。

（点评：采取"卡片"展示法是一种新颖的教学方法，一定程度上能够引起学生的课堂关注，调动学生的课堂积极性，让学生在一词一词的解释分析中对这句诗有所理解。）

生："老翁逾墙走"，是说老翁翻墙而逃，他为什么要这样做呢？

生：因为他不愿去当兵，怕被抓。

师：对。一般抓兵都抓年轻人，老翁都吓得跑了，说明了什么？

生：说明年轻人都给抓光了，只剩下老头了，所以抓老头。

师：对。"走"是什么意思？

生：跑。古代"走"为"跑"，"行"为"走"。

师：说得很对。

（点评：由学生提出问题，其他学生进行回答，教师再做补充，这样连贯性的教学既促进了课堂问题的解决，也促进了师生间的对话与交流，既营造了良好的课堂氛围，又有利于构建和谐平等的师生关系。）

生："吏呼一何怒，妇啼一何苦"，怎么解释才通顺呢？

生：官吏说话发怒，老妇边说边哭。

师：谁能更准确地翻译？

生：官吏呼叫多么恼怒，妇人啼哭多么悲苦。

师：（出示卡片：吏呼一何怒，妇啼一何苦）这两句的意思就是刚才这位同学说的那样。找一名同学再重复一遍。

生：官吏呼叫多么愤怒，妇人啼哭多么悲苦。(师点头，表示满意。)

生："三男邺城戍"的"邺"应怎样理解？

生："邺"是一个地名。(师点头，表示肯定。)

生："戍"怎么解释？

生：防守。(师点头肯定。)

师：完全正确。(出示卡片：如闻泣幽咽)

生：好像听见有人哭。

师：怎么哭？大声还是小声？

生：小声。"泣"为小声哭。

师："咽"是什么意思？

生：断断续续地哭。

师：咽，就是哽咽，声音发不出来，一会儿有，一会儿无，断断续续。合起来就是"好像听见有人断断续续地小声哭"。

师：再看一遍课文，还有不懂的词句没有？(生看课文)

生："天明登前途"的"前途"怎么讲？

生：前面的路。

(点评：随着学生渐渐进入课文中，对课文提出新疑问的同时推动课堂教学不断深入，结合学生自己所提出的问题让其自己结合课文进行探究回答，老师在学生思维发生偏差时及时纠正引导学生向着正确的方向思考，最终得出对问题的正确认知。在这里宁鸿彬老师没有直接提出问题而是让学生提出问题，充分给予了学生课堂的自主权，也使学生能够主动回归到课文中，有利于学生对课文的理解。)

师：对。下面我们来解决刚才那位同学说的问题，看诗中是只写老太太的，还是写官吏的。(板书：吏　妇)

师：我们看诗中写吏写了几句？

生：两句。"有吏夜捉人"和"吏呼一何怒"。

师：(板书：捉　呼)

师：吏捉人时，老太太在干什么？

生：出来应付。

师：(板书：出) 那么"吏呼一何怒"时呢？

生：啼。

师：(板书：啼) 后面吏出来没有？

生(齐)：没有。

师：那么老妇和谁"致词"呢？

生：作者。

生：不对，是向吏诉说自家的遭遇。应是吏问吏听。

师：按说官吏查不出家里有男人，就应到别处去抓人，抓一个老太婆说明什么呢？

生：说明男人都抓光了，只有抓老太婆了，做做饭也好。

师：按说抓一个伙夫不怎么着忙，应让老妇人进屋跟儿媳话别，可是官吏允许了吗？你们想想。

生：没有。而是逼着快走。

师：谁逼谁走？

生：官吏逼老太婆快走。太凶残了。

师：很好。（板书：逼走）

师：由上面的分析看来，这首诗题为"石壕吏"，而内容写老太太的多，但无一处不在写官吏的凶狠野蛮。也就是明着写老太太，暗着写官吏。这种写作方法叫"虚明实暗"法。请大家注意领会这一点。

（总评：对前面学生提出的问题没有当即给出答案，而是在课文分析的恰当环节再结合问题具体做出分析，充分体现了教学的有序性和文本解读的顺序性，这种有序的教学和解读对学生是一种很大的帮助，能够让学生发挥自己课堂的主体作用，也能激发学生对课文探究的兴趣和积极性，在这种积极性的驱动下学生能够真正进入文本，解读文本，让自己成为文本解读的主体，在解读的过程中有效攻克课堂中的重难点知识，提升自己的思维能力，增强解读文本和解决问题的能力。）

新课标指出，语文课程的性质是"语文课程是一门学习语言文字运用的综合性、实践性课程。义务教育阶段的语文课程，应使学生初步学会运用祖国语言文字进行交流沟通，吸收古今中外优秀文化，提高思想文化修养，促进自身精神成长。工具性与人文性的统一，是语文课程的基本特点"。[①] 语文课程是工具性与人文性统一的课程，它不仅仅是一门学科，更是孩子们价值观念的基石，语文课程应当充分发挥其育人的作用，扮演好引路者的角色。通过对文本的具体分析，能够让语文课程发挥其最大的价值，也足以体现文本解读对于语文教学的重要性，二者相互联系，不可分割。在选取的三位中学语文名师的课例中

---

① 中华人民共和国教育部．普通高中语文课程标准（2017年版）〔S〕．北京：人民教育出版社，2017.

我们可以看到三位名师对文本分析技艺的熟练运用，并且遵循着文本分析的要点。一是充分尊重和发挥学生的主体作用。无论是余映潮的《孔乙己》教学还是程翔的《再别康桥》以及宁鸿彬的《石壕吏》教学，在课堂的一开始都会注重让学生来提出问题并思考，在文本的解读与分析上学生也是最重要的主体，教师通过引导让学生始终向着文本解读的正确方向，一定程度上锻炼了学生分析文本的能力。二是做到了立"读"解"写"，这一点尤其是在程翔老师《再别康桥》和宁鸿彬老师《石壕吏》的课例中体现最显著，因为不管是古代诗歌还是现代诗歌，在解读时，品读都是极其重要的，两位教师充分利用了这一方法，在读的基础上让学生去体会作者笔下所写及要表达的思想情感，从而有效达到了教学目标。三是发挥了教师的引导作用。在三位名师的课例中，他们在课堂之上都是很好的教学引导者，打破了传统的"一言堂"和机械式的灌输，营造了良好的课堂氛围的同时也调动了学生的学习兴趣和课堂积极性，为学生学习知识提供了动力，为学生解读文本保证了正确方向。综上所论，文本分析与解读不仅是对语文教师的职业要求，也要求教师在教学中将这些方法传授给学生，使学生能够运用这些方法对文本有自己的理解与分析，提高语文素养，这才是语文教学的根本目的，也是提升语文教师文本分析技艺的必要。

第三节　文献选读

文本分析作为语文教师的一项重要技艺对课堂教学有着关键性的作用，通过有效地分析文本可以将教师的引导、教材的呈现、学生的学习三者有机统一，从而达到课堂教学效果的最大化。对于教师主体来说，学习文本分析技艺的前提就是掌握文本解读，了解文本解读的基本理论和方法，而这一学习就必须基于探究关于文本解读的一些元理论。通过对文本解读知识的搜集与整理，可以就以下几个方面对文本解读的元理论进行分析。

一、文本解读的突破口：文本阅读

要想展开对文本的解读就必须先阅读文本，在语文课程的学习中就是对课文进行有效的阅读。在课本中，作为示范性的文章数量是有限的，但这些文章都在某种意义上带有典型性，也都是一些为人熟知的优秀作品。那么在阅读这类文本时，读者就会被其本身所具有的魅力而吸引，一旦深入就会出现叔本华所说的"自失于对象之中"的审美状态。在诸多学科中，作为涵盖面较广的语文是最有趣味性的学科，这种趣味性的体现就在于课本中，在所有学科中往往语文课本是最受关注的，学生拿到课本一看就是一大半或整本书，这正是被其文本所呈现魅力所吸引而自失其中的表现。在王国维看来，这也正是被那些大作家"字字为我心中所欲言，而又非我之所能自言"的"秘妙"所吸引而沉醉其中，不能自拔，在这种阅读状态下进行的文本解读将会变得深入。

文本对于读者是否具有魅力和可读价值往往来源于其吸引力的大小，吸引力往往能够决定读者是否能进入到文本之中，深析文本，解读文本，这是从文本自身出发所得观点。而从另一面出发也就是读者的角度来看，往往也影响着文本阅读的质量，其要素有二。

首先，是读者的阅读状态。读者的阅读状态因人而异，因时而异，因地而异。对于读者个体来说每个人对于同一义本的阅读状态是不一样的，这也是个体差异在文本阅读中的体现，而时间地点的不同往往会决定环境的变化，身处环境下的个体也会受到一定的影响从而呈现出不同的阅读状态。有的个体凭借自身对文本的喜爱充分享受文本阅读所带来的快感，而有的个体却是带着某种极强的目的去阅读文本，因此就会丧失文本阅读的快感，甚至觉得文本阅读是枯燥无味的。海德格尔在其著作《存在与时间》中提道：

历史给了人类更好的理解自身及其形势的诸多可能性。因此在生存于其中的各种处境全都是先前已经形成的东西，它在过去的事件中有其缘由。但此在继承了过去之事时，它就开始对其行为有所领悟，这种继承表现在理论和实践上对于过去的重演。①

所以能够获得阅读快感的读者群体往往更容易与作者、作品之间形成深刻的共鸣。

其次，是读者的阅读水平。由于人与人之间存在着个体的差异，所接受和学习知识的能力各有不同，因此就造成了知识储备、理解能力的差异性，这种差异性的体现之一就是阅读水平。就像《论语·雍也》所说"中人以上可以语上也，中人以下不可以语上也"，对于一些资深的著作来说并不是它自身缺乏足够的吸引力，而是阅读者的阅读水平有限，去阅读这一类超出自身水平的著作就会显得吃力、难懂。加达默尔的"视域论"佐证了这一点，他在《真理与方法》中提及：

视域就是看见的区域，这个区域囊括和包容了从某个立足点出发所能看到

---

① ［德］海德格尔. 存在与时间［M］. 陈嘉映，王庆节，译. 北京：生活·读书·新知三联书店，2006：27.

的一切。①

读者群体也往往受到视域的限制而无法看到作品呈现的全部，这就导致了对作品阅读效果最终呈现的千差万别。无论是读者的阅读状态还是读者的阅读水平，这都是从读者的角度出发分析所得的关于影响文本阅读的因素，而正是这些因素的存在使得文本阅读呈现出纷繁复杂的样式。

文本的阅读也离不开"真实的阅读"，"真实的阅读"最注重的是它的原汁原味性。在阅读文本时读者有时会抱着某种强烈的目的性去解读，甚至是被迫进行的强制性阅读，但最重要的是直接阅读出文本原有的样貌，这是有难度的。如果在直读文本之前掺杂了先入为主的个人主观思想，或者是戴着有色眼镜去进行雾里看花式的阅读，就会使阅读失去真实性。而从文本自身来说，其具有的可读价值即是其吸引力的根本，而是否具有吸引力乃至所具有吸引力的大小便成为文本阅读能够进行下去的原始动力。一些文本由于自身吸引力偏小而不具有吸引读者的魅力，但也有阅读的情况存在。这种阅读就不是跟随文本的吸引力进行而是站在它的对立面研究它丧失吸引力的原因，甚者直接跨过文本自身真实具有的吸引力，用自己的主观臆想去构建新的吸引力强加其上，使其符合自身阅读的需求。这样一来，自身的需求一旦满足就无关乎其他了，这种阅读是失真的，甚至是无效的。

真实阅读的另一种状态呈现就是审美自失，一切无害的快感、有益的快感、高尚的快感都可以归于审美快感，而审美自失则是审美快感的极致体现，是审美快感最巅峰的状态。基于原汁原味的阅读，作品所具有的魅力能够吸引读者一步一步深入阅读，直至完成整个文本的阅读。当文本的魅力足够大时也代表着其吸引力越大，这种吸引力就能将读者推入深层次的文本阅读中，使读者产生极致的阅读快感，从而令读者深陷其中，乃至如痴如醉。孔子曾说"三月不知肉味"就是审美自失的极致体现。读者沉醉于其中已察觉不出主体与客体的存在，甚至忘却自己所处的真实世界而完全沉入艺术的世界，忘记了一切的存在，将自身完全置于文本所构建的世界中，从而获取最大的审美享受与愉悦。这就是审美自失的体现，也是审美状态的一般特点。叔本华自失论曾提及审美自失的状态有四：第一，是整体被审美对象所占据，完全沉迷于艺术的世界，忘却了自我；第二，这个世界是纯粹的、单一的，不掺杂任何的杂质；第三，审美自失能够让人忘记欲念，断绝痛苦的根源；第四，读者成为"观赏者"，整个意识为单一的直观景象所占据。在平时的作品阅读中，我们会出现这四种状

① ［德］加达默尔. 真理与方法［M］. 洪汉鼎，译. 北京：商务印书馆，2007：411.

态，其中又以前两种最为普遍。当遇到具有魅力的作品时，我们一时间脑海里呈现的只有关于这本作品的所有信息，甚至连想象里都充斥着关于这部作品的一切画面和场景，这种如痴如醉的状态久久占据，不能忘却，乃至令读者废寝忘食、忘却自我地进行阅读。这种状态下对文本就会有着深刻的印象和见解，也能深入挖掘一些关乎文本本质的东西，相对于读者来说，此时的世界只有一种，那便是作品呈现的吸引自身的艺术的世界，此时的意识也只有一种，那便是作品本身所传递给读者的原始意识，这种艺术世界和原始意识是纯粹的、单一的，不掺任何杂质的。而对于第三、第四种状态则是少数的，不常有的，这种极致体验除非是作品的魅力已达到巅峰，一般性的作品则很少具有如此强大的魅力，也很难达到这种体验和功效。我国著名学者李泽厚明确提到在审美的过程中存在着"完全幻觉的瞬间"，即在"瞬间"完全幻化到对象里面去，与对象融为一体，真实感受到对象的存在。但同时，他又强调审美也需要自意识，这种自意识是一种欣赏的存在，要清楚自身是处在一个真实的世界而非虚幻的世界，所有文本所构建呈现的是虚幻的，因此称为"幻觉"，即使是与对象完全融为一体时也要保持静观的理智，不让虚幻主导自己。有时我们在沉迷于文本中的情节时往往会不自觉地衍生出对人物的同情悲悯之心，这就是"自意识"的体现，这种"自意识"往往指向艺术表现力和艺术形式。一切的艺术形式都是假定的真实，即虚构，但是在其表现力、感染力达到一定程度之后它就能表现得很真实，甚至以假乱真，而读者在阅读感悟中既不会把它全部当作是真的，也不会把它全部当作是假的，在这样的情形下读者沉醉其中不仅获得了阅读上的快感体验，也受到了艺术表现力的感染。长久如此，他的思想和境界就会获得一定的提升。因此，文本阅读明确了这一点才能称之为阅读，这也是学习语文及其他课程所必要的，教学者充分利用这种审美自失既能够提升教学的效果，又能够使学生在学习过程中有所提高，一举两得。审美自失并不一定指文学作品，非文学作品也具有审美自失的功能。美国畅销书《如何阅读一本书》中倡导的"粗浅阅读论"和叶圣陶在《文章例话》中提到的教学策略都强调解读分析的重点要放在艺术形式和手法的"奥秘"上，且在此过程中需要老师的引导与帮助，不随便干扰读者，打断读者的阅读，不破坏读者的审美自失，充分保护这种审美自失是课文教学的前提。然而在现实的教学中却很难做到，比如教材中往往具有一些先入为主的固定知识点，这类知识点对原汁原味的阅读形成了干扰；比如不经过第一遍的纯阅读就让学生开始思考老师提出的问题，这种"抢时间""抢效益"的教学方法也造成了审美自失的破坏；再比如布置的预习任务过多、过重，选文自身的魅力欠缺，忽视平常课外阅读的积累等都会造成审美自失的破坏，这些都需要引起高度的重视。

造成审美自失的原因有很多，最根本的原因就是"人人心中有，个个笔下无"的秘妙。审美对象所具有的艺术奥秘是读者"自失于对象之中"的重要原因。对于文学作品而言，这种艺术奥秘的体现就是"人人心中有，个个笔下无"。诸如王国维、鲁迅、叔本华、朱自清、夏丏尊等学者皆对艺术奥秘有着精妙的论述，他们观点中的核心就是"直观"，认为文学应当呈现最自然的直观面貌，通常感性认知是一切理性认知的前提，文学作品的"直观"不同于其他艺术形式的"直观"，文学作品是世界的"再现"，因此认识它的入口就是读者的感官对于再现世界直观的感觉，但是这种直观并非最原始的自然之象，而是经过了作品创作者审美加工后的个像。与其他艺术品相比文学作品"再现"和"直观"一般要靠语言文字来作载体，语言文字运用得恰当与精准才能达到"直观"的"再现"。直观的景象是"再现"中的一种，形象和形象思维是文学区别于科学的本质特征，一些具有高度的精辟性名言会通过其人生经验的通感传递给读者，让读者的心中直接幻化出有过"经验"的类似形象，这种"人人心中有，个个笔下无"的秘妙适用于一切文字表达。在日常的教学中，教师利用这种秘妙，引导学生深入感悟、揭示，走进文本，阅读文本，真正感悟文本解读的秘妙，这是语文教学的不二法门。秘妙论总的来说包含两个方面。其一是"不朽文字"。这种"不朽文字"的好处在于能够再现"直观"，使读者自得；还能够写出与读者产生共鸣的对象，让读者真切体会到文字所现即为心中所言。由于它是作品的首次表达，所用之处显得十分恰当，从而使读者阅读作品时非常舒适，由此产生了审美愉悦感。其二是作者在进行创作时把转瞬即逝的瞬间捕捉到了，通常来说，这种灵光一现的时刻最为吸引人，一旦捕捉到了就会增强作品的魅力，使作品吸引力大大提升，自然也能够吸引读者。无论是"人人心中有，个个笔下无"还是艺术的"秘妙"，二者都具有紧密的联系。"人人心中有，个个笔下无"是优秀作品吸引读者乃至形成审美魅力的要害，"人人心中有"指的是普遍被人们接受的熟知的事物，而"个个笔下无"则是指人们所陌生的事物，二者统合就会既熟悉又陌生，越熟悉越陌生，美感就越强烈。

伟大作家歌德曾提出"秘密说"，作为揭示文本解读的一种重要理论道明了文本揭秘的本质。歌德认为文本解读在于揭示文本所蕴含的秘密，这是其核心，围绕这个核心所具有的形式、意蕴、创作、解读等都是外在体现。对于文学作品而言，从来没有哪一部作品会把自己运用了哪些创作手法，包含了哪些创作意蕴明确地标示在作品中，因此对于文本解读来说最困难的就是揭示艺术形式所蕴含的"秘密"。亨利希·肖尔兹也曾说：

形式对大多数人来说是一个秘密。①

形式不仅仅对于多数读者而言是秘密，对于许多非自觉状态，运用某种艺术手段的创作者也是秘密，除过形式，文本内容的意蕴中也包含秘密。越是阅读价值高的作品，它的隐秘性就越强，寻找这隐藏的秘密就是读者要面临的难题，只有在真实有效的阅读实践下才能感悟到作品隐含的意蕴，而若是一般性的阅读则很难感悟到。因此在文本解读里，不要把时间浪费在表层的内容中，要深入阅读和体会，集中自己的精力去感悟文本，挖掘出文本深藏的形式和意蕴，专注于揭示文本的"秘密"。与歌德的理论相似的还有我国伟大作家鲁迅，他提到的"秘诀"观与歌德的"秘密说"异曲同工，但很多人在理解时认为这种"秘诀"是不存在的，因此很多作家坚持认为优秀的创作应来自多看书，多观察，多写作。鲁迅的"秘诀"观赞同了多看多写的切实之法，但同时也强调其要害，即多看别人是怎样写的，抓住别人作品中的"极精彩之处"，掌握这一关键要点就是抓住了秘诀，排除文本解读与分析的障碍。基于歌德的"秘密说"与鲁迅的"秘诀"观，我们可以看到文本解读一个最重要的方向，即解读就是解"写"。创作者往往通过搜集整理人人可见的材料或题材，通过实践加工注入了某种意蕴，然后通过不同的表现形式和艺术手法呈现出来。读者在进行品鉴的时候最先被这艺术形式所吸引，然后进入表层内容的阅读，但深藏在作品其中的意蕴并不能被读者及时挖掘发现，因此就成为大多人的秘密，只有用心之人经过反复阅读并结合实践还原作品创作时的环境甚至付出自己坚信的努力，才能找到作品中深藏的意蕴，这也是读者通过创作之路的还原与回溯建立与创作者相通的心境方能感悟作品中隐藏的意蕴。

从读者的接受反应来说，就包括了审美"惊奇"论和审美"愉悦"论，这些理论都对揭示艺术秘密有着重要的指导意义。审美"愉悦"论中的"无功利的快感"通常被众多人所称道，而相对陌生的就是李泽厚基于康德"判断在先，愉悦在后"的"智慧审美论"了。在"智慧审美论"中有三个要点：第一，审美活动既是感性的、直觉的，又是理性的、思维的。李泽厚认为个体在感性中会不断积淀社会的理性，但是这些理性的事物又会融在感性之中，因此美感呈现就是直观性的，使人立即就能得到。第二，认识和理解在审美中处于决定的地位。审美中包含了认识和理解，这种认识和理解就成为连接感性与理性的桥梁，使人产生高于生理快感的审美愉快，正如文本解读一样，好的解读就是认

---

① ［德］亨利希·肖尔兹. 简明逻辑史［M］. 张家龙，译. 北京：商务印书馆，1977：56.

识、理解所带来的愉悦和快感。第三，阅读教学要开发学生智能，不断提升学生内在的理性水平，启迪学生的智慧。学生在阅读时往往对"理性认识"并不知情，因此阅读教学在拟定教学目标时要对这种情况充分考虑，有意识地主动投入到文本之中，形成对理性阅读独立的认识，这样一来，对理性知识的认知水平才能有所提高。

二、文本分析的方法：多元有界，文本中心

在文学作品中要想真正达到理解文本就必须对文本进行解读，而文本的解读也是有章法可循的，绝不是任意而为，凭空臆测。新课程改革倡导文学阅读要在中学阅读教学中占主体地位，与之相应的文本解读也越来越多元化，但多元化并不意味着没有边界，而是在一定规范中的相对多元。无论是义务教育阶段的课程标准还是普通高中的课程标准都明确指出学生对教材的理解往往是多元化的，反之，教学内容也应跟随学生多元化理解而展开，形成对学生正确的点拨与指导。在过去的一段时间里，语文教学中出现了不尊重甚至排斥多元解读的现象，很多教师认为只要抓住一个知识点便足以教好整堂课；也有的与之又恰恰相反，采取了放任自流的教学方法，过度拓宽了"多元解读"的界限。这两种倾向在语文教学中都是存在的，并且为大多数人所尊崇，实则是最不可取的方法。实现文本解读的"多元有界"并非易事，关键是要掌握学习核心的理论知识，并将理论知识灵活地运用到实践中。

西方文论中对读者在文本解读中主观能动性的重视是阅读史和批评史上重要的思想解放，自 20 世纪 80 年代引入我国之后，对我国文学理论界、批评界的影响十分深远。

每一个时代必须以它自己的方式来理解已流传下来的东西。①

而由于地域差异和种种因素，我国语文教学从西方多元阐释理论中的获益极少，只是零星地运用了一些关于接受美学、空白论的观点，在实践上未能对传统的教学做以改观。直至新课程改革实施以后，这种情况得到大大的改善，传统的教学观念和方法濒临新理论的挑战，这主要得益于新课改理念中对体验、经验、个性、创造等的重视和推广。但是语文学科在接受西方文本阐释理论方面的薄弱和滞后，使得在面对一些任意的阐释、低水准的解读时仍是放任自流的现象，从而产生了一系列的困惑。所幸，这些现象和困惑引起了人们的广泛关注，语文学界开始对"多元解读"及相关问题展开讨论，形成了反对任意解

---

① ［德］加达默尔．真理与方法［M］．洪汉鼎，译．北京：商务印书馆，2007：320.

读、随意解读、低水准解读的一致意见。德国哲学家卡西尔在其作品《人文科学的逻辑：五项研究》中提道：

关于文本的分析是研究文化现象的基础，阐释的目的是通过文化作品了解其背后的意义，理解它们所要传达的东西，然后才能对文化本质加以确立。①

这句话揭示了西方阐释的本质。提到文本解读的"多元有界"就不得不对"界"有所定位，主流的说法是指文本解读始终受文本自身的制约，这就是"界"，但在语文学界对于"界"的定义还存在其他解释。第一，认为"界"是对应"多元"所做的限定，一提到界就使多元有了限定。这种观点是一种误解，既然提及多元解读就必然是无限的，但无限又不等同于任意。对于"多元解读"的理解往往停留在字面意思，这就导致了一些人从一开始接触"多元解读"时就走上了偏差的道路，多元表明了文本解读的无限可能性，而有界则是指有中心，围绕中心立足于文本的合理多元化解读是可行的。第二，视"界"为"无界"，这种观点是把"界"进行了解体，把无限性混淆为无限限制性，"界"本是强调"对象"对个体的限制，即人们通常在研究某一事物时有无限的见解，但任何见解都不是脱离研究事物本身而得出的。任何人对于文本的解读都是独立存在的，而不是相同的，个体间对于文本的解读也是互不限制的，因此无文本限制的绝对结论就不成立。第三，从教学的角度看"界"，每一门学科都有其自身特定的属性，语文的阅读教学、文本解读教学的"界"不应与语文文本解读的"界"脱离开来，文本解读的主体不在教师而在学生，要注重学生的接受程度和认知水平。学生在进行文本的阅读和解读时也不应超出文本自身而另有所设，文本解读的行为应保持在文本自身，这就是文本解读时要遵循的"界"。

西方文论的学者们对多元解读给出了有力的说明，如英伽登就提出了著名的"填充（具体化）"理论：

"空白"和"不定点"的出现并不是文学创作的失误，而是每部文学艺术作品中的必须，读者要对每一部文学作品进行阅读和理解就必须对它们进行"具体化"。②

这句话的含义主要是指作品本身是一个图式化的结构，存在许多的"空白"，那么要想使其美观、血肉丰满，就必须要靠读者的想象来进一步填充，换

---

① ［德］卡西尔. 人文科学的逻辑：五项研究［M］. 关子尹，译. 上海：上海译文出版社，2013：45.

② ［波兰］罗曼·英伽登. 对文学艺术作品的认识［M］. 陈燕谷，译. 北京：中国文联出版公司，1988：52.

句话说，读者也参与到了创作之中。

关于文学作品是实在的客体或观念的客体这种意思相反的做法，都不能一劳永逸地解决问题。①

由于读者具有个体随意性，审美具体化和再创造都因人而异，就造成了多元的源流。加达默尔在英伽登的理论基础上进一步发展认为艺术的存在是由于有观赏者的存在，任何文学艺术作品都是在阅读的过程之中实现的，一旦脱离观赏者就不能称之为文学作品了。萨特也同样提出作品是读者和作者共同努力的产物，只有作者用心投入创作，读者用心投入阅读，作品的价值才能得以显现。

存在主义的第一个后果是使人明白自己的本来面目，并且把自己存在的责任完全由自己担负起来。②

无论是阐释还是解读，人才是第一本位，没有人的存在就没有对客观对象的认知，这也是萨特"存在主义"对文学阐释的启示。接受美学的代表人物姚斯在加达默尔思想的影响之下提出对读者的地位和读者的接受的重视。伊瑟尔的"召唤结构"说则认为多元和文本制约是同时发生的，文本中存在的意象在作品中并不言明，召唤读者去言明。上述几位学者都极高地赞扬了鉴赏者的主观能动性，这种不断探索前进的深究激发了人们的创造、质疑、不迷信权威的精神。文本解读的"多元有界"要对"多元"和"越界"有清醒的认识，要在立足文本的基础之上对文本进行全方位、多角度的解读，要有效规避"越界"行为，避免"越界"所带来的风险。

在实际的生活中，我们知道一个事物的构成往往有着多种因素的参与，这些因素并不是具有同样功效的，而是有主要与次要的区别，并且在不同的条件下其主次会发生一定的变化。在文学作品解读中，作者、作品、读者便是极其重要的要素，三者缺一不可。在这三者中，起着决定作用的还是作品，无论是作者还是读者都是围绕作品进行创作或解读。从接受学的角度看，作品的"存在"即作品在读者脑海中呈现的现实样式，那么读者对这种现实样式具有"决定"权，但这种"决定权"并不是绝对的，因为样式在反映的过程中难保不会走样，这样一来使读者的"决定"也发生偏差，进而产生对文本误解，所以最

---

① ［波兰］罗曼·英伽登. 论文学作品［M］. 张振辉，译. 开封：河南大学出版社，2008：32.

② ［法］萨特. 存在主义是一种人道主义［M］. 周煦良，译. 上海：上海译文出版社，2012：11.

终的阐释和解读依旧要回归到作品、文本本身。在文学的世界里，作品和读者的地位是不可以等同的，一部好作品是多方面因素共同作用下的产物。围绕这一点，在新课程标准里才会提出要引导学生"钻研教材"，提高学生发现和解决问题的能力。作品是一种独立的存在，不以人的意志为转移，在西方文论学者的眼中，一方面他们意识到并且极力说明这一点，另一方面，他们又坚持认为作品离不开读者，并把作者排除在外，这种矛盾的观点为阅读作品和理解作品带来了诸多的困惑，解决这种矛盾就需要用到文本中心相关理论。在文本中心论里又以孙绍振的"一元深化"（一元层层深入）理论较为知名。所谓"一元深化"指的是在多元解读时每一"元"都要刻苦钻研文本，然后层层深入，进而实现解读的可能性。这种"一元深化"是文本中心与多元有界在解读个体身上的体现，解读文本尤其是在解读经典时一定要向着文本最后的内核挺进，要运用每一步的经验积累层层透析文本，最终吃透文本。在达到此目标之前任何解读都不敢声称是自己最后完全的认识，我们既需要层层深入，又需要多元解读，两者齐头并进，相辅相成。只有这样，读者的主观能动性才能有所发挥，才能做到对解读的精准和透彻。回到文本中心，立足于各要素之间的统一，从每一"元"层层深入，对文本所蕴藏的意蕴不断挖掘，引导学生深入教材之中，不断钻研，不断深入，最终形成对文本的正确认知和理解，这就是文本解读的意义所在，也是教师在语文课程教学中所必须具备的技艺。

本章问题

1. 什么是文本分析技艺？其核心是什么？

2. 教师的引导作用如何在课堂教学中体现？

3. 谈谈你对立"读"解"写"的认识。

4. 如何培养和提升文本分析的能力？

推荐阅读书目

[1] 周小蓬. 语文课堂教学技能训练 [M]. 北京：北京大学出版社，2010.

[2] 郭宏安. 二十世纪西方文论研究 [M]. 北京：中国社会科学出版社，1997.

[3] 赖瑞云. 语文课程理论与应用 [M]. 福州：海峡文艺出版社，2008.

[4] 李泽厚. 美学三书 [M]. 合肥：安徽文艺出版社，1999.

[5] 荣维生. 语文文本解读实用教程 [M]. 北京：北京大学出版

社，2016.

[6] [德] 叔本华. 作为意志和表象的世界 [M]. 石冲白，译. 北京：商务印书馆，1982.

[7] [波] 罗曼·英加登. 对文学艺术作品的认识 [M]. 陈燕谷，晓未译，北京：中国文联出版公司，1986.

[8] [美] 迈克尔·莱恩. 文学作品的多重解读 [M]. 陈炎秋，译. 北京：北京大学出版社，2006.

第八讲

语文教学名师对话技艺

第一节　技艺概述

教学与对话之间联系紧密。美国宜诺斯大学教育学者尼古拉斯 C·伯布勒斯（Nicholas C·Burbules）与伯特伦 C·布鲁斯（Bertram C·Bruce）提道："对话是一种教学关系，它以参与者持续的话语投入为特征并由反思和互动的整合所构成。"我国的张华教授说："教学的本质是倾听和对话。"① "对话"对于个体意义的生成与实现有极其重要的作用。沈晓敏在《对话教学的意义与策略——公民教育的新观点》中提道："意义产生于对话之中，意义因对话而丰富。人们因利益视域和理解视域所造成的不同认识、立场、价值观通过对话而实现共享。"② 在对话时代，传统的"填鸭式""独白式"教学模式越来越不能满足时代的需求，所以如何将"对话"运用在教学之中，如何展开有效的对话教学，成了备受教育界关注的问题。

一、"对话"的概念

为了更好地理解教学对话的含义，本文在此对"对话"的含义做一些词源上的考察。

《现代汉语词典》（商务印书馆 2001 年 4 月第 4 版）中对"对话"的解释为：

（1）两个或更多人之间的谈话。（2）两方或几方之间的接触或谈判。③

---

① 张华. 对话教学：含义与价值 ［J］. 全球教育展望，2008（8）：8.
② 沈晓敏. 对话教学的意义和策略 ［D］. 上海：华东师范大学博士学位论文，2005：10.
③ 社科院语言所. 现代汉语词典 ［M］. 北京：商务印书馆，1997：239.

在英文辞典《大英百科全书》（Encyclopedia Britannica Online 1994）中，可以查到 dialogue（dialog）的词源和含意：从词源看，该词来自古法语的 dialogue，拉丁语的 dialogue，希腊语的 dialogs。作为名词，其含意为：

（1）文章中，两个或两个以上人物间的交流、谈话。（2）两个或两个以上人的谈话，也可以指人和事物间的交流。（3）不同观点或思想的交流。（4）不同政党（或者党派）代表间的讨论，这种讨论是由某种冲突或斗争引起的，目的在于做出最后的决定。（5）文学或戏剧写作中的会话要素。

戴维·伯姆作为 20 世纪最伟大的哲学家与思想家之一，也对"对话"做出了阐释。他指出"对话（dialogue）"中 dia 的含义为"经由、通过"，指出"对话仿佛是意义的溪流通过或在我们之间流动"，并提出"对话"不同于"讨论或辩论"，不是单纯地陈述自己的观点，反驳他人的观点，而是要使对话双方的意义在"对话"中发展起来。伯姆也提出，对话的核心策略是"搁置己见"。

加达默尔提出，每个人因为所处的时代背景、生活环境不同，拥有自己的"理解视域"。我们对文本的理解基于我们自己的"理解视域"之上。但是每个人的"理解视域"都有局限性，如果只是拘泥于自己的"理解视域"之中，就难免会产生短视与谬误，所以我们需要通过对话来建立"视域的融合"，从而扩展或调整自己的视域。

巴赫金从哲学、文学、社会学等方面对"对话"进行了阐释。在巴赫金看来，"对话"是人生存的必要条件，他指出，每个人的话语中包含的是其独特的思想及价值观，更是其独特人格的体现。并且，每个人的意义都要通过"对话"才能得到体现。

根据各方对"对话"的阐释来看，"对话"在现代社会有以下几层含义：

第一，两方之间的交流、谈论。

第二，文学或戏剧写作中的会话要素。

第三，持不同意见的双方之间发生的交流、辩论，目的在于通过交流互相理解或者消除矛盾。

本文讨论的内容与第三层含义相关。

二、教学对话的概念

朱德全与王梅教授在《对话教学模式的策略探析》中提道："对话教学是将师生、生生交互对话作为教学的表征与载体的一种教学活动。从存在论的角度理解，对话教学是一种超越'它'（世界）与'你'（世界）建立精神上相遇关系的教学，也就是师生间思维上的相互转向、心灵上的相互回应的教学；而从认识论的角度理解，对话教学则是一种开放、自由探究的理性思维碰撞，也是对话主体共同参与寻求真知灼见，并在此过程中启动、延伸睿智的教学。"① 由此可见，在对话时代，教学的本质指向知识的生成，而非传授。

教学对话是教师在教学中采用的一种手段，目的在于：通过彼此之间自由的言说与倾听，使双方的意义得以重构或生成。在教学对话中，教师、学生、文本是参与对话的主体，而平等、尊重既是前提也是核心。教学对话不仅仅是指单一的师生之间的一问一答，而是对话双方彼此敞开、彼此接纳，真正地进入对方的世界，共同寻求新的意义的过程，这一过程是自由、开放的。对话的双方可以是师生、生生，也可以是学生与文本或教师与文本。

三、教学对话实施的意义

（一）重塑师生关系

无论是传统的以教师为"权威"的独白式教学，还是过去提倡的"学生为主体，教师为主导"的教学观都不能使教学真正地呈现出对话教学的样态。在以学生为主体的课堂中，学生看似有很多言说的机会，但多数时候学生的言说都是为了契合教师的意图，并不能真正地抒发自己的心声。戴维·伯姆提出："对话仿佛是意义的溪流在我们之中，通过我们和在我们之间自由流动。"② 从此观点来看，既然意义的流动是自然的，那么教学对话的过程中，就不需要领导，师生之间也没有主客体的分别。在教学对话的过程中，教师与学生是真正平等的，在平等的对话中，师生都用自己生命的全部与彼此相遇。

在教学对话中，师生关系不是"我"—"它"关系而是"你"—"我"关系。前者之中"我"是主体，而"它"是客体，"我"只是将"它"当作"我"的对立面，去征服"它"，利用"它"。后者的关系之中"你"与"我"是平等的关系，没有主客之分。在教学之中，学生不是教师利用的对象，不是简单的"知识容器"，更不是教师的对立面。师生的精神世界应当在对话中相遇，在意义自由流淌的过程中，师生之间处于平等的地位，并且互相尊重、互相敞开、互相接纳，在倾听与言说之间，使得彼此的知识与价值重构。

（二）培养学生的对话能力

在对话时代，学校要着力培养学生的对话能力，使学生成为能够参与对话

---

① 朱德全，王梅. 对话教学模式的策略探析［J］. 高等教育研究，2003（3）：4.
② 戴维·伯姆著，李·尼科编. 论对话［M］. 王松涛，译. 北京：教育科学出版社，2004：6.

环境下社会活动的未来公民。在教学之中，"学生的对话能力是学生进行创造性学习、自主学习以及合作学习的基础；是学生与他者展开主体性交往，实现自我的前提；是教师展开对话教学所必须面临的挑战之一"。① 而学生的对话能力要在对话教学中才能逐渐走向成熟。

（三）引导学生的对话人生

在教学之中，教师不仅要提高学生的学科素养，还要促进学生的情感、价值观等方面的发展。"对话"的过程是对话双方精神世界的相遇，是双方"理解视域"的融合。每个人的话语都建立在自己的时代背景、生存环境与价值体系之上，而每个人的言语也是自己精神世界的呈现。

每个人看自己都是片面的、不完整的，而他人在我们眼中则是完整的个体。就如同我们自己看不见自己的背脊与面庞。所以想要看见真实的自己，并不断地完善自我在自我心目中的意义，必须要通过对话来实现。在与他人的交往与交流中审视自我，反思自我，使自我不断更新、完善。

四、当今教学对话中存在的问题

正如倪文锦教授所说，当今教学中，常常存在着"假对话"。对话不等同于师生之间的一问一答，也不等同于生生之间的讨论与合作，而是要真正地敞开自我、接纳他人，让意义在彼此之间自由地流淌，让彼此的视域相互融合。倪文锦教授提道，假对话的表现有以下几种：掩盖真实意图的对话；游离主题的对话；不具实质的对话；独白式对话；自说自话、互不碰撞的对话。传统的教学之中，教师一直处于"权威"的地位，就算在"学生主体"的教学观念指导之下，教师的权威也全然没有被削弱，学生在课堂上看似有很多言说的机会，但往往学生的言说都只是为了配合教师的意图，并不敢于流露出自我的心声。师生对话能力的欠缺也制约了教学对话的产生。同时，倪文锦教授也指出为避免假对话的产生，对话要围绕有价值的问题展开，整个对话的过程要聚焦于对话的主题之上并且对话双方要互相尊重，共同遵守对话的法则，教师还要具备一定的专业素养，如此才能尽可能地避免假对话。

在教学对话之中，教师要充分了解学情，制定合理的教学目标，选取合适的角度切入问题，才能激发学生的思考，使学生大胆地畅所欲言。师生之间更要有反思意识，在对话之中，要将自己的成见搁置一旁，虚心走入对方的世界，更要学会反思自我，使自我的意义不断完善。学生的对话能力也是决定"真对

---

① 沈晓敏. 对话教学的意义和策略［D］. 上海：华东师范大学博士学位论文，2005：17.

话"能否产生的重要条件,所以在教学对话之中,教师要着重培养学生的对话能力,要让学生逐渐具备言说、倾听与反思的能力,更要注重提高学生的语文素养,拉近学生与文本之间的距离,才能更大程度上促进"真对话"的产生。

五、教学对话实施的原则

（一）平等开放

平等开放是实施教学对话的核心原则。巴赫金认为对话是"在各种价值平等、意义平等的意识之间相互作用的特殊形式"。① 日本的佐藤学教授提道:"'对话学习'不是把习得知识视为个人的掌握和独吞,而是人们一起共享知识,知识是公共的和开放的。学习的实践被界定为通过沟通参与文化公共圈的营生。"② 在传统的教学之中,因为种种原因,学生总是习惯性地视教师为权威,常常不敢轻易表露自己,难以真正地敞开自我。而教师是无可置疑的"独白者",视学生为知识的容器,试图掌控学生,使学生朝自己设定的方向发展。教学之中即使有师生间的互动,也并非是开放的、自由的,而是教师心中已有设定好的答案,而学生也知道教师心中期待的结果,一问一答之间,学生全然处于被动的状态,真正的对话也就难以产生。

在教学中,教师要主动营造平等的师生关系与自由开放的教学氛围,使得学生能够在课堂上敞开自己的精神世界,敢于表露自己的声音。而教师更要摒弃自己的成见,容忍教学中的种种可能性,使得教学对话没有阻碍地进行。

（二）容忍差异

处于"对话"中的每个人都有不同的生活环境,自然也有各自不同的价值观,所以在"对话"之中,总有不同话语的存在。存在差异也是展开对话的前提之一,更有可能是对话的结果。吉尔根提出:"因文化传统不同而对事物有着不同理解的双方是难以达成一致的,并且也没有必要追求一致,而应该考虑容忍差异、理解差异的可能性。"巴赫金提出,差异的存在是对话产生的必要条件,只有存在差异才能产生分歧,有分歧才有对话的必要。而差异不仅仅是对话的前提,也有可能成为"对话"的结果,存在于不同的时代背景与不同生活环境中的人,很难达到意见的一致,然而也完全没有必要要求一致。在教学对话中,教师倘若强求一致,学生难免要摒弃自我的观点或不敢流露自我的真实

---

① 巴赫金. 巴赫金全集（第5卷）[M]. 石家庄:河北教育出版社,1998:67.
② 佐藤学. 学习的快乐:走向对话 [M]. 钟启泉,译. 北京:教育科学出版社,2004:269.

意见，这并不是教学对话想要达到的效果。

在教学对话之中，教师要尊重并理解学生之间的差异，学生之间的差异并不仅仅因学习成绩的好坏而产生，而是学生成长环境的综合。教师与学生在经验、知识、年龄上有很大的差距，而且教师在专业知识上更是高于学生的，往往很难产生真正的对话，所以教师要充分了解当下的学情与产生学情差异的原因，要放下成见，仔细倾听学生的话语，参与到学生的话语中去。

（三）直面问题

真正的对话是围绕真实的问题展开的。教师在开展对话之前，要敏锐地找到在教学中需要解决的矛盾。对话双方因种种原因存在差异，在对话的过程中就难免存在矛盾，正因为有矛盾，才有对话的必要。教学中的问题是针对对话双方的矛盾提出的，也只有针对真实矛盾的问题才是有价值的，才值得师生深入探究。通过对话解决问题则是消融对话双方矛盾，使双方精神世界相遇的途径。

在教学之中，对话必须围绕问题展开，师生双方要将注意力聚焦在主要问题之上，要防止双方避重就轻，在问题的外围打转，产生假对话，也要避免在对话的过程中逐渐偏离了主要问题。针对问题展开交流，对话双方齐心协力寻求问题的解决之道，在此过程中，对话双方的知识技能、情感价值与行为才能不断发展。

六、教学对话的类型

（一）师生、生生对话

师生、生生之间的对话主要是通过话语实现的，在课堂中常常以一问一答或是讨论的形式出现。"师生对话是师生精神相遇的过程。"在实际教学中，教师与学生要构建"你"—"我"关系，用自身的精神世界去探知、感受、走进对方的世界中，而不只是停留在"我"—"它"的关系之中。对教师而言，学生是独立存在的个体，而不是和教师对立的一方。教学不仅要促进学生知识的增长，更要推进学生精神世界与价值观的形成。学生的言语与学生的价值体系有极大的关联，教师要充分地了解学生当下的状况，才能在经验、年龄相差甚远的情况下顺利地展开对话。除此之外，教师了解学情，才便于找出真实的问题与矛盾，设置精准的教学目标，在真实的问题中展开对话。总而言之，在师生对话当中，教师要努力消解师生之间的距离与不平等，更要摒弃自己观念中的成见，更多地倾听学生的话语。

学生之间本就处于平等的地位，经验、年龄也相仿，这是展开对话的绝佳条件。在教学之中，学生之间的"对话"以合作探究或讨论的形式展开。在传统的教学之中，"生生对话"往往不被重视或流于形式，但在实际教学中，"生生对话"是极其重要的，由于学生之间本身距离更近，因此在"对话"中学生就更加能够敞开自我，更加能够在课堂中产生愉悦感。而在"生生对话"中，仅让学生自由地言说还不够，必须使得学生的意义有所发展，"对话"能力有所提高。所以教师要引导学生在"对话"之中尊重他人，学会言说与倾听。同时，也要使学生的"对话"对象尽量广泛，充分利用"生生对话"中的人力资源。

（二）师本、生本对话

"对话"不仅能在人与人之间展开，人与文本之间也能展开"对话"。加达默尔提出文本本身不具有意义，只有在与读者"对话"的过程中，文本的意义才得以显现。在教学过程中，师生对文本的理解构建在师生与文本的对话之上，加达默尔提出："每个人因生活背景与价值观等因素的差异，拥有不同的'理解视域'，也从自己的'理解视域'出发理解文本，在人与文本的对话中，人与文本产生了'视域的融合'，从而使自己原有的'视域'得以扩展。意义不在于文本之内，而是存在于对话和问答之中。正是这种对话的过程中，理解产生了。"①

教师在与文本对话时，会因自己的专业知识、生活经验、所处的时代背景等因素产生自己的"理解视域"，但因教师的专业知识与生活体验皆比学生丰富，所以教师对文本的理解具有一定的引导性。学生与文本的对话过程是学生阅读、理解文本的过程，学生对文本的理解同样基于学生的"理解视域"，难免与教师的期待有距离。教师不应该把自己对文本的理解强加给学生，而是要让学生对文本的理解在对话中完整起来，更要通过对话搭建学生与文本交流的阶梯，使学生的知识储备增长的同时，与文本对话的能力也得以提高。

学生与文本间的对话是学生与文本相遇的过程，但并不是完全不需要教师的参与。学生要与文本顺利地进行对话，前提条件是学生要与文本之间有适当的距离，如果文本与学生的生活距离过远，与学生的"理解视域"完全没有重合，那么二者之间自然不能够产生"对话"。教师要充分了解学生的情况，适当地拉近学生与文本之间的距离，保证学生能顺利地与文本展开对话。教师在教学中更要设置合理的教学环节来维持学生与文本间的自由对话。

---

① ［德］汉斯·格奥尔格·加达默尔. 真理与方法：哲学诠释学的基本特征［M］. 上海：上海译文出版社，1992：219.

（三）自我对话

张增田教授提出师生间的自我对话是一种反思型对话，"在通常意义上是指现在'我'与过去'我'，现实'我'与理想'我'的对话，是'此我'与'彼我'的对话。从实质上看，自我对话就是对自我的反思性理解，是对自我过去所积淀的经验、历史、思想等进行的探究和合理性追问。师生内心的矛盾或困惑往往是自我对话的前提。这些困惑或矛盾促使师生去思考、去感悟、去探究，也就是去自我对话"。① 加达默尔指出，只有人认识到自己的无知才会产生问题，有问题才能够促成对话，而人的认知与情感就在对话与反思之中层层递进，对话双方的意义也不断地得到更新。自我对话是教学对话中的重要一环，对师生双方的成长有重要的意义。

反思是自我对话的重要途径。自我对话实际上是"彼我"与"此我"之间的对话。在自我对话之中，我们要将"彼我"搁置在一旁，用审视的目光来看他。这样才能够发现矛盾，产生对话。

教学中的自我对话不仅仅建立在自我反思之上，还建立在师生对话、生生对话与同文本的对话之上。各个方向的"对话"为师生双方"视域"的拓展带来了契机，师生双方又通过自我反思与自我对话发展自身的意义。对学生而言，通过自我对话，学生的知识、情感、价值观与行为都得以更新与重建，学生的对话能力与社会交往能力也得以提高。对教师而言，自我对话是教师提高专业素养，也是更新对学生的认知的阶梯。

无论是师生对话、师生与文本间的对话还是师生的自我对话，都不是孤立存在的，必然是你中有我、我中有你并相辅相成的，同样，无论缺少了哪一环节，教学对话的意义都不能完全体现。

七、教学对话实施的举措

（一）遵守对话规则

为了保证教学对话的顺利实施，师生在教学之中都要遵守对话的规则。首先，在教学对话之中，每个人都有平等的话语权。无论是教师还是学生都有自由言说的机会，在发表自己的观点之后，要允许他人的质疑、否定或反驳。在传统的教学之中，教师一直处于权威的地位，学生没有机会也不敢对教师的话语提出质疑，如此一来，师生对话的通道就被关闭了，教学也会呈现出独白式教学的样态。同时，在教学对话之中，教师要以平和、宽容与信任的心态来倾

---

① 张增田. 对话教学研究［D］. 重庆：西南大学博士学位论文，2005：23.

听或评价学生的话语，学生在知识与经验方面毕竟与成人存在差距，而每个人的话语都是基于自己的真实经验与情感，所以教师要常站在学生的角度倾听学生的声音，不要盲目地否定学生的想法。

其次，要围绕真实的问题展开，切忌泛泛空谈。真实的问题是针对学生真正的疑惑或是对话双方的真实矛盾提出的，针对问题展开对话也是致力于解决学生真正困惑的重要途径。在师生齐心协力针对问题与矛盾展开对话的过程中，对话双方的意义才能够被最大限度地呈现，学生的能力才能得到不断的提升。在实际教学中，教师要注意把控对话的进程与方向，要选取真正有价值的问题作为对话的核心问题，更要时刻防止对话游离主题。

最后，处于对话中的每个人都要以自己全部的真诚来对待这场对话，虚假的言说只能得到虚假的回应，而虚假的对话必然无法将对方真实的情感世界沟通起来。在教学对话之中，教师与学生都要时刻保有真诚，每一次言说都要说出自己的真实想法与内在需求。在课堂中，教师在知识与经验方面无疑是站在高处的，所以教师更加应该首先表露自己真实的声音，同时鼓励学生也说出自己的真实想法，不要盲从权威。

（二）深入了解当下学情

在实际教学中，教师一定要深入了解当下学情，才能促进教学对话的有效进行。教师是课堂教学的引导者，教师要选择合理的问题，将学生引入对话，在教学对话发生时，教师要把控课堂教学的方向，引导教学对话的进程。学生的当下学情是学生话语的起点，也是培育学生经验与情感的土壤。了解学生的学情不仅仅是了解学生当下的学习情况，更要对学生当下的家庭状况、情感走向有全面的把控。

在实际教学中，师生之间的一问一答是教学对话最常见的表现方式，但是教师往往并不敢把问题真的抛给学生，为了避免冷场，总是提出一些封闭式的问题，而学生的回答也是为了迎合教师而做出的，丝毫没有自己的真实情感的参与与流露。这样的问答形式并不能真正地形成教学对话的样态。其根本原因就在于教师对当下学情没有整体的把控，所以无法设置合理的教学目标。在课堂中，不明确学情就不能选择合适的问题，问题设置难易失衡，自然也不能引发学生的思考。在课后评价的过程中，教师如果对学情把握不明就不能站在学生的角度来看待学生的需求，那么对学生的情况就不能做出正确客观的评价，教师的评价不能贴合学生的真实情况就会导致学生更加不敢表露自己的真实想法。

所以在教学中，教师精准了解当下学情是十分必要的，只有精确地把握当下学情，教师才能在课前设置合理的教学目标，在课堂中有效地促进教学对话的发生，在课后对学生的学习状况做以正确客观的评价，从而更好地促进教学对话的进行与学生对话能力的提升。

（三）让学生成为学习的主体

在对话教学中，虽说教师和学生之间是互为主体的关系，但是学生依旧是学习的主体。这并不是说在对话教学中，教师要时刻迁就学生，而是要给学生足够的空间，让学生自由地表达、倾听、感悟。

学生对他者的领悟与理解是建立在自己的"理解视域"之上的，每个人都有不同于他人的"理解视域"，基于这种"理解视域"上的对他者的理解视角也是独一无二的，是任何人都不能取代的。所以在实际教学中，教师应当给学生足够的空间让学生自己去倾听、去感受，而不是一味地将自己的理解灌输给学生。

在课堂上，教师要设置合理的教学环节，才能更好地促使多向度对话的发生。在师生对话中，教师要通过开放式的问题去引导学生表达自己的声音，同时也要建立合理的评价机制，促使学生勇敢、真诚地诉说。教师自己更要以诚相待，要在学生面前流露出自己的真实想法。在引导生生对话时，可以让学生之间讨论、交流，甚至是以辩论的方式展开对话，教师要把控教学对话的进程与方向，不要让学生无意识地游离主题，但是依旧要给学生自由表达的机会，并且要接纳学生的种种意见。促进生本对话的有效进行是教学中的重要任务，教师要设置合理的教学环节，给学生足够的空间，让学生去感悟文章，更要引导学生发挥想象力，结合文本的意义去创造，让学生在与文本的对话中，发展自身的对话能力，提高自己的语文素养，并且使文本的意义得以扩展。

在教学对话中，教师要坚持将学生作为学习的主体，让学生自己去倾听、去感悟，才能让学生真正地敞开自我，投入到对话中去。

第二节　案例分析

将"对话"与教学结合起来，对师生的成长以及文本意义的呈现有着极其重要的意义，也是时代的需求。如今，已经有很多名师能够使课堂教学呈现出"对话教学"的样态。本文在此摘录了一些成功的对话教学案例，供大家赏析、学习。

一、师生对话

在师生对话中，教师可以作为启发者，在学生需要的时候进行适当的点拨，让学生茅塞顿开，冲出现有的视域。也可以作为引导者，以提问的形式引导对话的方向与进程，使学生依靠自己的能力走出迷津。

（案例1）启发式：

《诗经·子衿》教学实录节选
程少堂香港公开课教学实录

师："纵我不往，子宁不嗣音"意思是说？你来翻译一下。

生19：即使我没去找你，你也应该寄个音讯给我。

师：你翻译得带点情绪行不？（笑声）

生19：她的情人没有写信给她，她就觉得不高兴，有点怨他。

师：没有写信给她，没有发电子邮件。（众生笑）

生19：没有给她音讯。

师：我是说她得有点情绪嘛，你把情绪翻译出来。

生19：情绪啊？

师："纵我不往"，从这句话里，潜台词可看得出来，其实这句话的意思，就是今天忙了，要加班。（笑声）即使我不来，说明她经常去的，一天两次。"纵我不往，子宁不嗣音？"大家看这一句，看注解第四，是设问（程按：香港课文注为设问。应该是反问），我的意思是如果是陈述句，味道又不同。哪位同学把它翻译成陈述句。

生20：我不去找你，你就不给我音讯。

师：即使我不去找你，你可以主动点来找我嘛！是不是啊？这就是一种陈述句。如果用陈述句来写意思也差不多，但味道不同。什么味道呢？

生21：即使我不去找你，你也应该来找我啊！

师：那和原文有什么不同？看看有什么细微的差别，学习语文就是要把细微的差别分辨出来。

生22：设问更能表达出自己的感情。

师：更能表达什么感情？

生：愤怒的感情。

师：愤怒？愤怒？（大家笑）不过一个女孩子，见她的男朋友只是愤怒，那我要是她的男朋友，我下次就不会再见她了。（众生笑）可以有点情绪，但是如果只是愤怒就有点过了。那应该用什么词语表达她的情绪呢？原文为什么好？表达的是什么情绪？

生22：有点怨。

师：有点怨，有点恨，当然还有点爱。（众生笑）说得很好。①

点评：孔子云，不愤不启，不悱不发。在教学中，教师选取适当的时机对学生进行点拨，是重要的教学技巧之一。本课是程少堂老师的经典教学案例，在本案例中，学生隐约可以体会到文本所传达的情感，教师通过不断的点拨，让学生以朗读的方式进入到文本中去。

（案例2）问答式：

《登高》教学实录节选
韩军

师：生命怎么样？长久还是短暂？

生：生命短暂。

师：倏忽就是百年。杜甫生于712年，卒于770年，活了58岁，写这首诗时是767年，55岁，也就是去世前三年写的。

师：如果说"落木萧萧"是有生命短暂之感的话，那么，"不尽长江"呢？

生：该是时间的无穷。

生：是历史长河的永不停息的感觉。"大江东去，浪淘尽，千古风流人物。"

师：能把这联上下两句的意思，联系起来总结一下吗？

生：我觉得似乎是互相对比着写的。

师：是对比，有没有衬托呢？

生：有。人的生命越短暂，历史和时间越显得悠久。

师：或者说反过来说——

生：历史和时间越悠久，人的生命就越显得短暂。

师："人的生命"，指的是人类的生命，还是个人的生命？

生：是个人生命。历史和时间越悠久，个人生命就越显得短暂。

师：总结得很好。人生倏忽百年，江山万古长青。那么，这两句应该怎样朗诵？你就是杜甫，面对萧萧落木，你应该是什么心情？读这句你应该想什么？你心里的潜台词是什么？

生：我心里想——我老了；我怎么这么快、转眼间就老了呢？（生试读，很沉郁。全体学生为之鼓掌）

---

① 于漪，刘远. 程少堂讲语文［M］. 北京：语文出版社，2013：56.

师：第二句，面对滚滚不尽的历史长河，杜甫感到怎么样？

生：有些无可奈何。

师：有一些。还有呢？

生：老师，我不同意他的观点，我觉得这句更多是一种气势。

师：什么气势？

生：一种很宏大的气势。

师：对的，有无可奈何。但同时，作为一个现实主义诗人，一个有阔大的胸襟的知识分子来说，他仅仅是无可奈何吗？难道他对生命的短暂想不通吗？他是不是想违背自然规律而祈求长生不老呢？

生：不是，作为现实主义诗人，他知道人无论活到何时，都难免一死。这是一种必然的规律。

师：所以，他又感到豁达、坦荡，胸襟开阔。读的时候，大家应该把豁达、坦荡，那种气魄读出来，应该读得昂扬一些。站在长江岸边面对汹涌的波涛，目光远望，音调略高。尤其"滚滚"二字应该读出磅礴的气势。诗到这里，已经是第四句了，前三句一直低沉，此时应该高昂一些。(全体读)①

点评：问答法是课堂教学中最常见的方法之一，更是体现师生对话的重要模式。在本案例中，韩军老师通过提问引导对话的方向与进程，使对话紧紧地围绕着主要问题展开。韩军老师的提问俱是开放式的，能够引发学生深入的思考，思考的内容不仅仅局限于文本的一字一句中，更引发了学生对人生的思考。

二、生生对话

学生之间因为年龄、地位、经验的差距较小，拥有更好的自由对话的条件。在生生对话之中，双方有可能持不同见解展开辩论，最终达到见解的统一或是生成新的见解，也有可能因个人的智慧引发对话，大家集思广益，在思维碰撞中产生火花。

（案例3）双方持不同意见展开对话：

---

① 教育部师范教育司. 韩军与新语文教育［M］. 北京：北京师范大学出版社，2009：198.

《羚羊木雕》教学实录节选

河北邢台市第六中学　张国生

师：下节课我们组织一场辩论，论题是：羚羊木雕该不该要回。（学生欢呼）辩论的成败胜负取决于你辩论前的准备。下面你需要做三件事：1. 先决定自己的"立场"——你赞同哪一种观点？（举手表态，大约各占一半）2. 准备充分的论据。3. 预测他方可能提出的观点，考虑如何应对。——这三项哪一项是最主要的？

生：准备充分的论据。

师：这就是今天的作业了。记住，人的才能有多种，但是最重要的就是口才。下课。

师：根据检查情况，课下同学们都做了很充足的准备。现在谁第一个发言？

生1：我认为羚羊木雕不应该要回，原因有以下几点：一是父母说了，"我"就有权做主；二是万芳是"我"的好朋友，真诚帮助过"我"，再要回来，伤了"我"的心，也伤了朋友的心；三是作者的思想倾向是重财轻义，伤害了孩子之间的感情；四是君子一言，驷马难追……

师：她说了七点，比较全面，而且条理性很强。谁能像她一样继续说，不必举手，直接站起来说。

生2（主动站起来）：我赞成要回羚羊木雕，原因有三：一是这木雕是爸爸把他青春和热血洒在非洲的纪念，太珍贵了；二是父亲送给了你，并没有让你送给别人；三是如果不要回来，不是伤害父母的感情吗？

生3：我认为不应要回，因为万芳为"我"做出很大的牺牲，是"我"的好朋友，送的是雕，更送的是友情，友情是无价的，父母是重财轻义，可以说是对孩子的"精神虐杀"。

生4：不能这么说，爸爸送给孩子的不仅是物质上的雕，更包含期望，你把爸爸送给你的珍贵礼物送给别人，难道不是对父母的精神虐杀吗？

生5：可是父母毕竟送给"我"啦，"我"就有权处置。

生6：根据法律，18岁以下未成年人的行为是无效的。所以你不能自作主张。

生7：爸爸说过是给"我"的，"我"就有权支配，有权送人，既说给，又说没有允许"我"拿去送人，这是自相矛盾的。

生8：那你也应该经过父母的同意。

生9：我觉得父母没有尊重孩子的友情，把自己的感受强加给孩子。

生10：那你尊重了父母的感情吗？他们可是生了你，养了你啊！

（课堂辩论很激烈。）

师：大家想不想听老师的观点？

生：想。

师：究竟哪一方更有道理，下面这篇文章可做裁判——《一碗馄饨》。

教师向学生展示《一碗馄饨》一文，学生更加体会到天下父母对待子女的一片苦心。

讨论

师：下面我们再讨论，这件事怎样处理才好呢？通过这件事考验待人接物的能力哟。

生1：去她家说明情况。估计万芳会主动奉还的。

生2：告诉她父母。她妈妈不是责怪万芳"你怎么能拿人家这么贵重的东西"。

生3：我先了解万芳最喜欢什么，然后买来送过去，再说明情况。

师：哇！你很有公关才能啊！你将来可以做公关部长的。

生4：我不去要，想办法让她主动送回来……

师：哇，你的办法更高明！怎么让她主动送回来呢？

生4：我给她讲一个故事，就是这个羚羊木雕的来历，用爸爸把青春和热血洒在非洲大地上的经历感染她……

师：哎哟，你好会心理战哟！将来会成为心理专家的。

生5：其实按照父母的意见拿那盒糖果换回来也是可以的。

生6：我觉得，今后办什么事，应当先征求一下父母的意见，父母会处理各种事情……

生7：现在是讨论怎么要回木雕，不是讨论以后怎么办。

师：不过她说得也对，是为这件事总结经验教训。①

点评：在本案例中，教师以对话的形式为学生提供对话的契机，辩论为学生营造了自由开放的氛围，学生大胆地畅所欲言，说出自己心中所想。在辩论过程中，双方持不同的意见展开论述，学生的言说中不但表露出自己对文本的理解，更体现出了自己的价值观。但是在辩论前期，学生依旧陷入了自己的"成见"之中，并未倾听他人的言语，这是在生生对话之中常出现的问题。但是

---

① 刘远.语文名师经典课堂（七年级上册）[M].太原：山西教育出版社，2016：115.

教师在关键时候点拨学生，使双方都开始接纳对方的言语，并开始反思自我。

（案例4）由个人见解引发对话：

感悟苏东坡——"语文教育与人的发展"
课题验收汇报纪实节选

赵谦翔

老师：我们没有做什么标准化习题，但是我们也有收获，那就是我们通过"有字书"感悟了"无字书"的真谛。这收获分为两个方面，第一"艺术"，第二"人生"。

我们请一些同学读他们的作文，希望在座的同学集中精神用三言两语做短评。第一位读作文的是田园同学。（掌声）

田园：我的文章标题是：写景通灵——浅谈苏轼写景。

写景状物做到生动逼真已属难能，而苏东坡笔下的景物非但逼真，更能传情喻理，真是灵气十足。

古赤壁战场"乱石崩云，惊涛裂岸，卷起千堆雪"。何等雄浑、开阔。若只是讲究逼真，大可说"江涛拍岸，水花飞溅"，但这样就似乎少了"惊"透露出地势险要，仿佛当年的硝烟未散。"崩""裂"更体现力量猛烈爆发的威力。这便是东坡笔下的江水——涌动着慷慨豪壮的真性情。"回首向来萧瑟处，归去，也无风雨也无晴。"这句词读来让人觉得蹊跷，非晴则雨，哪能随意更改？"归去"，"一蓑烟雨任平生"。既然东坡已投身江湖，也就不在乎官宦仕途上是晴是雨了。原来正是东坡淡然的心性才淡化了自然的晴雨。他连晴都不盼望了，风又何惧，雨又何虑？……

学生评论：

金锐：田园同学在文章中说，东坡先生把他的灵性融入自然的灵性中去，我要说，田园同学也将她自己的灵性融入东坡的诗文中去了。

梁远：唐朝柳公权留有一句佳话："吾惟用笔在心，心正则笔正。"我说为文在心，心灵则笔灵。田园这篇《写景通灵》的文章，正是深得为文之心。

老师：关于苏轼的诗词文章，情景交融是我们熟知的，这里又多了一个"理"，而把三者结合起来，田园同学抓住了性情的空灵。我们同学的评价则抓住了关键问题，这就是为文的根本还在于为人，性情不到，就是如何堆砌辞藻也是不行的。下面请赵明明同学读她的作文。（掌声）

赵明明：我的作文标题是：清江明月自有意——浅谈江月意象在《前赤壁赋》中的作用。

苏轼在《前赤壁赋》中，多处着笔写江、用墨描月，文中佳句，也大半与江月有关。因此，弄清江月意象在文中的作用，对于解读这一千古绝唱裨益匪浅。

首先，江之多意、月之多情成就了苏文清旷不俗的意境。文之开篇，即造月出江平、水光接天的妙景。而言皓月清朗，实言心境明澈；言水波不兴，实言心绪从容。在如此平和清雅之夜，浊世遁隐，尘俗不见，苏子携友泛舟饮酒诵诗，其勃勃逸兴不难会得。

……

学生评论：

张蕾：刘勰说过："批文以入情，沿波以讨源。"赵明明把她的情融入了苏子的文章，所以读懂了它。

方晓庆：想说的是，有这样一个人用她那诗一样的文采评900年前的诗人，那么苏轼在900年后也该（九泉）含笑了。

王麒：赵明明这篇文章本身就是一首诗，她用诗的笔法来写散文，她用了很多整合句，使全文具有了诗意的美，而且她引用了《春江花月夜》中的话，通过张若虚的月来解读苏轼所写的月、所写的水，我觉得这一点是很值得我们学习的。

老师：王麒同学，请不要坐下。我请你再来回答一个问题，文章中引用了多少我们学过的这个单元中别人评论苏轼的原话？

王麒：我认为她单纯引用的不多，基本都在化用。

老师：直接引用和化用，是两回事，有本质区别。直接引的是照搬别人的，化用就成了自己的什么？戛戛独造！这就是把书读懂了。"读别人的书是为了自己有话说"，这不是爱默生说过的名言吗？

李萌赟：我觉得她的文章的可贵之处，就是她没有把苏东坡的江月单单当成江和月，而是"披文以入情"，抓住了苏轼融入江月中的情感，挖掘出作者融在这篇文章中的灵性。①

点评：在学习了文本之后，教师让学生以写作的方式展现自己对文本的理解。学生的习作是学生与文本对话的结果，写作的过程是毫无约束的，是学生基于自己"理解视域"的对文本的见解。在课堂上，教师先让学生朗读自己的习作，是学生自我言说的过程，又让同学们互相点评，学生通过倾听其他同学

---

① 教育部师范教育司. 赵谦翔与绿色语文［M］. 北京：北京师范大学出版社，2009：133.

的习作与对自己习作的点评，更新了自己对文本的认识，体现了生生之间的自由对话过程。

四、生本对话

（案例5）：

《再塑生命的人》教学实录节选
四川成都双流棠湖中学外语实验学校　刘勇

师：假如你是小海伦，你心中会有怎样的感受呢？下面，我们来试一试，写一些海伦明白什么是"水"以后的感受。

老师先试着来一句：时刻，我仿佛感觉到，带有神秘生命气息的水，在我的手中流淌，带着美好紫兰花香的阳光穿透我柔软的心灵，我是世界上最幸福的孩子，我终于明白"水"是什么了，它仿佛打开了一扇内心世界的窗户。

（生动笔写作。）

生：此时此刻，仿佛感觉到莎莉文老师像天使一样牵着我，阳光打在我们身上，我们欢快地走向花香四溢的人生的春天。

生：此时此刻，仿佛觉得我是一只欢快的鱼儿，悠游在老师清凉的河水里；我是一只歌唱的小鸟，飞翔在老师湛蓝的天空中。

生：此时此刻，我仿佛感觉到：水，是汩汩流淌的清泉，浇灌我干涸的土地，让它鲜花盛开；水，是暖暖拂面的春风，吹绿我荒凉的原野，让它万物复苏；水，是缕缕和煦的阳光，温暖我冰冷的心灵，让它笑容灿烂。

生：莎莉文老师，你以朴素的言行诠释了"爱"的真谛，你以毕生的心血创造了生命的奇迹！你，是再塑我生命的人！你，是伟大的教育家！你，是最高贵的天使！

（生热烈鼓掌。）

（师板书：教育愿景、爱的传承。）

（案例6）：

《〈论语〉十二章》教学实录节选
南京市中华中学上新和初中　华晓隽

师：那好，我就来看看你们是不是真的懂了这十二章的思想，练习三的作业（选择自己理解比较深刻或者自己喜欢的一章，发挥想象和联想，编写一个小片段进行表演，把这句话的含义或孔子讲授这句话时的场景用自己的方式呈现出来），有没有同学选做？

（生兴奋起来，纷纷说做了，师请一组表演。）

（这一组三个学生上台扮演孔子及其学生。扮演学生的两个人一个坐在座位上读书，一个在睡觉。这时扮演孔子的学生上场，看见睡觉者，拍拍他的脸。）

孔：小孙啊，你怎么睡觉啦？

生：先生，这本《语文》书您已经教我学了整整一年了，您能不能教点新东西，发给我几本新书啊？

孔：孩子，你知道吗？温故而知新，可以为师矣！

（表演完，其他生鼓掌，还要抢着上来表演。）

（第二组上来了四个男生，介绍说是孔子的三个弟子甲、乙、丙，孔子独自坐在椅子上看书，学生甲与之相对而坐。学生乙在一侧扫地，这时学生丙兴冲冲地把乙拉到一边。）

丙：兄弟，你知道吗，日本人来啦！

（全场震惊）

乙：日本人？日本人来了你高兴什么？

丙：哎，太君说他们需要找一些读过书的人帮他们啊，我们一起去吧。

乙（鄙夷地看丙）：呸，我不去！

丙：太君说了，跟了他们，要房子有房子，要汽车有汽车。

（全场哗然，笑倒一片）

乙：哼，不义而富且贵，于我如浮云！

（乙继续扫地。生拍手叫好，丙又悄悄把甲拉过来。）

丙：颜回，日本人想请老师出来做官，你跟老师关系好，你劝劝老师，红烧肉都没得吃，这活着有什么意思啊？

甲（双手背在身后）：饭疏食，饮水，曲肱而枕之，乐亦在其中矣。

（孔子走过来，拍着甲的肩膀点头。）

孔：一箪食，一瓢饮，在陋巷，人不堪其忧，回也不改其乐。贤哉！

（表演完，生热烈鼓掌，还有不少学生举手要求表演。）①

点评：案例5与案例6都是教师引导学生与文本对话的成功案例，在这两个案例之中，教师都没有将自己对文本的理解强加给学生，而是为学生留下了足够的空间，让学生自己去体会、想象、表达。在案例5中，教师让学生写下自己读文本之后的感受，案例6中，教师则是让学生以表演的形式展现自己对

----

① 刘远.语文名师经典课堂（七年级上册）[M].太原：山西教育出版社，2016：176.

文本的理解，这都是学生与文本自由对话，并用自己的方式诠释文本的过程。

五、自我对话

（案例7）：

《故乡》教后小识

钱梦龙

这是我在浙江省金华市第四中学执教鲁迅《故乡》的教学实录。

上课之前，有过一个小小的插曲：在去金华的前一天，我请金华市教研员先布置学生自读，自读的唯一要求是提出问题，并把问题写在小纸片上，我的计划是：到金华的第一天白天做讲座，晚上看学生提出的问题，备课，下午回上海。谁知一到金华，教研员告诉我："已经布置过学生自读了，没有问题。"（顺便插一句：当时真的差一点晕倒）于是不得不推迟讲座的时间，先把学生召集起来，给他们上了一节自读课。经过指导，全班五十来个学生总共提出600多个问题，简直是"问题大丰收"！

当天晚上，就在招待所昏黄的灯光下备课。我翻动着一页页小纸片，看着学生提出的孩子气十足的问题，边看边忍着笑。比如有学生问："闰土因多子而受穷，那为什么不实行计划生育少生几个呢？"又如："据我所知，鲁迅只有一位叫许广平的夫人，杨二嫂怎么说他有三房姨太太？"看完全部问题，我真的爱上了这个班级的孩子，对第二天的教读也心中有了底。最后，我从中筛选出30多道题，把它们分为七个大的"话题"，准备第二天教读时发还给提问的同学，让他们当堂提出，由全班一起讨论解决。我没有编写"教案"。

我从1970年代后期开始，编写的"教案"一般只有个大体的步骤，没有周密的"设计"，因为根据我"教读"的观念，教学过程中教师的教必然要随着课堂上"学情"的变化而随时调整，而预先太周密的设计，反而会造成对教学的限制和干扰。《故乡》的教学完全以学生的问题为"纲"，那就更不可能预设什么了。

第二天的教学情况，已见于教学实录，它虽然是个"静态"的书面记录，但仍然可以感觉到课堂里热烈讨论的气氛。我回上海后，好多学生都写信给我，有个叫李宇宏的小朋友在信里说：

当同学们接二连三把问题提出来时，您让大家一起讨论，一起解决，课堂变得活跃起来了。同学们你一言我一语地争着回答，一个个问题都得到了解决。我真是越学兴趣越浓。我也变得活跃了，常常举手发言，不少于十次，这是从来没有过的。这堂课，我的脑筋好像转得特别快，有的问题回答得您也点头满意了，我的心像灌了蜜一样甜滋滋的。我以前总以为疑难问题都得靠老师解决，现在不这样想了，我们自己都有脑，都能想，都有能力，为什么不能自己解决呢？我们的答案不会比老师讲得差，您说，我说的对吗？

李宇宏小朋友的信给了我两点启发：

1. 要使学生真正成为发展的主体，必须在教学中创造一切属于自己的能力并充满自信。当学生相信自己"都有脑，都能想，都有能力"，自己能够解决各种疑难问题的时候，学生才会有强烈的"主体意识"。

2. 教师的"教"，首先要致力于为学生的"学"营造一种平等、轻松、愉悦的"对话"环境。李宇宏小朋友说："这堂课，我的脑筋好像转得特别快。"为什么他会有这种感觉？就因为在"对话"环境下，他的思维在和同学们的相互交流和撞击中被激活了，古人说："石本无火，相击而发灵光。"正好和李宏宇小朋友的话互相证明。这对教师怎样发挥主导作用是很好的启示。①

点评：在教学之中，教师的自我对话要通过反思展开。本案例是钱梦龙老师在讲授《故乡》之后的教学反思。钱梦龙老师在教学反思中提出自己课前如何准备，课中如何实施才更能促成教学对话的顺利进行。更在课后思考自己以后如何才能为学生创造更好的对话氛围。教师的教学技能正是在一次次的自我对话中才能得到提升。

可以看出，在每一个案例之中，都存在师生、文本、自我对话相互融合、相互成全的现象。在成功的教学对话之中，这几方的对话是时刻存在、不能分割的。成功的教学对话不仅能够使学生与文本的世界相互融合，更能促进师生的成长与发展。

第三节　文献选读

主体建构论和美学是不可分割的，巴赫金可以说是用他的美学理论阐发他的哲学主体论。早期巴赫金的最重要美学论文是《审美活动中的作者与主角》。在这篇长达250多页的论文中，对话美学的基本观点可见端倪。在这一著作中，作者和主角的关系是主体存在的基本对话之一。作者和主角亦即我与他者，主

---

① 教育部师范教育司. 钱梦龙与导读艺术［M］. 北京：北京师范大学出版社，2009：120.

体的建构是在这两者的对话和互动过程中形成的。美学在主体建构论中起了什么作用？巴赫金主要是从个体意识之间的关系角度来考虑的。他把这种关系分为四类：1. 伦理的事件；2. 认知的事件；3. 宗教的事件；4. 审美的事件。在伦理事件中，两个意识是同一的，作者就是主角，或者说我即是你，我的行为即我自身。在认识事件中，作者要获得的是抽象的真理，而不是另一个意识，因此，主角的意识是无足轻重的。在宗教事件中，两个意识同时存在，但他们的关系是不平等的，一个居高在上，一个俯首听命。只有在审美事件中，作者和主角才能在平等的价值交换位置上同时存在。

审美事件中的两个意识是怎样同时共存、对话沟通了审美事件中两个意识，它们之间的关系是一种整体的关系。作者把主角当作一个完整的人，一个完整的主体，一个活生生的、有血有肉、个性鲜明的个体存在。巴赫金说："作者的这种对主角的整体地看待，是建立在建设性和创造性的原则基础之上的。"审美的事件或作者（创造的主体）使主角（创造的对象）完整成型、获得生命的过程。审美是创造性的，美的创造是存在的需要，是主体的需要，是活生生的有血有肉的生命的需要。

作者和主角作为审美主体，是巴赫金对话美学的核心。这两者是主体不可缺少的基本组成部分和不可分割的两个侧面。在伦理与认识的存在事件或过程中，主体在开放的、活动的世界中生活与行动。这时，自我是一个开放而未成的建构："为了生活与行动，我必须是未完成的自己，我必须敞开自己，起码在构成我的生命的关键时刻，我必须将自己开放。为了我自身的生命存在，我必须是一个价值论上的未知数，一个与我现有面目不相同的人。"

而在美的历程中，作者与主角、自我与他者的关系则要复杂得多。首先，作为生活在现实世界的开放性自我，处于主角的位置，他的生活导向是伦理的、认知的，他为自己的行为负责，并向生活开放自己。"在另一方面，作者的生活导向却是主角及其自身的伦理和认知的导向；作者的这种导向是在一个原则上完成了的世界中实现的。"换句话说，在美的世界里，在美的历程中，"价值的中心是主角及其生活体验的伦理和认识的价值都必须服从这个总体"。简言之，现实生活中的每个人（主角）看自己总是未完成的，开放的，片面的。看别人则不一样，别人在我的眼中总是一个完整的存在。我们对别人的主观印象常常会把别人看成是一成不变的、完成了的对象。而看起自己来总是以一种发展的、不确定的、未完成的眼光，或者说一种不抱有成见的眼光，虽然我们心里明白，别人其实与我们自己一样，但实际上我们看自己和看别人总是不一样的。

审美活动中的主体（作者）则力图克服这种生活中的主体在伦理和认识意

义上观察别人、观察自我的片面性。审美主体（作者）力求全面、整体地把握主题的各个方面，在不同层次和侧面把握生活主体（主角）的全部，从而把握自己，在与主角的价值交换—对话中创造、构建出完美的主体。作为审美主体的作者怎样才能全面地把握主角呢？通过主体的"视域剩余""外在性"和"超在性"三个条件来实现。

这三个概念，谈的都是差异与同一、自我与他者的关系。

我看我自己总是不完整的、片面的。但是，自我这种个别、特殊的视角却是一种最基本而不可替代的视角。我总是看不到我身体的某些部分，如我的脸孔和我的背脊；但我却可以看到你所看不到的身体部分，看见你的脸孔和背脊，反之亦然。我的独特视角不能被替代，但我和你的视角可以互相补充。我们都可以看到对方看不到的地方，这便是我们每个人所拥有的视域剩余。

视域剩余构成了主题观察世界时的外在性。外在性是指主体的自我对于他者在时间和空间两个层面上的外在。巴赫金说："文化中的外在性是人类理解的最重要因素。"外在性是审美过程之中作者创造主角的根本条件。在审美过程中，"作者刻意保持一种外在于主角的位置，外在于主角的所有部分——在时间、空间、价值和意义上均处在主角之外"。唯有如此，作者才能创造一个整体的，涵盖了各个不同侧面的主角。主体的建构就是通过这种作者对主角的外在、整体认识，或者自我与他者相互外在而又相互对话的过程来实现的。

"横看成岭侧成峰，远近高低各不同。不识庐山真面目，只缘身在此山中。"这首诗印证了视角的差异和片面性，也指出了外在性的必要。若要获得对庐山的整体印象和全面把握，我们必须置身于庐山之外。巴赫金说："作者必须把自己置身于自我之外。作者必须从与我们在现实中体验自己的生活的角度不同的层面来体验自我。只有满足了这个条件，他才能完成自己，才能构成一个整体，提供超越自我的价值，从而使生活完美。对于他的自我，他必须成为一个他者，必须通过他的眼睛来看自己。""这个让自己置身于自我之外的过程并非易事。"作者在主角之外的位置是通过斗争而获得的。这常常是一场生活的搏斗，特别是主角是自传体的主人公的时候。①

——刘康《对话的喧声：巴赫金的文化转型理论》（北京大学出版社，2008：57－60）

对话教学不是一种具体的教学模式、方法或技术，而是一种融教学价值观、

---

① 刘康. 对话的喧声：巴赫金的文化转型理论［M］. 北京：北京大学出版社，2008：57－60.

知识观与方法论于一体的教学哲学。美国伊利诺斯大学教育学者尼古拉斯 C. 伯布勒斯（Nicholas C. Burbules）与伯特伦 C. 布鲁斯（Bertram C. Bruce）在总结西方对话教学理智传统的基础上，曾给"教学中的对话"下过这样一个定义："对话（dialogue）是一种教学关系，它以参与者持续的话语投入为特征，并由反思和互动的整合所构成。"该定义阐明：对话是一种交互主体的、有机的、动态的教学关系（a pedagogical relation），而非教学要素间的机械连接；它是所有参与者对共同面对的问题或课题的探究、质疑、解释、评论、重新思考等"话语投入"（discursive involvement）行为，而非把外部确定无疑的知识或规范内化；它是贯彻始终的、持续进行的（on-going）言语互动，而非偶尔为之的问答行为；它把参与者个体的反思（reflexivity）和所有参与者彼此间的互动（reciprocity）融为一体，而非将二者割裂开来，使"反思"走向孤独、"互动"沦为盲从。

那么，究竟什么是"对话教学"（dialogical teaching）？尽管尚难给出普遍认可的界定，但我们可以总结传统与现状、理论与实践并基于跨学科视野，将之定义如下：

对话教学是师生基于关系价值和关系认知，整合反思与互动，在单重差异的前提下合作创造知识和生活的话语实践。该实践旨在发展批判意识、自由思想、独立人格、关心伦理和民主的社区。

对话教学的内涵和特征可进一步分述如下：

第一，对话教学崇尚关系价值与关系认知。教学是一种关系存在。杜威的名言"教之于学就如同卖之于买"形象地揭示了教学的关系性。教师的教与学生的学相互依存。只有教师的教引起了学生的学的反应，即促进了学，才称其为"教"。不是教师实施了教的行为，恰恰相反，是教借助教师而显现了自己。不是先有教师的教、后有学生的学，而是教师通过学呈现自己——不仅通过学生的学，而且通过教师自己的学。教和学永远是相伴而生、同时发生的。"歌而识之，学而不厌，诲人不倦，何有于我哉？"描绘的是教师的教与教师自己的学的不可分割性。"教意味着让人去学"阐明的是教师的教与学生的学的不可分割性。因此，"教（teaching）是一个关系概念"。教或教学的关系性通过对话而得以体现，对话因而成为表征教学本质的范畴。这是对话教学的存在论根据。通过对话教学，不仅关注、关心、爱等关系价值在教学中得以实现，而且反思与互动、倾听与会话、冲突与争论、集体参与、合作创造等关系认知也在教学中充分表现出来。

对话教学不是指教学中存在语言行为，因为反对话的、专制性的独白教学也存在语言行为。对话教学不是指教学中存在两个或两个以上的人的问答模式，因为借助表面的"问答模式"教师不仅可以成功传递、灌输教科书的知识，而且学生可以成功地猜出教师心目中的"标准答案"，教师所凭借的就是所谓"你能猜出我在想什么"类型的问题（the "can—you—guess—what—I'm—thinking" type of teacher question），而这同样是反对话的。对话教学不是指特定的对话方法和技术，因为遵循一种或几种外部的、程序化的方法和技术（包括对话方法和技术）的最大危险是将反思精神和批判意识从技术行为中剥离出来，由此走上一种新的控制和压迫。对话教学是一种植根于关系之中、以追求关系价值为开放、参与和探究的教学态度、思维和行为。这种教学有丰富多彩的表现形式和灵活多样的方法取向：它既可能表现于一个人面对自身的反思情境中，又可能表现于面对他人和世界的沉默之中。"课堂话语（discourse）的对话性不是由于讲话者的喋喋不休，而是因为不同会话者之间、自我与他人之间持续建构的紧张，甚至冲突。这时，一种声音折射了其他声音。"

　　第二，对话教学欣赏、尊重并提升差异。差异（difference）是一切关系，包括教学关系形成和发展的前提。古人云："夫和实生物，同则不继。以他平他谓之和，故能丰长而物归之，若以同裨同，尽乃弃矣。"差异且平等，谓之和，和则物生之；整齐划一，谓之同，同则尽乃弃。因此，确立关系就等于尊重差异。差异对对话教学的意义凡四。首先，差异是对话教学的条件。"正是由于人们在观点、背景、信仰、经验等方面存在差异，对话创造了一些人与其他人一起学习并向其他人学习的机会。"这里的差异，包括对话教学所有参与者在个性方面及所属文化方面的差异。这种差异既是对话教学的积极资源，也可能构成交流的阻碍，无论如何，理解并合理对待参与者彼此间的差异却是对话教学的必要条件。其次，差异是对话教学的目的。对话教学在差异中，通过差异，而且为了差异。让每一个人彼此间的个性差异和文化差异服从划一的外部标准并由此而消除差异，这是专制教学、独白教学的典型特征。而对话教学则以保护、提升或发展学生的个性差异与文化差异为目的。再次，差异是对话教学的结果。对话教学具有复杂性。同一个对话教学过程对不同参与者会产生不同的、甚至相反的结果。这是对话教学生成性的重要体现。那种认为好的教学目的必然导致好的教学结果的机械的线性教学观与对话教学是格格不入的。而保持教学过程的反思性、开放性是提升对话教学效果的重要保障。最后，尊重、容忍差异不是走向相对主义。对话即分享。正是在分享别人的不同观点的基础上，自己的观点被相对化、重新审视并获得新的发展契机。对话教学旨在创造不同思想自由发展、相互激荡、积极互动的新的教学文化生态。它既反对由权威和服从所结成的专制教学文化，又反对彼此封闭、放任现状、"怎么都行"的教学相对主义。

第三，对话教学是一种话语实践，具有情境性。对话教学创造课堂话语。所谓"话语"（discourse），用法国哲学家保罗·利科（P. Ricoeur）的话说，就是"某人、在某一环境（情况）下、就（或根据）某事、向某人、为某事而说出'话'"。这个定义揭示出话语的社会性、情境性。另一法国哲学家米歇尔·福柯（M. Foucault）则干脆将话语视为"一系列的事件"。而研究或分析话语的目的在于揭示话语与其由以建构的社会情境的关系。将对话教学视为话语实践（adiscursive practice）意味着承认并揭示对话教学的情境性和社会性。事实上，每一个对话行为都是具体的和情境化的。我们能够说，对话的逻辑发展与其物质基础是不可分割的。对话教学的情境性至少包括四个方面："谁在说话"——指说话者的个性差异，以及不同文化背景的学生和教师所产生的班级及学校文化的多样性，何者居于中心、何者处于边缘。"在什么时候说话"——指话语实践的历史性，包括语言本身的历史性和说话者及其活动的历史性。我们不只是运用语言，语言也在利用我们。结果，"我们所说出的总比我们打算说的要多"。因为我们所说出的任何语言都承载着悠久的历史和传统，其意蕴和后果是我们无法尽知的。"在哪里说话"——指话语实践的地方性、空间性或说话者所置身的文化情境，强调知识和理解的社会建构。"怎样说话"——指说话方式对话语内容及其理解的影响，如以什么文本或物体为媒介说话，说话时是站着还是坐着，有无走动、有无手势、面部表情如何，等等。当然，对话教学情境性最根本的表现是课堂话语的权力关系或结构，包括阶级、种族、文化、性别等方面的权力或利益分配状况。

第四，对话教学要求教师和学生的角色重建。"教师是教授者、学生是学习者"，"教师施教、学生被教"，诸如此类的师生角色观是专制制度与文化及相应的专制教学体制所滋生的，其目的仅在于通过教育复制专制与服从、压迫与被压迫、控制与被控制的社会关系。为了达到这种成功复制的目的，教师和学生的角色或身份被认为是天经地义、不可更动且普遍存在的。而对话教学观将教育视为教师与学生持续进行的合作探究与对话过程。"通过对话，'学生的教师'与'教师的学生'两种角色不复存在。代之而起的，是一对新术语：'称作教师的学生'（teacher——student）和'称作学生的教师'（students——teachers）。"教师不再只是'教授者'，他自身也在与学生的对话中受教育，他在被教的同时也在教别人。教师和学生成为同一个过程的共同负责者，在此过程中，他们共同成长。正如对话表征了教与学的内在关系，它同样表征了教师和学生的内在关系：教师不仅内在地包含了学生，而且就是学生；学生不仅内在地包含了教师，而且就是教师。两种角色由决定与被决定的垂直关系，转变为相互依赖的水平关系。两种角色的界限开始变得模糊且与情境相关联。两者的区别仅在于：教师是专门理解学生的理解、促进学生的学习的专业人员；学生是通过探究知识和生活以促进自身和同伴发展的人。在这种洋溢着精神自由和生活氛围的合作探究中，课堂上我们仅能从身材高低判断谁是教师、谁是学生。

美国教育家哈钦斯（R. M. Hutchins）曾指出：西方文化的根本特征是对话；而西方的理想即"伟大会话"（the Great Conversation），这主要体现在"伟大著作"（the Great Books）之中。自古希腊以降，对话教学的发展至少经历了四种思想形态，分别为：苏格拉底式对话教学；以美国教育家杜威为代表的"民主性对话教学"；以巴西教育哲学家保罗·弗莱雷（Paolo Freire）为代表的"批判性对话教学"；以美国教育哲学家玛辛·格林（Maxine Greene）、德国教育哲学家波尔诺夫为代表的"生存性对话教学"。显然，世纪"启蒙运动"是西方对话教学思想发展的里程碑。"启蒙运动"自由、民主、平等、理性等精神催生了对话教学的现代形态。但启蒙理性的主客二分性格及相应的"主体哲学"的膨胀又孕育了独白教学的现代形态。杜威以后对话教学思想的发展就是一方面继承个性自由、社会民主的启蒙精神，另一方面又努力克服"主体哲学"所导致的人性、社会和自然的异化。对话教学思想由此发展到前所未有的高度。在中国，先秦以降，对话教学主要有两种思想形态，分别是以德性探究为核心的"儒家对话教学"和以智慧启迪为目的的"佛教对话教学"，由此开辟了中国自己的对话教学发展道路。基于文化视野，系统研究对话教学诸思想形态及其诞生的社会历史情境，是教学理论重建的重大课题。[①]

——张华《对话教学·含义与价值》（《全球教育展望》，2008 年第 6 期）

当我们把学校视为语言空间的时候，教与学的语言受到三种语言的支配：一是丧失个别经验和具体关系的语言，二是失去作为语言"身份"和形象的语言，三是丧失对话性质的独白语言。课堂上的语言空间由教师"发问""指示""评价"与学生的"回答"这种定型规则来组成，这个语言空间就是产生教育者（教师）和被教育者（学生）这种权力关系的系统。消除认识与表现的个性性质而将知识当作信息处理的一元化系统，导致在课堂上的语言交流中丧失了"我"这个第一人称个性以及"我"和"你"这个关系上的对话关系。在课堂主要关系上，教师和学生虽然彼此运用发挥各自"角色"功能的语言，但是大

---

① 张华. 对话教学·含义与价值 [J]. 全球教育展望, 2008 (6): 7 - 9.

家都只不过是失去有个性的语言和经验的"某一个人"。

为了对待这种学校的语言空间，可以进行把一元化单层次语言系统改为多元化多层次的语言实践。具体地说，学生用第一人称说活生生的语言，课堂的语言空间一下子就会多元化、多层次化。这个时候，教师再也不能将自己定位在角色或权威这种稳定的空间里，同时，学生也不能处身于隐藏自己的安全地带。换句话说，在这个情况下"语言"才作为"语言"得以运用并发挥作用。在教室说自己的语言，或听到别人的语言，这都又是"事件"也是"事情"。

作为"事件"或"事情"的语言经验当然是不仅在语言学科而且在所有的学科教育里都应当探讨的问题。作为支配学校语言空间的话语，另外还有一个语言系统，就是教师谈论教育所使用的语言。这些专门词语与逻辑也和组成教育内容的语言一样，是一个由牢固的意识形态所组成的系统，也是一种调节和压制教师实践的装置。比如说教师常用的"学力""课题"和"目标"这些词或"支援""帮助"这些词，甚至"追求主题""深刻理解"及"读懂"之类的专门术语，都是赋予教育过程以意义，并且控制、压抑这种过程的装置。这些数不清的概念化语言泛滥，剥夺了教师经验的个性，压制了课堂事件的具体性和独特性，而掩盖了每件事的意义。这种情况，如果看一看许多教师的实践纪录，就显而易见。教师实践也需要教师自己的语言，以便能够表达教育经验的新颖性、独特性。只有运用教师自己的语言才会创造课堂上的"事件"。①

——佐藤学著《学习的快乐：走向对话》；钟启泉 译（教育科学出版社，2004：158－160）

就理性的训练来说，人们必须以苏格拉底的方式来进行。苏格拉底称自己是其听众本身所具有的知识的助产士，在其由柏拉图在某种程度上为我们保存下来的对话中提供了范例，说明人们如何在长者的帮助下能从自己的理性中引出某些东西来。孩子们在许多事情上都无须保持理性。他们不必对一切都进行推理。反对他们教育有利的东西，他们不需要知道其原因。不过，人们一定要注意，不应从外面把理性灌输给孩子们，而应该从他们内心引出来。苏格拉底对话法借助问答式形成规则。其过程当然有点缓慢，而且，要安排得能把一个人的理性激发出来，同时能让别人也学到某种东西，这是一件困难的事情。机械问答法对于科学来说也是好的，比如对于宗教的宣讲。与此相反，对于一般宗教来说，人们就必须使用苏格拉底对话法。对于必须像学习历史一样学习的

---

① 佐藤学. 学习的快乐：走向对话［M］. 钟启泉，译. 北京：教育科学出版社，2004：158－160.

东西，可以优先推荐机械问答方法。①

——康德《康德论教育》；李其龙，彭正梅 译（人民教育出版社，2017：39）

杜威说生活、生长和经验改造并非放任自流，放任自流是断送教育。生活、生长和经验改造是循序渐进的积极发展过程，教育的目的就是存在于这种过程中。他说，生长的目的是获得更好的生长，教育的目的就是获得更多和更好的教育。教育并不在其本身之外附加什么目的，使教育成为这种外在目的的附属物。真正的目的乃是儿童所能预见的奋斗目标，它能使他们尽心竭力地观察形式，耐心细致地寻求成功，专心致志地钻研学习，这样，儿童一步步向前迈进，做到"教育随时都是自己的报酬"。这种目的使儿童成为教育过程的全心全意的参与者，而不是漠不关心的旁观者，更不是迫于威力而敷衍搪塞者。当然，这种令人诚心以赴的目的，是受教育的儿童在实际活动中切实感受到的，并对儿童的行为起着摄引和指导的作用的。否则硬要天真活泼的儿童依附或屈从各种遥远的渺茫的外加目的，儿童既不了解它，又不喜欢它，就无异把他们捆绑在对他们毫无实际意义的链条上去折磨他们。②

——杜威《民主主义与教育》；王承绪 译（人民教育出版社，2018：19）

文化通过个人自己的存在而使个人进入对整体的认识。个人并非待在一个特定的地方不动，相反，他走出这个地方而进入世界。所以他的生活虽然被抛入狭隘的环境中，却仍然通过与所有人的生活发生联系而获得活力。一个人自身的现实与世界连成一体，他在任何程度上都能够成为他自己，这与该世界的清晰与丰富程度成正比。

如果整体的实质无可争议地呈现出来，那么，与稳定的形式相连的教育就具有一种不证自明的价值。它就意味着前后相续的每一个人都诚挚地融合到整体的精神中去，而后者则是经验、工作和行动由之发生的文化，教育者的个人成就几乎不被意识到。他服务于一项事业而无须进行实验，他在人类的形成之河之中游泳，这条河流一般来说是有规则和连续的。③

——卡尔·雅斯贝斯《时代的精神状况》；王德峰 译（上海译文出版社，2013：94-95）

① ［法］康德. 康德论教育［M］. 李其龙，彭正梅，译. 北京：人民教育出版社，2017：39.
② ［美］杜威. 民主主义与教育［M］. 王承绪，译. 北京：人民教育出版社，2018：19.
③ ［德］卡尔·雅斯贝斯. 时代的精神状况［M］. 王德峰，译. 上海：上海译文出版社，2013：94-95.

附录：能力练习与课后思考题

1. 什么是教学对话？

2. 展开教学对话的必要条件是什么？

3. 在教学中教师应该如何做才能保证教学对话的顺利进行？

4. 请根据你对教学对话的理解举一相关案例，分析评述案例中教师的做法。

推荐阅读书目

［1］［巴西］保罗·弗莱雷. 被压迫者的教育学［M］. 顾建新，等译. 上海：华东师范大学出版社，2014.

［2］［巴西］保罗·弗莱雷. 十封信：写给胆敢教书的人［M］. 熊婴，刘思云，译. 南京：江苏人民出版社，2006.

［3］胡田庚. 新理念思想政治（品德）教学论［M］. 2 版. 北京：北京大学出版社，2009.

［4］郑金洲. 对话教学［M］. 福建：福建教育出版社，2005.

［5］范翠英，孙晓军. 青少年心理发展与教育［M］. 武汉：华中师范大学出版社，2013.

［6］［古希腊］柏拉图. 理想国［M］. 上海：商务印书馆，1986.

［7］［德］卡尔·雅斯贝尔斯. 什么是教育［M］. 邹进，译. 北京：生活·读书·新知三联书店，1991.

［8］靳玉乐. 对话教学［M］. 成都：四川教育出版社，2006.

［9］余文森. 核心素养导向的课堂教学［M］. 上海：上海教育出版社，2017.

第九讲

语文名师反思体悟技艺

教学反思是执教者以自己的教学活动过程和教学实践作为关注对象而进行的全面、深入的思考和总结，对自己在教学活动发生之前和课堂教学实践中的行为、决策以及由此产生的效果进行认真审视和分析的过程。教学反思也是教师专业成长的核心因素，是提高执教者教育水平的重要途径。

第一讲　技艺概述

一、教学反思的内涵和外延

要正确理解什么是教学反思，须先对教学反思的历史发展进行一个大致的梳理。从历史上看，洛克、斯宾诺莎曾经对反思或教学反思有过论述，但大多数从事教学反思和教师教育研究的学者们认为杜威是对教学反思问题做较系统论述的第一人。杜威在《我们怎样思维》一书中，把反思界定为："对任何信念或假设性的知识，按其所依据的基础和进一步导出的结论，去进行主动的、持续的和周密的思考。"① 杜威认为这种思维品质就是"反思性思维"，并提出"反思"的五步：（1）觉察问题情境；（2）澄清问题；（3）提出假设；（4）形成推理；（5）检验假设。杜威是第一个提出反思的学者，但他的理论在当时并未引起广泛影响。真正将反思思想进一步发展并引发广泛思考的是美国学者萧恩。他认为反思应是"实践性反思"，进而提出"行动中反思"和"对行动的反思"两个概念。所谓"行动中的反思"是指教师在教学过程中可能会碰到出乎意料的事件，对此教师需要及时思考并调整自己的教学。所谓"对行动的反

---

① ［美］约翰·杜威. 我们怎样思维［M］. 姜文闵，译. 北京：人民教育出版社，1991：6.

思"指反思可能发生在行动前和行动后，对整个教学行为和教学事件进行反思。① 此后，"反思性实践"成为促进教师发展的一种重要手段。自萧恩以后，"教学反思"出现了各种界说，大致可分为：第一，教学反思是老师借助发展逻辑推理的技能和仔细推敲的判断以及支持反思的态度进行的批判性分析的过程；第二，教学反思不仅要从技术上考虑、质疑或评价自己的教学有效性，而且还要理解教学的广泛的社会和道德基础；第三，教学反思应该从课堂情境中技能与技术的有效性、课堂实践基础的假说和教学的结果、课堂教学的道德和伦理标准三个层次进行反思；第四，把教学反思看作是对实践反思、实践中反思和为实践反思的过程。② 这些表述文字各异，但均强调教师要在教学过程中主动地反思和分析其行为，才能发现和解决教育工作中的问题，最终达到提高工作成效的目的。

综上可知，教学反思是指在教学过程中教师对自身的教学行为不断进行反思的行为，教师将自己的教学活动和教学结果作为反思的对象，并对其进行审视和分析，从而改进自己的教学实践，使教学实践更具有合理性的过程。它具有目的性、实践性、批判性、持续性及关怀性等特点。

二、教学反思的必要性

教师专业是以教学所需要的知识结构和能力结构为核心而形成的教师教学行为，教师的教学行为是教师专业水平的最直接体现。因此，教师专业成长主要体现在教师教学行为的改变上，而这种改变又受到教师内心的教育理念的影响。它是教师通过对原有的传统习惯行为的反思和质疑，并做出新的选择而产生的。因此，教师专业成长的过程从一定意义上说是一种具有自我反思性质的过程。而教学反思，就其本质而言，是以追求学生学会学习和教师学会教学为目的。教师学会教学的目的是为学生更好地学会学习服务的，因此，学生学会学习是教学反思的最终目的，教师学会教学是教学反思的直接目的。由此可见，教学反思的本身是以教师的发展为直接指向的，它理应成为教师专业成长的有效途径。教学反思对教师专业发展的必要性在于以下几个方面。

（一）丰富教师的实践知识

一般来说，教师的知识可分为三大类：本体性知识（学科知识）、条件性知识（教育学与心理学知识）、实践性知识（教师在面临实现有目的行动中所具有

---

① 卢真金. 反思性教学及其历史发展［J］. 全球教育展望，2001（2）：57-63.
② 熊川武. 论反思性教学［M］. 上海：华东师范大学出版社，1999：3-4.

的课堂情景知识以及与之相关的知识）。研究结果表明"教师本体性知识与学生成绩之间几乎不存在统计学上的关系……并非本体性知识越多越好"。① 多数教师并不缺乏本体性知识和条件性知识，要想成长，必须获得更多的实践性知识，这些知识能促进教师教育教学效能的提高，也能真正促使教师专业成长。而实践性知识又难以通过读书或听课的形式获得，必须由教师在教学实践过程中经过亲身体验才能获得，这就需要教师在教学实践中反思、分析和总结自己的教学经验，进而上升为理性认识，最终形成实践性知识。所以，反思是教师教学过程中的感性经验上升到理性认识的重要途径。

（二）提高教师教育科研能力

新的教育形势下，特别是基础教育课程改革的大力推进，对中小学教师提出了更高、更新的要求。但目前中小学教师多数是经验型的，他们习惯于凭借有限的经验重复教学实践，缺少将经验上升到理论高度的能力，不能适应快速发展的社会需求，更难以培养出适应社会需求的创造型人才。叶澜教授曾说："没有教师的生命质量的提升，就很难有高的教育质量……没有教师的教育创造，就很难有学生的创造精神……只有教育者自觉地完善自己时，才能更有利于学生的完善与发展。"② 教师要想完善发展自己，需具备较高的教育科研能力，最终实现由"经验型教师"向"研究型教师"转化。这就使得教师在教学中要细心体悟，不断发现问题，针对问题不断优化教学设计，进而优化教学组织，使教学过程更优化，最终取得更好的教学效益。所以说，教师实质上也是研究者，在组织教学过程中也进行着创造性的劳动。教师在教学活动结束后要明确知道自己的教学结果，还要对生成此结果的原因进行反思，不断追问"为什么"，这种探究事物背后的深层原因的"问题意识"，以及解决问题的能力，经过日积月累，就会促进教师教育科研能力的发展。

（三）增加教师的责任感

教育是一种需要有极强责任意识的育人活动，教师责任感的强弱直接影响到其培养的学生质量。一般来说，责任意识淡薄的教师很少关注自己的教学行为，也就谈不上主动发现问题、探究问题和解决问题；而那些有强烈责任感和事业心的教师会主动而自觉地反思自己和他人的教学行为，在反思中发现问题，进而寻找解决问题的办法，从而使自己的教学技能和科研能力得到逐步提升。

① 林崇德，申继亮，辛涛．教师素质的构成及其培养途径［J］．中小学教师培训（中学版），1998（1）．
② 叶澜．教师角色与教师发展新探［M］．北京：教育科学出版社，2001：3.

所以，教学反思是增强教师责任感的途径之一。

三、教师怎样进行教学反思

在一线工作的教师，要想更好、更有效地进行反思，可从以下几方面入手。

（一）撰写教学日志

教学日志是教师教学过程中的感触、困惑和思考，将其记录下来进行反思、分析和评价，是教师理清教学思路、提高教学认识、改进教学方法的手段和策略。教学日志是教师提升自己教学水平和展开教学研究的宝贵资料，是来自教学一线的第一手材料。苏霍姆林斯基曾说："每位教师都来写教育日记，写随笔和记录，这些记录是思考及创造的源泉，是无价之宝。"① 同时，应该注意撰写教学日志的内容，这些内容不是提前预设的，而是在教学实践完成后反思、总结出来的。因此，教学日志一般涉及实践主体（教师）、实践客体（学生）、教学方法和内容、教学环境、教育管理、教学大纲和教育政策等。教学日志在形式上没有固定格式和要求，教师可依据自己喜欢的形式，将当日教学活动结束后感悟最多、思考最深入的地方或详细或粗略地记录下来，可随机写在教案本中，也可以博客、微信等形式公之于众。

（二）教学录音录像

课堂教学中，教师和学生的许多行为是瞬间发生、一闪而过、即时性的，如果不及时捕捉，过后很难再回想起。而现代的录音和录像技术可以克服这种障碍，将课堂教学中的每个细节生动、详细、真实地记录下来。因此，我们认为，为了更好地进行课堂反思，教师可有意识地对教学活动进行录像和录音，之后可反复观看，这样有助于教师发现一些在授课过程中忽视的、发现不了的情况和问题。所以，我们认为教学录音和录像是教师进行全面、深刻反思的有效方式。

（三）观摩与讨论

教学反思的完成，除了教师自身的反省外，观摩他人的教学、与同行的讨论也很重要。正如布鲁克菲尔德说的"任何依靠自我汇报和自我分析的方法都存在着局限性。不管我的思维跃迁多么有独创性，不管我从不熟悉的视点回首

---

① ［苏联］苏霍姆林斯基. 给教师的建议［M］. 杜殿坤，译. 北京：教育科学出版社，1984：126.

自己的经历时多么有创造性，我总会隐入自己的意图框架和视野之中不能自拔"。① 所以，教学实践中与他人的切磋琢磨也是有效提高教学反思的重要策略。同时，同行之间的教学方式和方法犹如一面反光镜，也可反射出自己的优点和不足，而同行间的观摩和讨论也可为教师的反思提供思路和借鉴。具体来说，可以教研组为单位，每周固定时间听取公开课、示范课或常规听课，然后在教研活动时展开讨论，肯定被听课者的优点，指出不足，提出改进建议；对于共同存在的问题要集思广益，寻求共识，制定出解决方案。同时，在观摩和讨论时，教师之间应该以互相尊重和理解为前提，批判他人和自己要科学严谨，质疑的问题要有效，解决问题的方法要科学可行，并且对这些集思广益的反思要真正落到实处，使广大教师真正受益。

（四）调查问卷

一般来说，教师教学效果评价的方式之一是以学生的反应、觉悟、发展和评价为标准的。因此，设计科学合理的问卷，收集不同学生的反馈信息，进而调整自己的教学设计，也是教学反思的重要方法。从学生角度来说，每个学生对老师的授课都有自己独特的见解，也会从自己的兴趣、爱好和实际需要出发，对教学内容、方法、课堂组织和管理等角度做出恰当的评价，这些对教师进行教学反思大有裨益。布鲁克菲尔德说："了解学生对教学的体验是一个教师做好工作所需要的基本的、首要的知识。没有这些知识，所有的教育技能都将失去意义。"② 同时，也要注意到调查问卷中，有些学生对教师的行为不愿意做出诚实的评价，或者知而不言、言而不尽，这种情况一般是学生畏惧老师，或者对老师不了解。为防止此类情况发生，对学生进行调查时，建议采用不记名的形式，这样既保护了学生的发言权，也听到了学生的真实心声。

（五）持续的理论学习

作为一线教师，系统地阅读教育类理论著作，可以促使教师发现自己在教育实践中难以发现的问题，解答教学中出现的困惑。而实践告诉我们，只有教师的理论素养提高了，才能对实践中的问题做出深入的剖析，并提出解决问题的行之有效的办法。同时，理论知识的学习和思考也有助于教师将形而上的理论转化为指导实践的教学能力。基于此，教师要自觉而有目的地阅读教育学、

① ［美］布鲁克菲尔德.批判反思型教师ABC［M］.张伟，译.北京：中国轻工业出版社，2002：42.
② ［美］布鲁克菲尔德.批判反思型教师ABC［M］.张伟，译.北京：中国轻工业出版社，2002：117.

心理学和教学论方面的著作，如苏霍姆林斯基《给教师的建议》、夸美纽斯《大教学论》、卢梭《爱弥儿》、杜威《民主主义与教育》等，这些书籍可指导教师的教学实践，还能帮助他们很好地解读教学行为，提供看待事物的多种视角。教师对这类书籍要坚持阅读，同时养成阅读、思考和做读书笔记的习惯，这样日积月累，理论素养提高了，教师的反思领悟能力也就会有一定的发展。

同时，笔者认为，教师的反思能力并非朝夕锤炼即有提高，而且反思的方法和策略并非完全隔离和独立的，他们实际上是相互联系的。在实际的教学中，教师可使用其中的一种或将几种策略综合使用，也可别出心裁，创造出新的反思方法和策略。而灵活使用反思策略，养成反思习惯，让反思成为自觉行为，做到每课一思，课课有提升，只有这样，教学反思才会有成效。

那么，关于"教学反思"，我们也可以认定是指对已完成的教学设计进行审视和评判，以此明确得失，总结经验，并适度调整，以进一步优化教学设计。而反思是优化教学设计的必要环节，既可在教学设计完成后进行，也可在试教后根据教学实际进行。教学设计完成后的反思一般从三个方面进行。第一，判断教学设计是否可行。有些教学设计在实施之前似乎很完美，环节齐全，环环相扣，但是却未考虑到学生的学情，这就需要及时反思，去掉不切实际的理想化设想，使教学设计具有实际可操作性。第二，预估教学设计将会产生的效果。所有的教学设计，最终都要落实到课堂实践中，而教学效果是检验教学设计是否科学完美的最佳方法。预估效果的优劣，也是教学反思的重要方面。第三，及时适度调整并总结经验。在反思教学设计时，如果发现不足之处，及时调整和修正是最佳的选择。如果教学设计优点突出，可将此种设计的成功经验总结推广，以便为其他的设计提供可资借鉴的经验和方法。

四、教学反思的两个视角、三项内容、四条标准

要完成教学反思，需要"坚守两个视角，突出三项内容，活用四条标准"。所谓"坚守两个视角"指从"学生"和"课型"两个角度审视教学设计，这是教学反思展开的立足点和基本理念；"突出三项内容"，指在反思时重点审视和分析"目标""活动""评估"，看这三项内容是否符合"学生"与"课型"两个视角的基本要求；"活用四条标准"，是审视和分析两个视角与三项内容时要坚守的"体现语文特质，活动张弛有度，引导适时得当，促进素养内生"标准。下面笔者对"两个视角""三项内容""四个标准"展开论述。第一，教学反思中的两个视角。教学活动中，首先要明确学习活动的主体是"学生"，教学设计是否凸显学生主体地位；其次要明确设计的学习形式与学习内容是否吻合，是

否与课型要求相匹配。只有将这两点反思清楚，才会明确教学设计中的学习主体、学习内容和学习方法等问题。

（一）两个视角

1. 学生视角

指教学设计以学生为中心，以是否有利于学生的语文学习设计教学内容和方法。要做到这一点，必须注意学生需要、学习特点、学习过程和学习效果。第一，学生需要。反思教学设计时，一定要重新审视教学目标、教学内容和教学方式是否体现了学生的需求，只有从学生的角度出发设计这些项目，这样的教学设计才落到了实处，才是可行而有效的。第二，学习特点。反思教学设计时，学生的学习特点也是重心之一，此时对于教学流程、教学方式以及学生的学习要求等要有统筹规划，特别是要考虑到这些设计是否与学生的知识积累、思维习惯、心理特点、兴趣爱好等相匹配。第三，学习过程。反思教学设计时，一定要重新审视教学过程是否以学生的"学"为主线来展开。第四，学习效果。也就是在反思教学设计时，对学生的学习效果情况是否有设计，是否有适当的方式来检测学习效果。一般来说，成功的教学设计都会重视学生需要、学习特点、学习过程和学习效果这四个方面，只有将这四点落到实处，才会达到"以学优教"的目的。

2. 课型视角

课型从教学内容层面看，包括阅读课、写作课和口语交际课；从教学方式层面看，包括讲读课、自读课、练习课、讲评课；从课程层面看，包括必修课、选修课和综合性学习课。针对不同课型，教学设计的重点、难点和方法等均应有所区别。反思教学设计时，一定要重视三个问题：本课的课型是什么？这类课型具备哪些特点？本教学设计体现了这些特点吗？

所以，反思教学设计时，首先，要确定篇目所属课型，对这类课型的训练要求进行重点反思。例如，如果是必修课，在反思时应重点查阅教学设计中知识、能力、方法和态度等的积累与发展；如果是选修课，应重点反思教学设计中对学生的视野开阔、兴趣培养和思维创新等的设计是否科学合理；如果是阅读课，应重点查找教学设计中是否将学生的读书、思考和交流放在第一位，学生的语文素养是否得到了提高；如果是写作课，应重点反思教学设计是否引导学生展开联想和想象，是否增加了学生的写作体验，学生的写作水平在交流和碰撞中是否得到提高。

其次，要确定课型是否得体。反思教学设计时，除了从整体上考虑课型分类外，还要审视同一课型内不同内容、文体和教学目标等对教学方法的影响和制约。例如，同为讲读课，小说、诗歌、戏剧和散文的教学设计极为不同；同为讲读课，记叙文、议论文、说明文的授课方式很不相同。一般来说，反思教学设计时，首先，应将课型分清楚；其次，应对不同课型采用的教学方法也有一定的反思。只有做到这两点，才能对教学设计的各个环节有深刻细致的重新评判。

（二）三项内容

教学反思的三项内容是指"学习目标""学习活动"与"学习评价"，其中"学习目标"决定着学习内容的重难点和"学习活动"的方式，"学习活动"是实现"学习目标"的关键，而"学习评估"是达到学习目标，保障"学习活动"正常进行的关键，这三点遥相呼应，互相配合，保障整个教学活动正常进行。

（1）反思教学目标，首要的是看教学设计中的三维目标是否都涉及，再查阅这些目标有无重复交叉或顾此失彼等不足；其次要看教学目标表述是否凝练具体；最后查阅所设置的教学目标是否适合学生自评和他评。

（2）反思学习活动。教学设计中的学习活动，一定要关注到活动设置的价值性、活动的可行性和适时性。一般来说有价值的学习活动任务明确、指向集中且彼此间关联性强，同时，对于开展活动的条件、频率、方式和时机等也需有一定的反思。

（3）反思学习评价。对学习评价的反思，要从两个方面展开，一是学习成果，二是评价方式。学习成果一般在学习活动中的各个环节均有预设，是为了检测学生即时的学习状况而当堂展示掌握的知识和技能，对这些知识和技能的检测多是课堂提问、即时作业、老师和同伴的评价等。反思教学设计时，此环节若在教学实践发生前进行，就需要对各种假设的情况进行预先反思，若发生在教学实践之后，则需认真地对成果和评价方式重新审视，以便使教学设计中的此环节更加科学合理。

（三）四条标准

反思教学设计的四条标准指：灵活运用"体现语文特质，活动张弛有度，引导适时得当，促进素养内生"。

（1）体现语文特质，指教学设计中必须把握语文学科本质，考虑语文学科特点，使教学设计具有浓厚的语文味。在反思教学设计时，要审视其是否关注了语文学科的基础知识，还要从课程特质、学科素养、能力层级三个角度审视其是否体现了语文特质。从课程性质角度来看，语文教学要兼具工具性与人文性，在工具性与人文性的融合中培养学生的语文素养，但不同的教学内容、不同课型和不同的教学目的，在工具性和人文性的强调中各有不同。从学科素养的角度来看，语文学科的核心素养集中体现在听、说、读和写四个方面，这就要求教学设计中需同时兼顾听、说、读和写四项能力。从能力层级的角度看，国家语文考试大纲将语文测试的能力分为识记、理解、分析综合、表达应用、鉴赏评价和探究共六项层级。那么在反思教学设计时，一定要全面查阅本课或本节课的设计是否锻炼了某些考试能力，是否对高考所要求的某些考试能力提高有所帮助。

（2）活动张弛有度，指学习活动有主线贯穿其中，既有横向铺排和延伸，取舍得当、重难点突出，又能使学生在深入思考中兴趣盎然地参与活动，充满活力地展示活动成果。同时，在活动中学生的知识、经验、方法、学习习惯以及学习动力等得到提升或熏陶。

（3）引导适时得当，指在学习过程中对学生进行指导和帮助及时、得法、有效。对教师的引导进行反思时，要从问题的启发性、问题的引领性、方法的恰当性和结论的前瞻性等角度进行。教学设计中，好的问题一般能够引领学生深入思考，具有激趣、启思和悟法的功能。同时，学生解决完此问题后收获颇多，不仅在知识积累上获得较大进步，而且在学习方法、思维方式、表达方式等方面均有所发展。再者，教学设计中生成的结论，能够启发和引导学生超越自我，超越现在，甚至超越时空，达到思维的极限。

（4）促进素养内生，是指在学习活动中促进学生语文素养自主发展、主动生成。只有将语文知识、能力、学习方法、情感、态度、价值观等化为学生内在的血肉，变为继续学习的有效动力与养料，学生才能主动学习、自主发展。反思教学设计或教学活动能否促进素养内生时，可从动力、方法、成果、意义四个方面来判断。一是动力内生，即教学设计或学习活动是否能激发学生产生探究的欲望或继续进行听、说、读、写的兴趣。二是方法内生，即教学设计或教学活动能否帮助学生自我总结和运用读书、思考、表达等方法。三是成果内生，即能否引导学生根据学习要求产生自己的思考、结论或其他形式的成果。四是意义内生，即能否促进学生在情感态度与价值观等方面有所发展。

第二讲　案例分析

为了增强学生对反思体悟技艺的理解，本节采用教学一线的教案，然后对之进行反思评价。

一、小说类文本教例分析：

尤立增《林黛玉进贾府》教学设计①

【教学目标】

1. 了解贾宝玉、林黛玉、王熙凤的性格特点以及小说刻画人物所运用的外貌描写、语言描写等表现手法。

2. 培养学生的文学鉴赏能力和善于质疑、自主解决问题的学习意识。

【教学重点】理解王熙凤的人物性格。

【教学难点】体会作品如何运用外貌描写来表现其性格特点。

【教学流程】

1. 回顾上节课"环境"问题，引出本节课的"人物"。

2. 讨论疑难问题，分组合作学习。

（1）分组讨论"预习作业"中发现的关于"人物"的疑难问题。

（2）每组代表汇报交流情况，并提出尚未解决和有争议的问题，全班交流、辩难，自由发言，让学生充分表达意见，教师适时点拨。

关于林黛玉：

1. 为什么林黛玉进贾府会"步步留心，时时在意"？

备答：（1）初进贾府的复杂心态。虽为亲人，但首次见面，总有"寄人篱下"的阴影。（2）敏感谨慎的性格特征。"不肯轻易多说一句话，多行一步路，唯恐被人耻笑了他去。"

2. 当贾母问黛玉念何书时，黛玉答"只刚念了《四书》"。为何宝玉问他时，他却改口？

备答：随时改正一些不适宜的对答，表现她的留心与在意。

3. 为什么对林黛玉的穿戴"竟无一字提及"？

备答：作者用虚笔写意展现黛玉的肖像，还为突出其才情女子超尘拔俗的空灵感，特别是宝玉眼中的眼波脉脉、体态袅娜、聪明灵慧、超凡脱俗。

总结：林黛玉美貌多情、体弱多病、心态复杂、言行小心谨慎。小说通过黛玉婉言谢绝邢夫人"赐饭"、在王夫人房中注重座次、在贾母房中吃饭十分推让、随时改正言行不当等典型细节，表现其"步步留心，时时在意"的谨慎态度。又通过"众人眼里的黛玉""王熙凤眼里的黛玉"和"宝玉眼里的黛玉"三个角度，描写其外貌、神情和风韵。

---

① 汲安庆．中学语文名师教例评析［M］．上海：华东师范大学出版社，2018：125 – 128.

关于王熙凤：

1. 与那些"敛声屏气，恭肃严整"的人们相比，王熙凤为什么"放诞无礼"？

备答：王熙凤精明能干，善于阿谀奉承，因此博得贾母欢心，从而独揽贾府大权，成为贾府实际掌权者。

2. 作者为什么要浓墨重彩描写其服饰？

备答：暗示她的贪婪和俗气，从侧面反映了她内心的空虚。

3. 贾母称王熙凤"凤辣子"，哪些描写体现了王熙凤的"辣"？

备答：未见其人、先闻其声的出场形式，放诞无理的语言方式，贾母的戏谑调笑，等等。

总结：王熙凤察言观色、机变逢迎、刁钻狡黠、精明能干。从四个方面展示她的性格特征：出场、肖像、见黛玉、回王夫人。

关于贾宝玉：

1. 从本文的描写来看，贾宝玉似乎很是不堪，这该如何理解？

备答：贾府内外这些人贬斥贾宝玉的话，充分表现了他的叛逆性格。人们把他说得这样不堪，是因为他的所作所为不符合封建正统人物的要求，违背了封建正统的世俗常情。由此可见，贾宝玉是本阶级的叛逆者。

2. 黛玉乍见宝玉为什么会一"惊"？

备答：一是黛玉看到一个眉目清秀、英俊多情的年轻公子，与以前的介绍形成反差；二是照应"木石前盟"，一见如故，产生亲切感。

3. 贾宝玉为什么摔玉？

备答：浅层次看是"这个妹妹没有玉"，表现其任性；深层次看，他"衔玉而生"，玉是天命的象征，他的摔玉正表现出他对天命的违抗，对世俗的鄙弃，对礼教的蔑视。

4. 两首《西江月》为何要对贾宝玉贬斥？

备答：似贬实褒，正文反作。他不愿受封建传统的束缚，厌恶对功名利禄的追求。

总结：贾宝玉是封建贵族的叛逆者，具有反抗封建束缚、要求自由平等的思想。他蔑视世俗、卓然独立的种种表现，反映了他对封建礼教和封建道德的反抗。

【教学反思】

从人物形象角度切入，拓展小说的阅读空间为很多语文老师所热衷，这方面积累的经验比较丰富。丰富的经验为小说教学带来了极大的便利，也提出了严峻的挑战，即课上得顺畅比较容易，上出新意却很难。在这样的背景下，尤立增老师的这篇教学设计独具特色，令人钦佩。总的来说，这篇教学设计在拓展阅读空间方面有以下特点：

1. 逐一探究文本矛盾资源。此设计中的 10 个探究题，多是文本的矛盾之处，也是小说情节中"发现"和"突转"的地方。如分析贾宝玉形象的 4 个问题（①从文本的描写看，贾宝玉似乎很是不堪，这该如何理解？②黛玉乍见宝玉为什么会一"惊"？③宝玉为什么摔玉？④两首《西江月》为何要对贾宝玉贬斥？），暗含了贾宝玉初见林黛玉的惊奇、喜欢、关心的情感起伏。林黛玉的一惊，正是贾宝玉"惊"的呼应，照应了文本"木石前盟"中绛珠仙子和神瑛侍者的身份。宝玉询问黛玉读书情况、有无玉、摔玉等镜头，折射了他对黛玉一见钟情，文中这些细节被教者悉数抓住，并逐一展开探究。

2. 言为心声——从人物语言解读其性格。课文中人物语言极具特点的较多，教学设计中以林黛玉和王熙凤为重点，如贾母和宝玉都问黛玉"念何书"，两次答复"只刚念了《四书》""不曾读，只上了一年学，些须认得几个字"完全不同，教师以此向学生追问答复不同的原因，便将林黛玉迅速适应新环境，尽快融入贾府成员中的心理揭示得较为深刻。对王熙凤的形象进行总结时，教学设计中认为其察言观色、机变逢迎、刁钻狡黠、精明能干，这些概括都符合其性格特点，但是对贾府实际掌权者的身份地位分析较少，这就使得前面的性格特征概括有些悬空，应该点明王熙凤特殊的生存环境造就和决定了她这些言行举止。

3. 服饰描写，笔墨不均，体悟性格。教者提问文本中林黛玉的服饰描写无一字，王熙凤的服饰描写浓墨重彩，为何作者做如此安排？教者点明对林黛玉服饰不着一字，是有意虚写，凸显其空灵的超凡之气，对王熙凤服饰浓墨重彩，暗示其贪婪和俗气，反映其内心。笔者以为教者对林黛玉服饰描写的解读略显中肯，但对王熙凤服饰描写的解读有悖作者本意。服饰是一个人外在心灵的体现，王熙凤服饰之华贵，与其高贵的身份相匹配，更与贾府显赫的社会地位相称，不一定是贪婪和俗气的体现，笔者愚以为此处设计略有不妥。而且，文本中有两次描写贾宝玉的服饰，教者却未提及，更未将之和王熙凤的服饰描写进行必要的比较，实为缺憾之处。

4. 环境描写中寻绎文化基因，剖析人物精神世界。尤立增老师总结林黛玉形象时说："小说通过黛玉婉言谢绝邢夫人'赐饭'、王夫人房中注重座次、贾母房中吃饭推让、及时改正答话等典型细节，表现其'步步留心，时时在意'的谨慎态度。"此处实际是通过林黛玉的行踪揭示封建社会贵族阶层森严的等级次序和繁文缛节，林黛玉在此过程中起初是拘谨、留心、在意再到严格遵守，深层揭示林黛玉对贵族礼节的恪守和遵从，也揭示了她思想深处对封建礼教的接纳和认同。

自然环境描写中，原文本对贾母、贾赦、贾政的居所描写较为细致，教者却未深入分析其中貌似合情合理中的悖理之处：长子贾赦住得离正室远，次子贾政居在正室，贾母居西，王熙凤在西北角。这样的布局，教者对其中缘由未做探究。笔者此处借用朱武兰①的分析：①贾母居西，同贾赦、贾政的住处相比略显低微，是儒家"三从四德"中"夫死从子"所致，丈夫去世致其地位不如儿子，但礼教中的"孝"又使其在居所上处于至高无上的地位。②贾赦虽为长子，但居所离正室较远，原因在于其除了袭官之外就是胡作非为，而贾政"自幼喜读书，祖父最疼"，且工作勤勉，官职越做越大，且其妻王夫人属于金陵四大家族王家，长女元春已经入宫做了贵妃娘娘。所以，贾政才是真正的一家之主。③又因贾政不喜欢管理家务琐事，侄儿贾琏帮忙打理，而琏嫂子王熙凤又能力极强，所以是荣国府实际的管家，而主持贾府内政又需取得贾母和王夫人的支持，所以王熙凤住在贾母院的后边，离贾母院子较近，符合其主持家务之需。

总的来说，此篇设计对小说文本的审美挖掘还有可供挖掘的空间：第一，主次之别，对林黛玉言行描写是主，对贾宝玉和王熙凤描写是次；第二，变与不变，贾宝玉的痴和傻是在变与不变中徘徊，见到不同的人，有不同的表现，是其主观要变还是环境迫使其变；第三，虚与实，林黛玉言行的时虚时实，关于其服饰的虚写与王熙凤和贾宝玉服饰的实写，其他人口中"虚"的宝玉与林黛玉眼中的"实"的宝玉。这些都是后继的文本解读者应该进一步挖掘和探究的地方。

二、散文类文本教例分析

唐霖勇《散步》教学设计②

【教学目标】

1. 通过朗读、圈点勾画等方法，整体感知课文内容。

2. 通过读、品、说、写的方式，提高学生语言品味能力，感悟文章细节中

① 朱武兰. 细心玩味，初识贾府：林黛玉进贾府教学设计［J］. 语文建设，2010（9）：12.
② 靳彤. 中学语文教学设计［M］. 北京：高等教育出版社，2016：276-277.

蕴含的亲情美。

3. 运用自主合作探究的方式，理解文章思想内涵，培养尊老爱幼、珍惜亲情、关爱家人的意识和情感。

【教学流程】

一、情境引入，激发兴趣

从散步的健身作用说起，描绘一家人散步的温馨情境，学生谈自己散步的感受。引导思考：作者散步会有怎样的感受？会不会和我们有所不同？从而引入课文。

二、整体感知，感受亲情

多媒体配以散步背景画面，老师配乐朗读，学生听读时完成以下任务：

（1）勾画关键信息，概括主要内容。

（2）找出作者表达散步独特感受的原句："我和妻子都是慢慢地，稳稳地，走得很仔细，好像我背上的同她背上的加起来，就是整个世界。"

三、合作探究，解读亲情

（一）探究一："整个世界"中的"人"

1. 寻找人物："我"的母亲、儿子，"我"和妻子。

2. 分析人物："母亲"——温和慈爱；"儿子"——聪明伶俐、善于观察、懂事；"我"——稳重、孝顺、温和；"妻子"——温柔贤惠、理解丈夫。

（二）探究二："整个世界"中的"事"

1. 寻找细节。儿子发现前后走的都是妈妈和儿子；"我"决定委屈儿子，选择走大路；母亲摸着孙子的小脑瓜，改变主意；"我"背起母亲，妻子背起儿子……

2. 品味细节。方法：自主品读、交流质疑、集体品读；角度：词语、句式、修辞、哲理等。

（三）探究三："整个世界"中的"情"

在老师点拨下，学生自由发言，归纳：母子情、父子情、祖孙情、夫妻情，亲人间的尊重、谦让和关爱，中年人作为家庭顶梁柱的责任……

探究小结：寻找"幸福家庭秘诀"。

1. "对家人的爱""尊老爱幼""孝敬""体谅""理解""信任""责任""为他人着想""不斤斤计较"……

2. 人物替换式朗读回扣课文，身临其境般体验亲情。

四、拓展延伸，拥抱亲情

学习作者以小见大写法，在自己的亲情世界里寻找小细节，抒发大情感。

五、课堂小结，巩固提升

1. 学生自主总结。

2. 老师紧扣目标补充小结。

六、布置作业，学法迁移

用圈点批注法自主阅读课后文章《三代》，说说与课文相比，哪篇文章更使你感动。

放学后回到自己的亲情世界，为亲人做个简单的按摩或其他你力所能及的事，让他们感受到你带来的幸福，然后写下自己的感受。

【教学反思】

首先，教学目标中，属于知识与能力维度的有理解、品味、感悟等；属于过程与方法维度的有朗读、圈点、读、品、说、写、整体感知、自主合作探究等；属于情感态度价值观维度的有亲情美、尊老爱幼、珍惜亲情、关爱家人等。此处三个维度的表述用语简明，内容指向具体。

其次，教学过程中的六个学习活动，每一活动的主要任务很明确。如活动一的目的是激发学习兴趣，引导学生体会散步的感受，进而引入课文学习，达到由个人体会进入文本学习的情景之中。活动二是整体感知，学生在老师朗读过程中圈点勾画出关键信息，并概括文本主要内容，特别是课文中体现作者独特感受的句子。此环节是训练学生快速检索有用信息的能力。活动三是合作探究"整个世界"中的"人、事、情"，其实是由人引出事，再引出事中的"情"，这项活动的意义非常重大，将课文的主题由表及里，层层剥离，逐渐引出，此时的学生在查找四个人物（"我"的母亲、儿子、"我"和妻子）的有关事件中，逐渐被老师引导到对人物形象的分析，以及对课文细节的品味中，这是教学中培养学生情感、态度、价值观的最好时机，此时教者及时把握时机，引导学生及时归纳课文中的母子情、父子情、祖孙情、夫妻情，最后上升到寻找"幸福家庭秘诀"，这些活动环环相扣，紧密相连，学生在不知不觉中深入课文字里行间，体验亲情。总之，此活动中的每项都具有可行性，活动方式易于实施，活动引导适时得法，内容设置充实恰当。活动四是在活动三的基础上，拓展拔高，进一步启发引导学生善于发现生活中细微处的真情，探究感知人与人之间的真爱和大爱。活动五是对本节课的小结，就是对教学目标完成情况的再次反思和强化。活动六是课外拓展延伸，一项是圈点批注法在其他文本中的使用，另一项是引导学生从身边小事做起，亲身感受幸福。这两项活动在价值性、引导性和可行性方面都使活动增值，使得学生在活动中积累了知识，经验和方法，养成良好的学习习惯，提升了文本解读的能力，还对亲情的感受不断增加，并促使其化为行动。

三、诗歌类文本教例分析

邓彤《锦瑟》教学实录①

师：课前我们欣赏了根据李商隐诗歌《无题》谱写的歌曲《相见时难别亦难》。这一唱三叹的旋律，触动了我们内心最柔软的地方，让我们眼含泪水，让我们满怀感伤。

今天，我们要学习李商隐的另外一首令无数读者着迷的诗歌——《锦瑟》。王蒙先生曾经写过一本书——《双飞翼》，讨论过这首诗。知道这个书名是什么意思吗？王蒙把此书比喻为鸟：一翼是《红楼梦》，一翼是李商隐的诗。我对这双飞翼情有独钟。哪位同学给大家诵读一下这首诗？

（课代表主动站起来朗读，声情并茂，同学鼓掌。）

师：《锦瑟》号称古典诗歌中的"哥德巴赫猜想"，一千多年来无数读者为之着迷。许多著名学者阅读这首诗的感受其实和大家差不多。请看——（投影）

义山的《锦瑟》诗，讲的什么事，我理会不着……但我觉得它美，读起来令我精神上得一种新鲜的愉快。（梁启超）

师：《锦瑟》难解，但不是无解。我们可以从以下几个方面解读它。

1. 研究标题

师：请看教材注释，编者说："题目是截取篇首二字而成，实际上是无题诗。"你同意这一说法吗？"锦瑟"真的等于"无题"吗？同学们可以发表自己的意见。（学生翻阅课文，研究注释。）

生：我认为可以等于"无题"。因为我看过的一本书上说，在李商隐诗集中这首诗的标题就是"无题"。

师：是吗？怎么我手头的《李商隐诗集》中标的题目是"锦瑟"呢？

生：大概版本不一样吧。（生笑）

生：《诗经》中许多诗歌都是用篇首二字为题的，比如说我们这学期学过的《静女》就是如此。

师：学以致用，好。

生：我不同意。因为《诗经》是民歌，许多民歌原来就是在民间传唱的，没有题目，收集者采风得来后，就取篇首两个字为题。但就是这样，也要考虑和诗歌内容是否吻合。比如说刚才同学说的"静女"就是这样，因为这两个字

---

① 汲安庆. 中学语文名师教例评析［M］. 上海：华东师范大学出版社，2018：37－43.

本身确实能够包含许多内容，做标题很合适。如果不合适，编者就会舍弃或者改造。比如说《诗经·无衣》篇首第一句是"岂曰无衣"，为什么不用"岂曰"作标题呢？不就因为它不能包含诗歌内容嘛！连没有标题的民歌在选题目时都会考虑内容，那么大诗人李商隐的诗歌难道会不考虑吗？即使他不考虑或不愿用标题，他完全可以和他其他的《无题》诗一样直接用个"无题"作标题。（该生颇为雄辩，赢得大家的热烈掌声。）

师：我并不太提倡上课经常鼓掌，但这位同学的发言让我也情不自禁地想鼓掌！很有说服力。其他同学还有什么意见？

生：我补充一下。诗歌一开头就是"锦瑟"，放在开头的景物，一般会是比较重要的内容，而且，整首诗只有八句，"锦瑟"就占了两句，不正说明"锦瑟"的重要性吗？

师：你是从诗歌内容本身来考虑的。那么，你认为这首诗中有哪些内容会和锦瑟有关系呢？

生：大概是看到家中的"锦瑟"睹物思人，或者是听到有人弹奏锦瑟触景生情，于是内心感动，不由自主地写下这首诗。

师：我等会儿还要补充一下，其实诗人一生的许多经历都和"锦瑟"有关。这首《锦瑟》诗中所有的感情和议论都与一张"锦瑟"有关，这张琴触发了诗人的情感和回忆。所以，我也认为以"锦瑟"为题不是偶然的。

确实，有的古诗题目就取自诗歌首句前两个字。但《锦瑟》一诗，首联集中写锦瑟，后面的内容也都由锦瑟引发，因此，"锦瑟"就是诗歌的核心内容，是理解诗歌的路标，绝非简单的"无题"可比。

2. 压缩诗歌

师：为了便于大家理解，我们先来体会诗歌内容。为便于理解，大家试着把这首诗改为七绝、五绝。看看改后的诗大致表达了什么内容。（学生饶有兴趣地分组活动起来，5分钟后学生开始发言。）

生：我们改编的七绝是：锦瑟无端五十弦，一弦一柱思华年。此情可待成追忆，只是当时已惘然。

生：我们改编的五绝是：锦瑟五十弦，弦柱思华年。此情可追忆，当时已惘然。

师：还可以再压缩吗？

生：锦瑟弦，思华年。可追忆，已惘然。（众笑）

师：这样一压缩，这首诗大概讲了什么应该明确了吧？请一位同学说一说。

生：看到锦瑟，听到锦瑟幽幽的旋律，我不由想起了自己的青年时代。那是一段多么美好而又伤感的回忆啊，可是往事却如一片云烟，令我难以真切把握。

3. 体味情感

师：压缩诗歌，结构固然清晰了，但内涵却大打了折扣。"此情可待成追忆"句中的"此情"究竟是怎样的情？我们还得从中间两联入手。请大家一起朗读中间四句诗。请大家结合注释，选择体会最深的一句说说。（学生一时沉默。片刻，教师加以提示。）

师：注意"晓梦"——庄周梦见自己变成一只蝴蝶，觉得非常愉快。这句让我们感觉到什么？"望帝春心托杜鹃"，杜鹃啼血给人什么感觉？这些内容可能让诗人想起什么？随便说说你感受最深、最喜欢的一句。

生：具体所指我们不清楚，但情感基调是可以把握的，是悲苦的。

生：晓梦，我想大概是指诗人早年恍惚迷离的梦想，那么飘忽，那么美好，那么动人，说不清，道不明。是政治理想？生活理想？爱情理想？也许都有。

师：对"沧海月明"一联大家感觉如何？

生："沧海"有一种沧桑阔大辽远之感，"月明"有一种凄美之感，就像泪珠在大海明月背景之下滚滚而落。

生：老师，我有个问题，就是"玉生烟"这句话我觉得奇怪，玉为什么会生烟？

师：谁能够回答这个问题？（等待片刻）还是我来吧。请看前面的四个字"蓝田日暖"——古人认为，美玉蕴藏于山中，得山川之灵气，在太阳照耀下，会蒸腾出隐隐的烟气，这就是玉气。现在我想问大家，这种玉烟和诗人的情感以及人生经历有何关系呢？

生：我读了这句诗，首先感到玉烟神奇美妙却又飘忽不定。它就像人的幽微的感情，你不去想它时，它就在你心头萦绕，好像就在眼前，似乎触手可及，可是你一旦凝神细想，它又立刻变得虚无缥缈，令人无法把握。

师：这样的体会大家赞同吗？（学生点头同意）那么，让我们一起再读全诗。（学生再次朗读，越来越能够融入诗歌了。）

4. 了解生平

李商隐究竟在诗中写了什么事，我们已经无法了解。诗人究竟表达了哪一种具体的感情？也许，只有结合作者的生平经历才能把握。让我们一起了解李商隐的人生经历。（投影）

李商隐才华横溢，少有文名，抱负远大，受到当时权贵令狐楚的赏识。但他 26 岁时与节度使王茂元的女儿相爱成婚，从此开始了一段至死不渝的爱情。

但娶王氏使他不幸被卷入党争的旋涡，从此仕途坎坷，壮志成灰。

李商隐为爱情付出了沉重的代价，社会声望完全失去，被世人视为"忘恩负义"的无耻文人，这对一个渴望成功的男子具有极大的杀伤力！

李商隐不甘就此罢休，于是告别妻子，长年在外奔波，但毫无结果。而妻子却在贫困中忧郁而死。

他感伤不已，写下一首长诗《房中曲》寄托哀思。其中有这样四句：忆得前年春，未语含悲辛。归来已不见，锦瑟长于人。请注意"锦瑟长于人"。

妻子死后三年，他又写了一首著名的思念爱妻的《夜雨寄北》：君问归期未有期，巴山夜雨涨秋池。何当共剪西窗烛，共话巴山夜雨时。

从此，李商隐每逢七夕必有一首诗，怀念当时欢爱，直到45岁去世。

爱情啊，这世上最美丽的情感之花，刺伤了他，也滋养了他；败坏了他，又成全了他！

在一个寒冷的冬天，一代诗人走到生命的尽头。他的耳旁响起了幽幽的锦瑟之曲，往事如云烟一般在心底弥漫开来，他提笔写下了《锦瑟》，并把它置于自己的诗集——《义山诗集》的第一首。

据说，天鹅将死，必有哀歌。这首诗是李商隐一生的感叹吗？这是他政治、情感、艺术、人生的绝唱吗？

让我们跟着《相见时难别亦难》的旋律一起诵读这首《锦瑟》，让我们和作者一同吟唱……

【教学反思】

（1）导语用歌曲、王蒙《双飞翼》、古典诗歌中"哥德巴赫猜想"、梁启超的赞叹共四次渲染，舒缓之中推波助澜，为解读全诗营造感伤基调。

（2）①从诗题入手，试图把握诗眼，带领学生思考本诗题目是"锦瑟"之缘由，抓住了诗歌学习的重要方法——找诗眼。②惜对文本没有进行解析的情况下，课堂中用较长时间讨论诗歌的命题技巧，显然剑走偏锋。③对"锦瑟"自唐宋以来已开始用来比喻夫妻关系却未做拓展和探究，实为对本诗重要意象"锦瑟"解读过于肤浅。

（3）压缩诗歌实为锻炼学生概括能力，此环节设置对于学生探究能力有一定提升，但是对学生为何一致性地压缩中间两联，仅留下首尾两联，个中缘由应该适当探究。

（4）①从诗歌意象出发体味其中的情感，是鉴赏诗歌的正确方法。②对于其中的意象：蝴蝶、杜鹃、月、珠、玉、烟，其蕴含的情应该是"迷、托、泪、生"，缺少点拨学生探究意象背后深层情感，这情感基调是悲苦的，还可再追问情感如此悲苦，为何还追忆，为何还恋恋不舍。③进而再追问这些情感包含哪些内容，即"迷"什么？是迷恋还是迷惘？"托杜鹃"包含哪些内容？"珠有泪"的"泪"为谁而流？④首联中的"锦瑟无端"为何用"无端"二字，其中的情感又是什么？

（5）①将作家介绍放在文本解读后面，可以再次掀起审美的共鸣，并梳理《房中曲》《夜雨寄北》《锦瑟》三首诗的创作背景和创作时间，点明李商隐与妻子的深沉感情，升华全诗感情，引起学生共鸣。②教者评价语"爱情啊，这世上最美丽的感情之花……"却忽略学生的感受，完全从教者的主观体验发出，略显突兀。③教者在最后一直注重煽动学生感情，如"在一个寒冷的冬天，一代诗人走到生命的尽头……""据说天鹅将死，必有哀歌……"可惜对诗歌的艺术手法未做概括总结，将语文的本色性忽视了，不得不说实为遗憾。

（6）整体来说，这篇教学实录对目前语文教学的有序性方面亦有较多启示：

第一，课程视野的有序性。语文教师要关注什么是语文，语文教什么以及怎么教语文，目前的语文教育存在的问题是多数教者忽视教什么、为什么教的问题，将重心放在怎么教上。而对语文课程理论、语文课程标准、学段教学目标和单元教学目标忽略不计，或象征性地提及一下。而本文教者遵从《普通高中语文课程标准（实验）》要求的"学习探究性阅读和创造性阅读，发展想象能力、思辨能力和批判能力"，教学中将现代歌曲、几位名家对《锦瑟》的评价自然地引入，进而引导学生质疑探究篇题"锦瑟"是否等于"无题"，这是用语文课程的视野统揽整节课。

第二，主题内容视野的有序性。本文教者在导入语中借王蒙之口，将《红楼梦》与《锦瑟》以及李商隐的其他诗歌连在一起；在探究古典诗词命名方式时，比照《无衣》《锦瑟》；知人论世阶段比照《锦瑟》《房中曲》《夜雨寄北》。这启发我们，教学"望帝春心托杜鹃"一句时，是否应该将之和李白"蜀国曾闻子规鸟，宣城还见杜鹃花"，秦观"可堪孤馆闭春寒，杜鹃声里斜阳暮"，"沧海月明珠有泪"，与郭沫若《静夜》中"怕会有鲛人在岸，对月流珠？"等同意象诗句进行比照，再引发到其他同主题内容的教学，学习陶渊明《归园田居》《归去来兮辞》，将其与苏轼《念奴娇·赤壁怀古》《赤壁赋》，冰心《谈生命》中的生命观进行比照；学习《诗经·氓》，比较其对男主人公称谓"氓—子—尔—士"，与《项脊轩志》中对项脊轩称呼的变化"室—轩—阁子"，其实都反映了人物心境与命运的变化。

四、寓言类文本教例分析

黄厚江《黔之驴》教学实录评析①

1. 导入

师：今天和同学们一起学习柳宗元的《黔之驴》，知道柳宗元吗？哪个朝代的？

生：（齐声）唐代文学家。

师：他最擅长写什么？

生：杂文。

师：最擅长写杂文里的什么类型？

生：寓言。

师：真厉害！柳宗元是"唐宋八大家"之一，"唐宋八大家"主要是散文写得好，柳宗元不仅散文写得好，传记写得也不错，写得尤其好的是寓言。哪位同学说说寓言是一种什么样的文体？有什么特点？

生：寓言能以一个小故事表达一个大道理。

师：你概括了寓言的两大特点：一是有故事，二是用故事反映道理，当然不一定是大道理。而寓言故事又不同于一般故事，它还有什么特点呢？

生：简短生动。

生：里面人物都是动物。

师：这句话怎么理解？

生：里面的主要角色是动物或植物。

2. 整体感知

师：今天故事的主角是谁啊？

生：（齐声）驴！

师：哪里的驴？

生：（齐声）黔，贵州！

师：这个说法基本成立，严格来说则是不成立的，后面再说。"黔"怎么读？

生：（齐读）qián！

师：好的，那大家知道学习文言文首先要做的是什么？

生：（齐声）读！

---

① 汲安庆. 中学语文名师教例评析［M］. 上海：华东师范大学出版社，2018：177－188.

师：对，首先要读。课文读过了吗？注释读过了吗？

生：（小声齐答）读了。

师：有点底气不足，注释要以默读为主，课文要以朗读为主。请同学读课文，谁主动来读？（生举手）

师：女生优先吧。听的同学可以想想她读得怎么样，应该怎么读。（一女生朗读课文）

师：读得怎么样啊？与你们心中的标准一致吗？有没有人觉得会比她读得更好？（一男生朗读课文，读完学生鼓掌。）

师：读得是否更好一些？这也是应该的，因为你比女生后读。（生笑）

师：女同学咬音很准，男同学把寓言中的语气都读出来了，像最后一句就有一种胜利者的姿态，你愿意带领大家一起读吗？（生齐读）

师：谢谢这位同学，你的活比老师干得好！

3. 分析"驴"的形象

师：读寓言要抓故事，读故事要抓主要形象。下面我们一起来看看黔之驴是什么样的驴。请根据自己的习惯标画出哪些语句主要写驴，从哪些方面写驴，写出了一头什么样的驴。（学生标画）

师：来交流一下。

生："虎见之，庞然大物也，以为神"一句从虎的角度写驴外表的强大。

师：外表强大？谁推敲怎么表达。

生：光从外表还看不出强大。

师：那就是写外表之大，刚才他说了"以为神"，这句话怎么译？

生：把它当作神。

师：很好，以之为神，从老虎的角度写驴外表之大。

生："驴一鸣，虎大骇"一句从老虎的角度写驴外表之大。

生：这一句告诉我们，因为贵州本来没有驴子，所以驴一叫，老虎就怕了。

师：请注意围绕如何写驴这一核心话题思考！

生："驴不胜怒，蹄之"一句中体现了驴脾气的暴躁。

师：这能看出驴脾气暴躁。"不胜怒"是什么意思，能译一下吗？

生：禁不住愤怒。

生：这句也可看出驴没有真才实学却自以为是。

师：你是从哪里看出来的？

生：从"蹄之"。

师：蹄不也是一种本领吗？怎么说它没有真才实学啊？

生：我来补充，"不胜怒，蹄之"，驴忍不住发怒了，但它除了蹄，实在没有其他强大的本领了。

师：很对，文中还有一句与之意思相似的句子，你能找一下吗？

生：觉无异能者。

师：谁觉？

生：（齐声）老虎！

师：对，你们看鸣、蹄这些本领确非异能，表明驴确实没有什么真本领。

师：还有写驴的地方吗？谁注意过第一句话，"黔无驴"不也是在写驴吗？（生点头）

师：这驴是从哪里来的？怎么来的？

生：从外地来的，是船载以入。

师："船载"是什么意思？

生：用船运过来。

师：译得好，这不就是写驴的来历吗？

师：读寓言要特别注意主角的结局，我们还不得不关注驴的下场，这很重要！文中哪句是写驴的结局？

生：（齐声）因跳踉大㘎，断其喉，尽其肉，乃去。

师：这句话还是从老虎的角度来写驴，如果从驴的角度该怎么说呢？

生：驴被咬断了喉咙，吃光了肉。

师：好的，那驴为什么会有这样的下场？

生：驴无异能。

师：这个问题一下回答蛮难的，待会儿再往深处想，我们先从前人说过的成语来看看。

生：黔驴技穷。

生：黔驴之技。

生：外强中干。

师："外强中干"是否出自本文还需考证，但用在这里很贴切。

生：庞然大物，工于心计。

师：成语积累很丰富，"工于心计"形容老虎也很贴切，但是否语出此处同样得考证。

师："庞然大物"在什么情况下使用？姚明在篮球场上叱咤风云，简直是庞然大物。这个例子合适吗？

生：不合适，"庞然大物"不能形容人。

师：好，有想法，但想法不一定对。请结合驴的遭遇，再看看这个词可以形容人吗？

生：能，"庞然大物"形容表面强大却没有真正能力的事物。

4. 分析"虎"的形象

师：好，驴的故事就大致读到这里。刚才有个问题同学们很为难，事实上作者的大量笔墨并没有用在驴身上，而用在老虎身上，为什么呢？我们先看看这是一头怎样的虎。

生：老虎是胜利者。

生：但老虎一开始怕驴。

师：从文中找根据说说。

生："以为神""大骇""远遁""甚恐"。

师：找得好。

生：老虎工于心计，它慢慢了解，慢慢适应驴。

师：也从文中找根据说说。

生："稍出近之""又近出前后""稍近益狎"，老虎一步一步在试探，表明它工于心计。

师：说得真好。古人读《黔之驴》，从驴的角度概括出了很多成语，我们能不能从老虎身上也概括出几个词，可能以后会成为成语，同学们能试试吗？

生：黔虎之智。

生：黔虎识驴。

5. 分别从驴和虎的角度讲述故事

师：同学们概括得真好！学了驴、虎的故事，下面就来讲故事，小时候我们讲故事怎么开头的？

生：（齐声）很久很久以前……

师：谁来用自己的话讲这个故事？注意，可以有自己的语言但不能脱离原文。

（一生讲述故事）

师：这位同学注意了故事性，但有个细节，驴到底有没有踢到老虎啊？

生：没有踢到，老虎是很机智的。

师：我们再把讲故事的要求提高一点，分别用虎和驴的口气来讲，挑战一下吧。

（一男生以驴的口气讲述故事）

师：讲得很生动，故事性强。对方言的感情很深，味道不错！

243

（生笑。然后一女生以虎的口气讲述故事。）

师：也不错，把老虎的心理表现得很细腻，层次分明。故事讲完了，同学们还有疑问吗？（生迟疑）

6. 探究故事的深层寓意

师：老虎的故事比驴的故事生动全面，那课题怎么是黔之驴，不是黔之虎呢？

生：是用黔驴反衬黔虎的聪明才智。

生：柳宗元借驴讽刺当时昏庸无能的官员。

师：这位同学讲得深刻，学古文要知人论世，从当时的背景出发，柳宗元生活的中唐时代，朝中很多官员地位显赫却无多少本领，作者就借驴讽刺朝廷中那些位高权重却昏庸无能的大臣们。同学们以后生活中遇到这样的人也可以联想到这头黔之驴！

生：（齐声）好！

师：刚才有个同学说大家都不喜欢驴，老师有些疑问，有人喜欢驴吗？

生：现实生活中驴还是很有用的。

师：老师也喜欢驴，他勤劳、踏实、可爱，不工于心计，北方人家里的驴都是宝，帮人拉磨拉车。而文中说驴"至则无可用"，不是说驴没有用，这怎么理解？

生：没有把驴放到合适的地方，导致驴没有用。

师：人如果这样，恐怕结局也如此啊！那到底是谁导致了这个悲剧呢？

生：（齐声）好事者！

师：柳宗元不敢讽刺好事者，好事者是谁啊！

生：是当时的皇帝。

师：那前面的问题我们也可以解决了，黔之驴的悲剧是因为好事者的无事生非，能从好事者的角度概括一个词语给后世留下些教训吗？来尝试一下。

师生：（齐声）载驴入黔！

师：一起记住这个悲剧故事的教训吧，同学们长大以后可不能做这样的事！（生点头）

7. 结课

师：今天我们读了一则寓言，知道了关于驴、虎和好事者的三个故事，了解了古人概括和我们自己概括的八个成语，明白了一些道理。好，下课！

【教学反思】

第一，关于导入语，可从两个方面展开反思。①学生介绍作者，遵循了三维目标中自主、合作和探究的教学目的，学生主动学习的欲望被激发起来，其认知能力、情感体验等均得到了锻炼。②锤炼学生追问、辨析地看问题的能力，对柳宗元创作最擅长的作品介绍中，逐层追问"擅长写什么""最擅长写杂文里的什么类型？"引导学生的"知人"，为下文的"论世"蓄势。

第二，关于整体感知，此环节以不同形式的读为主旋律，学生在读中入情、入境，也达到了移情入境，特别是男同学读出了胜利者的姿态。

第三，关于驴的形象的分析。①教者以驴的"来历—经历—结局"为线索总结其形象特点，观察其表面的特点"庞然大物""鸣""不胜怒""蹄"，最终概括出其"无异能"的本质特征。②从老虎的角度观察驴之后，提醒学生查找课文中"觉无异能者"，进而指导学生查找课文中驴的结局"断其喉，尽其肉，乃去"文字，交代驴之结局后顺势点拨学生探究文本寓意，用知识迁移的方法总结出黔驴技穷、黔驴之技、外强中干、庞然大物和工于心计等成语，实际是将学生的思维向纵深拓展，激发起思维的对峙和冲突。③对驴的形象的哲理分析，忽略了作者发出的感慨"形之庞也类有德，声之宏也类有能，向不出其技，虎虽猛，疑畏，卒不敢取。今若是焉，悲夫！"也就是说作者对驴的贸然进击，暴露己短持否定态度，这其实是从寓言中讲论哲理，告诫世人即使无德无能，只要善于保全自己，也是有全身而退的机会。同时，虎的沉稳成熟恰又与之形成鲜明对比，文中之驴简直傻到了极致。

第四，关于"虎"的形象分析，教者此处过渡极为自然，"刚才有个问题同学很为难，事实上作者的大量笔墨并没有用在驴身上，而用在老虎身上，为什么？"此处教者引导学生概括写虎的成语——黔虎之智、黔虎识驴，这又是一次引导学生思维向纵深发展的机会，同时照应了本文说理的重心，将虎之智与驴之蠢比对，告诫人们驴之做法不可取。惜教者对此没有明确点透，只是含糊地概括出虎是"工于心计"，后未再做进一步深入引导。

第五，从驴和虎的角度讲故事，此处教者有意将两者分开陈述故事，略显不妥，课文本意是以驴的故事为主线，辅之以虎的故事，虎的有关事件的存在是为了讲论与驴有关的道理，其实是采用了烘云托月的手法。

第六，探究寓意，教者引导学生认知"驴"在本文的深层寓意，让学生概括总结其比喻位高权重却昏庸无能的大臣，进而引出人才应该放在发挥作用的位置，否则，会适得其反。其实是引导学生反思社会，拷问自我，是否我们有时也会是好事者，抑或黔之驴呢？

第七，关于"教学上的连续性"，学习《黔之驴》应该注意到同单元的其他文本，如《临江之麋》《永某氏之鼠》，同时也应关注到柳宗元的诗文中用践乌（《践乌词》）、木炭（《行路难》其三）自况、自怜、自省："左右六翮利如刀，踊身失势不得高。支离无趾犹自免，努力低飞逃后患"，"盛时一去贵反贱，桃笙葵扇安可常"。那么，也很可能在寓言中有自况、自怜之手法。同时，课文在情节的细腻性、曲折性和含蓄性方面的艺术手法，教者亦应在授课中引导学生概括之，学习之。

五、新闻类文本教例反思：

陈成龙《奥斯维辛没有什么新闻》①

【教学内容分析】

《奥斯维辛没有什么新闻》是新人教版《普通高中课程标准实验教科书语文》（必修1）第一单元的第三篇课文。本单元是新闻单元，从体裁上细分，有通讯、报告文学、消息。本篇是一篇消息，发表在1958年8月31日的美国《纽约时报》上，美国普利策奖主席霍恩伯格称赞这是国际报道奖得主迈克尔·罗森塔尔"写得最好的作品"。

1958年，当《纽约时报》记者到布热金卡奥斯维辛集中营旧址采访时，已不知有多少记者来过，昔日法西斯的大屠场似乎已经没有了恐怖，只见阳光和煦，白杨树整齐地挺立着，小孩在嬉戏，似乎没有什么新闻可写了，然而迈克尔·罗森塔尔却凭着他高度的新闻敏感，从独特的角度发现了这平静之下的风暴、无新闻处的新闻。文章在客观记述事实的基础上，进行适当描写，字里行间渗透着作者的感受，用实物、实景、实情痛斥了令人发指的德国法西斯的滔天罪行。

本文是消息写作的范例。学习本文，既可使学生加深对消息体裁的了解，同时也是对学生灵魂的洗礼，使学生在鞭挞残暴、声讨邪恶的同时，珍惜和平，追求善良，心灵受到震撼，人格得以提升。

【学生学情分析】

学生在初中已先后学习了两个新闻单元，对新闻"迅速及时、内容真实、语言简明"的基本特征有所了解，对消息的写法有所了解。在内容上，学生已学过同属于声讨法西斯反人类罪行的文章《南京大屠杀》《落日》。加上历史课上所学知识，学生对第二次世界大战中，德、意、日法西斯戕害人类的暴行已有一定的了解。本文的教学，应在此基础上让学生进一步掌握新闻消息的写法，对法西斯暴行更加愤慨，培养学生的正义感、善良心。

---

① 汲安庆. 中学语文名师教例评析［M］. 上海：华东师范大学出版社，2018：256－263.

【教学设计思想】

1. 这是一篇思想性很强的文章。课标要求：要让学生"在阅读与鉴赏活动中，不断充实精神生活，完善自我人格，提升人生境界，逐步加深对个人与国家、个人与社会、个人与自然关系的思考和认识"，本文教学应特别注意对学生进行声讨暴行、热爱和平、追求善良的美好情感的熏陶。

2. 注意扩展学生的文化视野。当代青年必须具有开阔的文化视野，唯有如此，才有助于正确思考、分析、创新，有助于形成正确的人生观、世界观与价值观。可启发学生将欧美国家记者对反法西斯的报道与我国记者对反法西斯的报道进行比较阅读，增进对文章的理解，开阔学生的视野。

【教学目标设定】

1. 使学生理解新闻写作中将情感蕴含于叙事之中的写法，学习作者将正面叙写与侧面描写相结合的方法，引导学生在鉴赏中学习本文的写作技巧和方法，提高鉴赏水平。

2. 使学生在感受本文思想的基础上，提高思考的层次；联系历史知识，结合当前的国际形势，唤起对战争恶魔的憎恶，教育他们牢记历史教训，珍惜和平，珍惜幸福，抵制邪恶。

消息的特点是客观、平实、公正，可本文在客观叙述事实的基础上渗透作者的感受，这种寓情于叙事之中的写法是本文教学的重点。

奥斯维辛集中营是德国法西斯建造的魔窟，但作者笔下的奥斯维辛集中营距德国法西斯覆灭已有十三年了，文章的开头与结尾部分用一定量的文字描写今日奥斯维辛集中营的"乐景"，这是以乐景衬悲情——文章的一个特色。因为学生较少接触这类文章，这也是学生学习此文的一个难点。

【教学过程设计】

一、导入

新闻是指社会上发生的新鲜事情，从新闻工作者的角度来说，事情还必须是有价值的。如 1939 年纳粹德国对邻国发动突然袭击，悍然发动第二次世界大战，这在当时是新闻；1945 年，法西斯德国在世界人民的反法西斯斗争中终于举起了双手，宣布无条件投降，这在当时是新闻；2005 年，德国总统克勒，在奥斯维辛集中营旧址前虔诚下跪，代表德国政府向受害国和人民请罪，这惊世一跪在当时也是新闻。

还有德国法西斯战败后，在奥斯维辛建造杀人魔窟，残酷杀害 400 万无辜者的罪行暴露于天下，引起世人的极大愤慨，这在当时也是新闻，而且是重大新闻。但十三年后，当《纽约时报》记者迈克尔·罗森塔尔到奥斯维辛集中营采访时，昔日德国法西斯铁蹄下的大屠杀场已没有什么重要事情发生，有的只是每天来自世界各地的参观者以及在和煦、明亮阳光下矗立的那一排排高大的白杨树，似乎没有新闻。然而迈克尔·罗森塔尔却以《奥斯维辛没有什么新闻》这篇新闻报道获得了美国新闻界的最高奖——普利策新闻奖，这篇新闻报道被美国普利策奖主席称为罗森塔尔写得最好的作品。

这是什么原因呢？

二、学生带着问题阅读课文

（屏显）掌握下列词语：

毛骨悚（sǒng）然、和煦（xù）、废墟（xū）、不寒而栗（lì）、踉跄（liàng qiàng）、祈祷（dǎo）、呆滞（zhì）

三、师生互动，理解课文

1. 教师提问：文章题目为"奥斯维辛没有什么新闻"，你是怎么理解"没有什么新闻"的？

启发学生从三个方面回答：①这里发生的臭名昭著的纳粹法西斯行径，世人早已知道，没有什么好说的；②这里除了世人皆知的法西斯恶行之外，没有什么值得张扬的事；③虽然这里没有什么新闻，但是我还要写，要继续揭露纳粹法西斯的罪行，让世人永志不忘。

2. 再度启发：在一个或许被人认为没有新闻的地方，作者却执着地去写，而且果真写出了大新闻，反映了"以史为鉴，反对战争、珍惜和平"这样一个大主题，从而获得了新闻界的大奖。那么这篇文章肯定有成功之处，你认为成功之处表现在哪些方面？请结合实例来分析。

尽量启发学生主动说出自己的见解，如果学生一时打不开思路，可做如下指导：

（1）展示奥斯维辛集中营中法西斯残暴屠杀妇女的图像，问：面对这种情景，善良的人们会怀着什么样的心情？学生自然会指出：应该怀着悲愤的心情。文中第二自然段即表达了这种感情。但除了与这种情景相吻合的悲情描写外，文章的开头和结尾却都写了欢乐的情景，这种乐景描写不是与悲景不协调吗？

此问题旨在使学生理解文章第一自然段的含义和作用。文章写了布热金卡太阳和煦、树木繁茂、儿童嬉戏的祥和景象，这是写实景。但作者觉得这种祥和之景出现在最令人毛骨悚然的地方，是"一场噩梦"。这是以乐写悲，以乐衬悲。虽然今天的奥斯维辛早已是"太阳和煦、明亮""一排排高大的白杨树长势喜人""在并不远的草地上，儿童在嬉笑、打闹"，呈现一派欢乐的景象，但在作者和了解法西斯暴行的人眼里，这里曾是血流成河、尸骨成山的地方，是善良的蒙难地，人们心头的阴霾难除，总觉得在此地出现此景，是难以接受的，是使人更感"毛骨悚然"的。这是以乐写悲，更增其悲。

（2）文章写参观者"喉咙就像被人扼住了一样。又有一个参观者走了进来，她踉跄地退了出去，在胸前直画十字"，"恳求似的你望我，我望你，然后对导游讲道：'够了'"。此外，文中还有许多这样的描写，如"默默地迈着步子""脚步就逐渐放慢，简直是在地上拖着走""目瞪口呆""毛骨悚然""不寒而栗"，等等，作者为什么要用较多的篇幅写参观者的表现呢？

要使学生理解：这是从参观者的角度来写奥斯维辛集中营的恐怖。这是从侧面来写奥斯维辛集中营的状况，从而衬托德国法西斯的暴行。文章从第八自然段开始，基本上把参观者在奥斯维辛集中营的所见与所感交织在一起写，或在写实中渗透着作者的感情，或在写集中营某一状况后，直接写参观者的感觉，这些感受都是参观者在受到震撼后的自然流露，从侧面反映出奥斯维辛集中营的恐怖。

（3）文章适当穿插对奥斯维辛集中营总体情况以及地理位置和人口的介绍，也是增强文章表现力的一个重要方面。

3. 引导学生理解文中较含蓄的句子。

文中有些句子比较含蓄，如"在奥斯维辛，没有可以作祷告的地方"，"假若在布热金卡，从来就见不到阳光，青草都枯萎凋残，那才合乎情理"，是什么意思？

4. 援引诗歌《奥斯维辛以后》与课文进行对比阅读。

这是法国诗人阿多尔诺写的一首诗。你觉得它与《奥斯维辛没有什么新闻》在内容上有什么共同的地方？

奥斯维辛以后

（奥斯维辛以后诗已不复存在）——（法）阿多尔诺

奥斯维辛以后/活着是对死者的无辜愧疚/蝉翼的爱欲/美丽的诗和祈祷/活活地被钉死在十字架下

奥斯维辛以后/幽灵与幽火的本质/和悲哀与痛苦的脑袋/在践乱的遗迹、寻回希望的超验之光

奥斯维辛以后/恐怖让我惶恐失措地忘却/却总那么软弱无力/我不再承受望不到头的幻灭、卑琐和孤独/但地球正板着脸质询暗遣的年华的生存

奥斯维辛以后/焚尸炉的烟囱矗立/美丽的田野，背后是/绚烂的阳光/依旧清新的空气……

四、教师总结

1945—1958 年，13 年间，奥斯维辛一派和平景象，没有什么新闻；从 1958 年到现在，几十年又过去了，奥斯维辛仍是一派和平景象，没有什么新闻。但那默不作声的毒气室、焚尸炉、窒息室、女囚绝育室在警示着人们：为了明媚的阳光、儿童快乐的嬉闹不再让人毛骨悚然，请不要忘记历史！

同样，几十年过去了，哈尔滨侵华日军的细菌实验室也在静静地躺着，北京卢沟桥上的石狮子仍然蜷缩着，南京大屠杀纪念碑前每天都会迎来许许多多的参观者，在那里，也没有什么新闻。但那些地方的一草一木时时都向我们发出呐喊：以史为鉴，建设我强盛之中华！

五、布置作业

《奥斯维辛没有什么新闻》于 1960 年荣获普利策新闻奖。假设你是普利策奖工作委员会的工作人员，需要为《奥斯维辛没有什么新闻》写一段 200～300 字的颁奖词，你怎么写？

【教学反思】

此篇教学设计从语文的篇性特征出发，带动学生思考文体特征，将情感、态度、价值观在不知不觉中渗透进教学过程。第一，强调本文与传统新闻稿的不同写法，此文是将内心感受作为报道对象，而不是外在事实。介绍奥斯维辛集中营总体情况、地理位置和人口等，也是突破了新闻的一般写法。在结构上，没有遵循"导语—主体"的模式，开头两段采用视觉冲击，接下来三段写背景，至第六自然段才进入主体和结尾。这些非传统的写法都让学生体悟到本文的高妙之处。第二，跨文类比较，将诗歌和通讯稿进行比较，强化了学生对通讯稿写法的印象。第三，矛盾修辞中体悟本篇通讯稿的独特之处，标题是"奥斯维辛没有什么新闻"，但内容却是在写此地重要的新闻，还有描写阳光明媚却用"最可怕"，孩子快乐游戏却用"噩梦"等这些违反常理、违反逻辑的话语，引起读者注意。第四，多样还原文本，导语中"高度的新闻敏感……无新闻处的新闻"是历史和价值的还原；从自然和人类的遗忘入手，是视角的还原；在主旨的基础上升华出"关于灾难的记忆、关于生命的思考、关于人性的自省"是主题的还原。此外，文首和文末关于欢乐情景的描写与悲景的不协调，这是艺术的还原，也是情感逻辑的还原。

具体来说，本教学设计有如下特点：

第一，①教学内容分析中，点明本文独特的写作视角，鞭挞残暴、声讨邪恶、呼吁人们珍惜和平、追求善良，将这些作为写作主旨，这是捍卫了语文的体性，落实文本的类性和篇性，也对三维目标中的情感、态度、价值观进行了熏陶。②此外，在文体定位中，本文不属于"消息"，在美国，新闻包括纯新闻和特稿。纯新闻就是我国的消息——狭义的新闻，有固定的结构和写作程式，有导语、主体，客观报道，不加入意见，追求时效。除此之外的新闻报道都可归入特稿。本文于奥斯维辛集中营大屠杀十年后才写成，结构不是"导语—主体"式金字塔结构，关注自我观感的呈现而非写实，风格也非简洁明快，篇幅也不短小，因此，本文应属于特稿或通讯稿，而不是消息。

第二，①关于学生学情分析，教者注意到与以前所学课文打通，实现了有序教学、群文教学。②教学用语"对法西斯暴行更加愤慨"作为课堂授课语言，实为累积仇恨，教者在语文课堂中，应该引导学生深刻认识历史上人类的罪行，涤荡人性恶的一面。

第三，①教学设计思想，重视思想性教育。②同时，教学内容分析中强调的分析文本形式的说法，与此处的设计相矛盾。③重视比较阅读，适应统整与开放，也开拓了学生的文化视野。

第四，关于教学目标。①教学重点放在"学生理解新闻写作中将情感蕴含于叙事"，"提高学生写作技巧方法，提高鉴赏水平"，把握准确。②教学难点放在"学生感受文本，珍惜和平，珍惜幸福，抵制邪恶"，难点明确。

第五，教学过程。①激疑导入，视角开阔，扣人心弦，开启深思。②字音提醒，将学生能力低估了。③课文赏析，焦点放在别人认为没有新闻的地方，却写出了大新闻，还获得大奖，激疑之后，很快将学生目光引到了以乐景写哀情、背景介绍、细节描写和心理描写中去。这是典型的小切口、深分析的钻井读书法。④教者高明之处在于点明本文独特的写作视角，大自然一片和谐、温暖与历史的冷酷造成强烈的反差，表明自然和人类已经近乎遗忘这段惨痛的历史，但在迈克尔·罗森塔尔眼中却是最大的新闻。教者引导学生体悟文本的情感反差（毒气室、焚尸炉废墟上的雏菊，遇难者纪念墙上可爱的姑娘温和的微笑），意蕴的反差（恐怖与快乐、战争与和平、历史与现实）召唤人们关于灾难、生命和人性的思考。⑤教学小结提升主旨，教者在教学设计最后联系日军细菌实验室、卢沟桥上的石狮子、南京大屠杀纪念碑等也强化了以史为鉴的教学主旨。

第三讲　文献选读

在西方人眼里，中国人的生活渗透了儒家思想，儒家俨然成为一种宗教。

而事实上，儒家思想并不比柏拉图或亚里士多德思想更像宗教。"四书"在中国人心目中诚然具有《圣经》在西方人心目中的那种地位，但"四书"中没有上帝创世，也没有天堂地狱。

当然，哲学和宗教的含义并不十分明确，不同的人对哲学和宗教的理解可能全然不同。人们谈到哲学或宗教时，心目中所想的可能很不同。就我来说，哲学是对人生的系统的反思。人只要还没有死，他就还是在人生之中，但并不是所有的人都对人生进行反思，至于作系统反思的人就更少。一个哲学家总要进行哲学思考，这就是说，他必须对人生进行反思，并把自己的思想系统地表述出来。

这种思考，我们称之为反思，因为它把人生作为思考的对象。有关人生的学说、有关宇宙的学说以及有关知识的学说，都是由这样的思考中产生的。宇宙是人类生存的背景，是人生戏剧演出的舞台，宇宙论就是这样兴起的。思考本身就是知识，知识论就是由此而兴起的。按照某些西方哲学家的看法，人要思想，首先要弄清楚人能够思考什么。这就是说，在对人生进行思考之前，我们先要对思想进行思考。

这些学说都是反思的产物，甚至"人生"和"生命"的概念、"宇宙"的概念、"知识"的概念也都是反思的产物。人无论是自己思索或与别人谈论，都是在人生之中。我们对宇宙进行思索或与人谈论它，都是在其中进行反思。但哲学家所说的"宇宙"和物理学家心目中的"宇宙"，内涵有所不同。哲学家说到"宇宙"时，所指的是一切存在的整体，相当于中国古代哲学家惠施所说的"大一"，可以给它一个定义，乃是"至大无外"。因此，任何人，任何事物，都在宇宙之中。当一个人对宇宙进行思索时，他就是在反思。

当我们对知识进行思索或谈论时，这种思索和谈论的本身也是知识，用亚里士多德的话来说，它是"关于思索的思索"，这就是"反思"。有的哲学家坚持认为，我们在思索之前，必须先对思索进行思索，仿佛人还有另一套器官，来对思索进行思索，这就陷入了一个恶性循环。其实，我们用来思考的器官只有一个，如果我们怀疑自己对人生和宇宙思考的能力，我们也同样有理由怀疑自己对思索进行思索的能力。（《第一章 哲学在中国文化中的地位》）

——冯友兰《中国哲学简史》（生活·读书·新知三联书店，2013：2—3）

中文的"禅"或"禅那"是梵文"Dhyana"的音译，英文通常把它译为"沉思"或"冥想"（Meditation）。它的起源，按照传统的说法是：释迦所传授的佛法，除见诸佛经的教义之外，还有"以心传心，不立文字；直指人心，见性成佛"的"教外别传"。释迦只传授了一个弟子，这个弟子又传授给一个弟子。这样在印度传了二十八世，到菩提达摩。菩提达摩于南朝宋末、公元520至526年间到中国，成为禅宗在中国的始祖。

禅宗起源的旧说

按照传统的说法，菩提达摩来到中国后，把释迦的心法传授给慧可（公元486至593年），是为中国禅宗的二祖，又经僧璨（？至公元606年——译者注）、道信（公元580至651年——译者注），传到五祖弘忍（公元605至675年）。他的弟子神秀（公元706年卒）创北派，弟子慧能（公元638至713年）创南派。南派在传播中压倒北派，后来禅宗有势力，各派都祖述慧能的弟子，推崇慧能为六祖。（见道原《传灯录》卷一）

这个传统说法中涉及中国禅宗早期历史的部分，可信程度如何曾受到怀疑，因为在十一世纪之前的文献里，找不到支持这种说法的根据。这个历史考证问题也不是本章所要解决的问题。在这里，只要指出，当代学者对此说多半持怀疑态度，已经够了。在上章里，我们看到，禅宗的理论基础在僧肇和道生的时代就已产生。有了这个基础，禅宗的兴起可以说是顺流而下，势所必然，无须再求助于传说中的菩提达摩来充当中国禅宗的创始人。

禅宗由于神秀和慧能而分裂成南、北两派，乃是历史事实。两派的分歧可以看为上一章所说性宗与空宗分歧的继续。从慧能的自传《坛经·自序品》中我们知道，慧能是广东人，被弘忍收为弟子。弘忍知道自己大限将到，召集所有弟子各以一首诗偈来概括禅宗信仰要义，体认最好的就继承他的衣钵。神秀的诗偈说：

> 身是菩提树，心如明镜台。
> 时时勤拂拭，莫使惹尘埃。

慧能则针对神秀的诗偈，写了以下这首诗偈：

> 菩提本无树，明镜亦非台。
> 本来无一物，何处惹尘埃！

据说弘忍赞许慧能的诗偈，把衣钵传给了慧能。（见《六祖坛经》卷一）

神秀的诗偈所强调的是道生所说的宇宙心或佛性，慧能所强调的则是僧肇所说的"无"。在禅宗里，有两句常说的话："即心即佛"，"非心非佛"。神秀的诗偈表达的是前面一句，慧能的诗偈表达的则是后一句。

第一义不可说

禅宗后来依循慧能的路线而发展，正是禅宗的发展使空宗和道家思想的结合达到了顶峰。空宗尊为第三层次真谛的道理，禅宗称之为"第一义"。在上一章里，我们已经看到，关于第三层次的真谛，人无可言说。因此，"第一义"的本性便是"不可说"。据《文益禅师语录》记载，有人问文益禅师（公元958年卒）："'如何是第一义?'师云：'我向尔道，是第二义。'"

禅师教导弟子的原则是个人接触。为使其他弟子也能受益，禅师的教导被记录下来，成为《语录》。（后来新的儒家也采用了这种办法）从《语录》中可以看到，有的学僧向禅宗提出关于禅的根本问题，禅师或者答非所问，如回答说"白菜三分钱一斤"，或甚至把徒弟打一顿。不明个中道理的人，会觉得禅师对徒弟的反应，令人莫名其妙，难以理喻。其实，禅师正是借此告诉徒弟，这问题是不能回答的（凡对第一义所拟说者做肯定陈述，都是所谓死语，禅宗认为，说死语的人该打），只有靠自己去"悟"，一旦领会，便得彻悟。

第一义不可说，因为"无"不是任何"物"，因此无可说。如果称之为"心"，就是强加给它一个定义，就是对它施加了限制。禅师和道家都称之为落入"言荃"，即掉进了语言的罗网。慧能有一个再传弟子马祖（公元788年卒），曾有人问他："和尚为什么说'即心即佛'?"马祖回答："为止小儿啼。"问："啼止时将如何?"曰："非心非佛。"（《古尊宿语录》卷一）

另一个徒弟庞居士问马祖："不与万法为侣者（与万物都无关系者）是什么人?"马祖云："待汝一口吸尽西江水，即向汝道。""一口吸尽西江水"，是无人能做的，因此马祖实际是回答说，不回答这个问题。为什么不回答呢? 因为这个问题是无法回答的。人若和万物都无联系，他便是超越了万物；既已超越万物，又怎能问，他是什么样的人呢?

还有些禅师以静默来表示"无"或第一义。例如《传灯录》第五卷记载，慧忠国师（公元775年卒）"与紫璘供奉论议。既升座，供奉曰：'讲师立义，某甲破。'师曰：'立义竟。'供奉曰：'是什么义?'曰：'果然不见，非公境界。'便下座"。慧忠立的义是不可说的第一义，因此他便以缄默来立义，这是紫璘供奉无法破的。

由这一点来看，任何佛经也无法和第一义挂钩。因此，建立临济宗的义玄禅师（公元866年卒）曾说："你如欲得如法见解，但莫授人惑。向里向外，逢着便杀。逢佛杀佛，逢祖杀祖……始得解脱。"（《古尊宿语录》卷四）

修禅的方法

要识得"无"这个第一义的真谛，就是对"无"的意识，这是"识"。因此，修行的方法也只能是"不修之修"。《古尊宿语录》卷一记载，传说马祖在成为怀让（公元744年卒）禅师的弟子之前，住在湖南衡山。"独处一庵，惟习坐禅，凡有来访者都不顾。"怀让"一日将砖于庵前磨，马祖亦不顾。时既久，乃问曰'作什么?'师云:'磨作镜。'马祖云:'磨砖岂能成镜?'师云:'磨砖既不能成镜,坐禅岂能成佛?'马祖由此而悟,乃拜怀让为师"。

因此,按禅宗的看法,修禅成佛的最好方法便是"不修之修"。这是什么意思呢? 它是说由修禅的人照信佛的人通常理解的那样去修行,这其实是"有为"的修行。这种有为的修行也能产生一些功效,但不能持久。黄檗(希运)禅师(公元847年卒)说:"设使恒沙劫数,行六度万行,得佛菩提,亦非究竟。何以故? 为属因缘造作故。因缘若尽,还归无常。"(《古尊宿语录》卷三)

他又说:"诸行尽归无常,势力皆有尽期。犹如箭射于,力尽还坠。都归生死轮回。如斯修行,不解佛意,虚受辛苦,岂非大错?"(同上)

他还说:"若未会无心,著相皆属魔业。……所以菩提等法,本不是有。如来所说,皆是化人。犹如黄叶为金钱,权止小儿啼。……但随缘消旧业,莫更造新殃。"(同上)

因此,最好的修禅便是尽力做眼前当做的事,而无所用心。这正是道家所讲的"无为"和"无心"。这也就是慧远或者也是道生所说"善不受报"义。实行这样的修持,不是为了达到某种目标,无论这个目标多么崇高。修持不是为了任何目的。这样,当人前世积累的业报已经耗尽,就不会再生出新的业,他便能从生死轮回中解脱出来,达到涅槃。

行事为人,无所用心,就是说,一切顺其自然。义玄禅师曾说:"道流佛法,无用功处。只是平常无事,屙屎送尿,着衣吃饭,困来即卧。愚人笑我,智乃知焉。"(《古尊宿语录》卷四)许多一心修持的人,不能照这个样子去做,是因为他们对这种做法没有信心。义玄禅师说:"如今学者不得,病在甚处? 病在不自信处。你若自信不及,便茫茫地徇一切境转,被它万境回换,不得自由。你若歇得念念驰求心,便与佛祖不别。你欲识得祖佛么? 只你面前听法的是。"(同上)

这样说来,修行需要对自己有足够的自信心,而抛弃其他一切得失考虑。人需要去做的是以平常心做平常事,如此而已。这是禅师所说的"不修之修"。

由此产生一个问题。如果修行的途径就是如此,那么这样进行修持的人和不从事修持的人还有什么区别呢? 如果没有区别,那么不从事修持的人岂不一样达到涅槃吗? 果真如此,大家都能从生死轮回中解脱,岂非就不再有生死轮回了?

对这个问题的回答是:尽管吃饭穿衣是寻常事,要在做时无求无心,并不是一件容易事。举例来说,人们通常喜欢漂亮衣着,当衣着受到别人称赞时,心底便不禁顾盼生姿、得意起来。这些都是由穿衣引起的滞着。禅师们所着重的是内心修持，而不需要做任何特殊的事情，诸如宗教组织里的仪式祈祷之类。人只要澄心凝思，一无滞着，这时，以平常心做平常事，自然便是修持。在开始时，或许要用一番心，才能做到无心无待，正如人若要想忘记一件事情，开始时需要提醒自己去忘记。到了后来，渐渐可以"做而无所为"，这时，就需要脱去那一层对自己的勉强，正如人最后忘记了他需要忘记。

因此，不修之修乃是一种修持，正如"不知之知"仍是一种知一样。"不知之知"并非人本来的"无知"，修持得来的自然与人天生的自然也是不同的。人本来的无知和自然是一种天赋，而"不知之知"和"不修之修"则是内心修持的结果。

顿悟

按佛家的看法，人的修持，不论多久，就其性质说，都只是心灵的准备。要想成佛，必须经历如上章所说的顿悟，这是一种类似跳过悬崖的内心经验。人只有经过这样的内心经验，才可以成佛。

禅师们往往把这种"悟"称作"见道"。南泉禅师普愿（公元830年卒）曾对弟子说："道不属知不知，知是妄觉，不知是无记。若真达不疑之道，犹如太虚廓然，岂可强是非也！"（《古尊宿语录》卷十三）人悟道也就是与道合而为一。这时，广漠无垠的"道"不再是"无"，而是一种"无差别境界"。

这种境界按禅师的经验乃是"智与理冥，境与神会，如人饮水，冷暖自知"，最初见于《六祖坛经》，后来的禅师往往援引这两句话，以示人与外部世界的"无差别境界"不是言语所能表达，只有靠人自己经验才能体会。

在这种境界里，人已经抛弃了通常意义的知识，因为这种知识首先就把人这个认识主体和"世界"这个认识客体分开了。但正如南泉禅师上述两句话所示，"不知之知"把禅僧带入一种知识与真理不分、人的心灵与它的对象合为一体的状态，以至认识的主体和认识的客体不再有任何区别。这不是没有知识，它与盲目的无知是全然不同。这是"不知之知"，是南泉禅师所要表达的意思。

当禅僧处在顿悟前夕时，他特别需要师傅的帮助。当学僧要在心灵中逃过那道悬崖时，师父给予的些许帮助，就意味着极大的帮助。在这时候，禅师采用的方法往往是"一声棒喝"。禅宗在文献里记载了许多这样的例子。师父向徒弟提出许多问题后，会突然用棒或竹篦打他几下。如果时间正好，徒弟往往因此而得到顿悟。怎样解释这一点呢？看来，师父打徒弟，正是借这样的行动，把徒弟推入在悬崖上向前一跃的那种心理状态，而这是徒弟在精神上早已等待着的一刻。

为形容"顿悟"，禅师们用一个比喻说："如桶底子脱。"当桶底忽然脱落时，桶里的东西，在刹那间都掉出去了。人在修禅的过程中，到一个时候，心里的种种负担，会像是忽然没有了，各种问题都自行解决了。这不是通常人们理解的解决了思想问题，而是所有原来的问题，都不再成其为问题了。这就是何以称"道"为"不疑之道"的缘故。（第二十二章　禅宗：潜默的哲学）

——冯友兰《中国哲学简史》（生活·读书·新知三联书店，2013：337—347）

苏：你认为文辞和文辞的风格怎么样？它们是不是和心灵的精神状态一致的？

格：当然。

苏：其他一切跟随文辞？

格：是的。

苏：那么，好言辞、好音调、好风格、好节奏都来自好的精神状态，所谓好的精神状态并不是指我们用以委婉地称呼那些没有头脑的忠厚老实人的精神状态，而是指用来称呼那些智力好、品格好的人的真正良好的精神状态。

格：完全是这样。

苏：那么，年轻人如果要做真正他们该做的事情，不当随时随地去追求这些东西吗？

格：他们应该这样。

苏：绘画肯定充满这些特点，其他类似工艺如纺织、刺绣、建筑、家具制作、动物身体以及植物树木等的自然姿态，也都充满这些品质。因为在这些事物里都有优美与丑恶。坏风格、坏节奏、坏音调，类乎坏言辞、坏品格。反之，美好的表现与明智、美好的品格相合相近。

格：完全对。

苏：那么，问题只在诗人身上了？我们要不要监督他们，强迫他们在诗篇里培植良好品格的形象，否则我们宁可不要有什么诗篇？我们要不要同样地监督其他的艺人，阻止他们不论在绘画或雕刻作品里，还是建筑或任何艺术作品里描绘邪恶、放荡、卑鄙、龌龊的坏精神？哪个艺人不肯服从，就不让他在我们中间存在下去，否则我们的护卫者从小就接触罪恶的形象，耳濡目染，有如牛羊卧毒草中嘴嚼反刍，近墨者黑，不知不觉间心灵上便铸成大错。因此我们必须寻找一些艺人巨匠，用其大才美德，开辟一条道路，使我们的年轻人由此而进，如入健康之乡；眼睛所看到的，耳朵所听到的，艺术作品，随处都是；使他们如坐春风如沾化雨，潜移默化，不知不觉之间受到熏陶，从童年时，就和优美、理智融合为一。

格：对于他们，这可说是最好的教育。（《第三卷》）

——［古希腊］柏拉图《理想国》；郭斌和 张竹明 译（商务印书馆，2011：108—110）

天才就是给艺术提供规则的才能（禀赋）。由于这种才能作为艺术家天生的创造性能力本身是属于自然的，所以我们也可以这样来表达：天才就是天生的内心素质，通过它自然给艺术提供规则。不论这个定义处于怎样一种情况，也不论它只是任意做出的，还是适合着我们通常和天才这个词联结在一起的那个概念而做出的（这一点将在下一节中来讨论）：我们毕竟已经能够预先证明的是，按照我们在这里对这个词所假定的含义，美的艺术不能不必然地被看作天才的艺术。

因为每一种艺术都预设了一些规则，凭借这些规则作基础，一个要想叫作艺术品的作品才首次被表象为可能的。但美的艺术的概念却不允许关于其作品的美的判断从任何这样一个规则中推导出来，这种规则把某个概念当作规定根据，因而把有关这作品如何可能的方式的概念当作基础。所以美的艺术不能为自己想出它应当据以完成其作品的规则来。既然没有先行的规则，一个作品就仍然绝对不能被叫作艺术，那么自然就必须在主体中（并通过主体各种能力的配合）给艺术提供规则，就是说，美的艺术只有作为天才的作品才是可能的。

我们由此看出，天才 1. 是一种产生出不能为之提供任何确定规则的那种东西的才能：而不是对于那可以按照某种规则来学习的东西的熟巧的素质；于是，独创性就必须是它的第一特性。2. 由于也可能会有独创的胡闹，所以天才的作品同时又必须是典范，即必须是有示范作用的；因而它们本身不是通过模仿而产生的，但却必须被别人用来模仿，即用作评判的准绳或规则。3. 天才自己不能描述或科学地指明它是如何创作出自己的作品来的，相反，它是作为自然提供这规则的；因此作品的创造者把这作品归功于他的天才，他自己并不知道这些理念是如何为此而在他这里汇集起来的，甚至就连随心所欲或按照计划想出这些理念、并在使别人也能产生出一模一样的作品的这样一些规范中把这些理念传达给别人，这也不是他所能控制的（因此天才这个词也很有可能是派生于genius，即特有的、与生俱来的保护和引领一个人的那种精神，那些独创性的理念就起源于它的灵感。）4. 自然通过天才不是为科学，而是为艺术颁布规则；而且这也只是就这种艺术应当是美的艺术而言的。（《美的艺术是天才的艺术》）

——［德］康德《判断力批判》；邓晓芒 译，杨祖陶 校（人民出版社，2007：150—152）

有了愚笨的孩子就会有平庸的大人，我想，这条法则是最普遍和准确不过的了。最困难的是要在一个孩子的童年时期看出他是真正的笨还是表面上显得笨，这种表面上的笨实际上往往是坚强性格的表征。乍看起来是很奇怪的：这两种极端情形的征象是极其相似的，而且是应该相似的，因为当人们还处在没有真正的思想的年岁时，有天才的人和没有天才的人之间的区别在于，后者光接受虚假的观念，而前者能看出它们是假的，因此就一个也不接受。所以两者都如同傻子：一个是样样都不懂，而另一个是觉得样样都不称他自己的心。只是偶尔才能发现区别他们的唯一征兆，因为在这种时候，向有天资的儿童灌输某种观念他就能够了解，反之，没有天资的儿童却始终是那个样子。小卡托①在童年时候被他家里的人看成是一个蠢孩子。他沉默寡言，性情执拗，这就是人们对他的全部评价。有一次在苏拉②的客厅里，他的叔父才发现他是很聪明的。要是他不走进那间客厅的话，也许一直到他长到有理智的年龄他都会被别人看成是一个粗野的人。如果那时不出现恺撒③也许人们始终把这个卡托当作一个幻想家，然而正是他看出了恺撒的阴谋，老早预料到他的计谋。轻率地对孩子们下断语的人，是往往会判断错误的！这种人反而比孩子们还更加幼稚。我和一个人④的友谊使我感到很光荣，然而这个人到年岁已经相当大的时候还被他的亲友当作是一个头脑很简单的人；这个睿智的人不声不响地一天天成熟起来，突然，大家才看出他是一个哲学家；我深信，后世的人将在当代最出色的思想家和最渊博的形而上学家中给他留一个很光荣和崇高的位置。

　　要尊重儿童，不要急于对他做出或好或坏的评判。让特异的征象经过一再的显示和确实证明之后，才对它们采取特殊的方法。让大自然先教导很长的时期之后，你才去接替它的工作，以免在教法上同它相冲突。你说你了解时间的价值，所以不愿意有分秒的损失。可是你有没有看到，由于错用时间而带来的损失，比在那段时间中一事不做的损失还大，一个受了不良教育的孩子，远远不如没有受过任何教育的孩子聪明。你看见他无所事事地过完了童年的岁月，就感到惊奇！唉！难道说让他成天高高兴兴的，成天跑呀、跳呀、玩呀，是一事不做、浪费时间吗？柏拉图的《理想国》一书，大家都认为是写得很严肃的，然而他在这本书中完全是通过节日、体操、唱歌和娱乐活动来教育孩子的；当他教他们玩耍的时候，他把其他的东西也一起教给了他们了；塞涅卡谈到古罗

---

①　小卡托（公元前95—前46），罗马政治家，站在元老院一边极力反对恺撒的独裁。
②　苏拉（公元前138—前78），罗马独裁者。
③　恺撒（公元前100—前44），罗马独裁者。
④　指法国哲学家孔狄亚克（1715—1780）。孔狄亚克是一个感觉论者，洛克的继承人，著有《论感觉》等书。

马的青年时说："他们总是站着的，从来没有学过什么坐着干的活儿。"难道说他们长到年富力强的时候会因此就跌落了身价？所以，你对这种所谓的懒惰状态不要那样担心害怕了。要是一个人为了把一生的时间全都拿来利用，就不去睡觉，你对这个人怎样看？你会说："这个人是疯子；他不但没有享受他的时间，反而损失了他的时间，因为抛弃睡眠的结果，是奔向死亡。"所以，你要了解到这里的情况恰好相同，要了解到儿童时期就是理性的睡眠。

教育孩子，在表面上看来好像很容易，而这种表面的容易，正是贻误孩子的原因。人们不知道，这样的容易其本身就是他们什么也没有学到的证明。他们的光滑的头脑可以像一面镜子似的把你给他们看的东西都反射出来，但并没有留下任何深刻的印象。孩子记住了你所说的话，但是把观念却反射掉了；听他说话的人都能明白他那些话的意思，而不明白那些话的意思的，恰恰就只是他自己。（《第二卷》）

——［法］卢梭《爱弥儿》；李平沤 译（商务印书馆，2009：130—133）

要怎样才算是一个有德行的人呢？一个有德行的人是能够克制他的感情的，因为，要这样，他才能服从他的理智和他的良心，并且能履行他的天职，能严守他做人的本分，不因任何缘故而背离他的本分。到现在为止，你只不过在表面上是自由的，正如一个奴隶一样，只不过因为主人没有使唤而享受暂时的自由罢了。现在，你应当取得实际的自由，你要学会怎样做自己的主人，指挥你自己的心，啊，爱弥儿，要这样你才能成为一个有德行的人。

所以，你还需要再刻苦学习一个时期，这次学习的内容比你以前所学的东西要困难得多，因为，大自然可以替我们解除他强加在我们身上的痛苦，或者教导我们怎样忍受那些痛苦，但是，他从来没有说过它可以解除我们自己造成的痛苦，它将抛弃我们，让我们做我们自己的欲念的牺牲品，让我们去遭受我们无谓的烦恼的折磨，让我们拿我们本来是应该觉得可羞的眼泪来夸耀自己。

你的第一个欲念现在已经产生，也许这是你应得的唯一的欲念。如果你能够以男人的气概对它加以控制的话，它也许就会成为你最后一个欲念，而你也就可以遏制一切其他的欲念，也就可以除了受美德的驱使以外，不再受其他的欲念的驱使了。

不能把产生这种欲念看作是犯罪的事情，这一点我是很清楚的；它和感受它的心灵是同样的纯洁。它产生于纯洁的心地，它受到天真烂漫的心灵的培养。幸福的情人啊，对你们来说，道德的美是必然会增加你们的爱情的美的；你所期待的甜蜜的结合既是你心地善良的报偿，也是你忠实于爱情的报偿。不过，诚实的人啊，请你告诉我，这个如此纯洁的欲念，岂不仍然是支配你的一切行动的主人吗？而你岂不仍然是它的奴隶吗？如果它明天不再是那样的纯洁了，你能不能够从明天起就克制住它呢？现在正是试验你的力量的时候，如果要等到实验你的力量的时候才实验的话，那就来不及了。可怕的实验应该在危险还没有到来以前早早进行。我们不能临阵磨刀，我们要在打仗以前做好准备，我们必须把一切都准备好了，才去作战。

把欲念分成可以产生的欲念和禁止产生的欲念，以便自己能够追逐前一种欲念而克制后一种欲念，这是不对的。任何一种欲念，只要你能够控制它，它就是好的；如果你让它使役你，它就会成为坏的欲念了。大自然不许可我们使我们的爱好超过我们的力量可能达到的范围，理性不许可我们希望得到我们不可能得到的东西，良心并不是不许可我们受到引诱，而是不许可我们屈服于引诱。产生或不产生欲念，这不取决于我们，但是，能不能够控制欲念，那就要由我们自己来决定了。所有一切我们能够加以控制的情感都是合法的，而所有一切反过来控制我们的欲念的就是犯罪的。一个人去爱他的妻子，这并不算是犯罪，如果他能够使他这个不好的欲念受到天职的法则的约束的话；反之，如果他爱他自己的妻子竟爱到不惜牺牲一切去取悦她的话，那就是犯罪的了。

你不要以为我会向你讲许多啰唆的道德的格言，我只向你讲一个格言，而这个格言实际上也就包括了所有其他的一切格言了。你要做一个人，把你的心约束在你的条件所能许可的范围。你要研究和了解这个范围，不管这个范围多么窄，只要你不超过它，你就不会遇到痛苦；如果你想超过的话，你就必然会遭遇许多不愉快的事情；我们之所以有许多痛苦，正是由于我们毫无节制地追逐我们的欲念；当我们忘记了我们做人的环境，而臆造种种想象的环境，从想象的环境中回到现实的环境的时候，我们就会觉得我们的生活是很不幸福的。只有在我们缺少我们有权利占有的东西的时候，我们才值得花力气去获取那些东西。如果事情已经很明显地表明我们不可能得到我们所想的东西时，我们就应该转移我们的念头；当我们的愿望没有实现的希望时，我们就应该转移我们的念头；当我们的愿望没有实现的希望时，我们就不能因之而感到苦恼。一个乞丐尽管有当国王的愿望，但他绝不会因为这个愿望而感到苦恼。一个国王正因为他认为自己不仅仅是一个人，所以他才想成为神。（《第五卷》）

——［法］卢梭《爱弥儿》；李平沤 译（商务印书馆，2009）

附录：能力练习与课后思考题

1. 反思教学设计的基本视角有哪些，为什么？

2. 教学反思应确立怎样的标准，主要方法是什么？

3. 如何利用课堂观察和评价改进教学设计？

拓展阅读

[1] 康德. 判断力批判 [M]. 邓晓芒, 译. 杨祖陶, 校. 北京：人民出版社, 2007.

[2] 柏拉图. 理想国 [M]. 郭斌和, 张竹明, 译. 上海：商务印书馆, 1986.

[3] 亚里士多德. 形而上学 [M]. 苗力田, 译. 北京：中国人民大学出版社, 2003.

[4] 黑格尔. 精神现象学 [M]. 谢永康, 译. 北京：人民出版社, 2015.

[5] 胡塞尔. 逻辑研究 [M]. 倪梁康, 译. 上海：上海译文出版社, 2006.

[6] 海德格尔. 存在与时间 [M]. 陈嘉映, 王庆节, 译. 熊伟, 校. 陈嘉映, 修订. 北京：生活·读书·新知三联书店, 2006.

[7] 萨特. 存在主义是一种人道主义 [M]. 周煦良, 汤永宽, 译. 上海：上海译文出版社, 2005.

[8] 叶绍钧, 夏丏尊. 国文百八课 [M]. 北京：生活·读书·新知三联书店, 2008.

[9] 胡适. 怎样读书 [M]. 上海：上海一心书店, 1936.

[10] 钱穆. 国史新论 [M]. 北京：生活·读书·新知三联书店, 2005.

[11] 冯友兰. 中国哲学简史 [M]. 北京：生活·读书·新知三联书店, 2013.

[12] 于漪. 于漪全集 [M]. 上海：上海教育出版社, 2018.

[13] 魏本亚, 步进. 语文课堂教学反思 [M]. 上海：华东师范大学出版社, 2014.